관계의 역설

관계의 역설

초판 1쇄 인쇄 | 2025년 7월 1일
초판 1쇄 발행 | 2025년 7월 5일

지은이 | 이성동, 김승회
펴낸이 | 김진성
펴낸곳 | 헤르몬하우스

편　집 | 허민정, 강소라
디자인 | 장재승
관　리 | 정서윤

출판등록 | 2005년 2월 21일 제2016-000006
주　소 | 경기도 수원시 장안구 팔달로237번길 37, 303호(영화동)
전　화 | 02) 323-4421
팩　스 | 02) 323-7753
전자우편 | kjs9653@hotmail.com
Copyright© 이성동, 김승회

값 19,000원
ISBN 979-11-988677-9-7

* 잘못된 책은 서점에서 바꾸어 드립니다.
* 이 책은 저작권법의 보호를 받는 저작물이므로 무단전재와 복제를 금합니다.
　본문 내용을 사용할 경우 출판사의 허락을 받아야 합니다.

AI가 대체할 수 없는
인간관계의 본질!

관계의 역설

이성동·김승회 지음

호이테북스
today

프롤로그_ AI 시대, 왜 관계와 소통이 더 중요해지는가 … 6

1장 내 인생을 바꿔줄 관계의 역설

01. 관계에 관한 오해와 편견, 그리고 … 13
02. 인생은 Give & Take다? … 18
03. 첫인상이 전부다? … 27
04. 소통은 관계의 만병통치약이다? … 33
05. 사랑은 모든 문제를 해결할 수 있다? … 45
06. 갈등은 나쁜 것이다? … 52
07. 오래된 관계는 더 깊은 신뢰를 바탕으로 한다? … 60
08. 가까운 사람이라 도와줄 것이다? … 68
09. 사람은 안 보이고 이해관계만 보인다? … 76
10. 상처, 받은 사람은 많은데 준 사람은 없다? … 84

2장 AI 시대, 관계의 역설로 만드는 내 인생의 기적

01. 인맥, 관리할 필요없다? … 95
02. 관계가 만드는 기대치의 역설 … 102
03. 관계의 역설로 인생을 바꾼 사람들 … 110
04. 내 인생을 바꿔줄 관계의 역설 … 116
05. AI 시대, 새로운 관계의 패러다임 … 125
06. AI가 대체할 수 없는 인간관계의 본질 … 134
07. AI 시대에 더 중요해진 관계의 역설 … 143
08. AI 시대에는 관계적 기술이 더 중요해진다 … 151
09. 존재 부재의 역설 … 155
10. 성공은 운이 아니다? 그런데 운이다 … 163
11. AI 시대, 내 인생에 관계의 기적을 … 172

3장 내 인생을 바꿔줄 소통의 역설

01. 소통에 관한 오해와 착각, 그리고 … 181
02. 역설적 소통의 본질과 삶의 지혜 … 190
03. 소통의 역설로 인생을 바꾼 사람들 … 196
04. 내 인생을 바꿔 줄 소통의 역설 … 207
05. 소통은 귀에서 마음으로 흐른다 … 217
06. 경청은 온몸으로 듣는 것이다 … 223
07. AI 시대는 질문이 금이다 … 228
08. AI 시대에 더 중요해진 아날로그 소통 … 236

4장 기적을 부르는 소통의 역설 씨앗 심기

01. 성격 유형별 소통의 역설 … 247
02. 대화가 많을수록 문제가 잘 해결된다? … 252
03. 그런 너는 내 마음을 다 아니? … 260
04. 될 놈은 돼, 그냥 놔둬도 … 273
05. 나는 너를 믿는다, 기다릴게 … 281
06. 비움과 채움, 내려놓기의 역설 … 289
07. 후회는 선택의 그림자 … 296
08. 기적을 부르는 소통의 역설 씨앗 심기 … 304

프롤로그

AI 시대,
왜 관계와 소통이 더 중요해지는가

역설의 의미

역설은 우리 삶에 숨죽여 존재하는 그림자 같은 개념으로, 다음과 같이 세 가지 정의를 가진다.

1. 모순처럼 보이나 진실을 품은 표현
2. 자체 주장을 스스로 거역하는 논설이나 현상
3. 익숙한 세상의 법칙에 도전장을 내미는 용기

우리가 사랑한 책들, 가령 《영업달인은 절대 세일즈하지 않는다》, 《미움받을 용기》, 《죽고 싶지만 떡볶이는 먹고 싶어》 등에서도 역설은 향기처럼 피어올랐다. '인맥, 관리할 필요없다'나 '성공은 운이 아니다, 그런데 운이다'와 같은 표현들도 일상 속 역설이다. 이러한 역설이 어떻게 마법 같은 순간을 만드는지, 관계와 소통에 관한 4개 장을 통해 살펴보자.

1장. 내 인생을 바꿔줄 관계의 역설

아리스토텔레스의 "친구가 많은 사람은 친구가 없는 사람이다"라는 말은 2,000년이 지난 지금까지도 울림을 준다. 인적 네트워크 확장에 집착할수록 진정한 연결의 깊이는 얕아지며, 뿌리 없이 빨리 자란 나무처럼 첫 위기에 무너진다. 관계는 가까워질수록 멀어지기도 하고, 단단히 붙잡으려 할수록 모래알처럼 빠져나가기도 한다.

그렇다면 진정한 관계는 어떤 것일까? 서로의 그림자를 밟지 않는 거리에서 함께 춤추는 예술이다. 1장에서는 '소통은 관계의 만병통치약', '갈등은 무조건 나쁜 것', '사람은 없고 이해관계만 보인다'라는 메시지들이 왜 관계의 역설인지, 그리고 이를 어떻게 실천해야 삶의 지혜로 체화할수 있는지 알아본다.

2장. AI 시대, 관계의 역설로 만드는 내 인생의 기적

AI라는 파도가 생존을 위협하는 지금, 가장 중요한 것은 무엇일까? 막연한 불안함과 두려움을 떨쳐내고 마음과 마음을 잇는 새로운 다리를 설계하는 것이다. AI 시대는 의미 없는 천 개의 대화보다 영혼을 울리는 한 번의 만남이, 그물망 같은 관계망보다 깊이 뿌리내린 우정이 더 값진 시대가 될 것이기 때문이다.

그렇다면 AI의 미래는 어떤 모습일까? 처음 볼 때 감동적이었지만, 10여 년이 흐른 뒤 다시 보면 유치하게 느껴지는 영화처럼 될 것이다. 그럼에도 불구하고 지금 우리 일상을 혁명적으로 바꿔놓고 있기에 당장은 알고 적응해야 한다.

이를 위해 2장에서는 관계의 역설로 인생을 바꾼 사람들을 조명해보고, 내 인생을 바꿔 줄 관계의 역설은 어떤 것들이 있는지 알아볼 것이다. AI 시대의 새로운 관계 패러다임과 AI가 대체할 수 없는 인간관계의 본질은 무엇이고, 왜 AI 시대에 관계의 역설이 중요해지는지 알아볼 것이다.

3장. 내 인생을 바꿔 줄 소통의 역설

진정한 소통의 비밀은 무엇일까? '말하기 위해 듣는 것'이 아니라 '이해하기 위해 듣는 것'이다. '내 차례를 기다리며 듣는 것'이 아니라 '내 생각을 내려놓고 온전히 듣는 것'이다. 소리를 수신하는 것이 아니라 상대의 영혼으로 들어가는 창문을 여는 것이다.

3장에서는 왜 '소통은 귀로 듣고 입으로 말하는 것이 아니다. 온몸으로 듣고, 온몸으로 말하는 것이다'라고 하는지, AI 시대에 아날로그 소통이 왜 더 중요해지는지, 질문이 왜 중요한지 등을 통해 내 인생을 바꿔 줄 소통의 역설에 대해 알아볼 것이다.

4장. 기적을 부르는 소통의 역설 씨앗 심기

어떤 AI도 울고 있는 사람의 어깨에 손을 얹고 "정말 힘들었겠구나!"라며 슬픔을 함께 나눌 수 없다. 이혼을 앞두고 분노로 가득 찬 상황에서 "당신은 여전히 예쁘다"라는 감성적 한마디를 던져 기적과 같은 반전을 일으킬 수도 없다.

3장에서는 성격 유형별 소통의 역설과 부모와 자녀, 부부 간, 상사와 직원, 친구 관계에서의 '역설의 힘 활용법'을 소개한다. 선택을 잘해 후회를 최소화하기 위해서는 어떤 역설적 소통 해법이 대안이 될 수 있는지, 기적을 부르는 소통의 역설 씨앗은 무엇이고, 어떻게 하면 잘 자라게 할 수 있는지 등에 대해 알아볼 것이다.

이 책을 통해 당신은 AI 시대에 맞는 새로운 관계와 소통의 해법을 발견하는 여정을 막 시작했다. 핵심은 다음 3가지다.

1. AI를 효과적으로 활용하는 법
2. AI가 대체하기 힘든 인간만의 가치를 강화하는 법
3. 모순 속에서 인생을 바꿀 기적을 만들어내는 법

아날로그 시대에 인간 삶에서 가장 중요했던 것은 인간관계였다. AI 시대에 가장 중요한 것은 무엇일까? 역설적이게도 여전히 인간관계와 소통이다. 이는 AI 개발자들의 말이 아니다. AI 최고 전문가, AI 관련 비즈니스 모델을 선도하는 CEO들의 말이다. 이것이 바로 관계와 소통의 역설이 당신 인생을 송두리째 바꿔줄 기적의 씨앗인 이유다.

필자들은 이 책이 주는 작은 변화가 관계와 소통을 넘어 당신 인생을 변화시킬 것이라고 확신한다. 가장 어려운 순간이 가장 깊은 관계의 기초를 만들 기회라는 진리를 절대 잊어서는 안 될 것이다.

이성동, 김승회

1장

내 인생을 바꿔줄
관계의 역설

관계에 관한 오해와 편견, 그리고

인생의 바다를 항해하며 우리는 수많은 파도와 섬을 만나고, 헤어진다. 때로는 잔잔하게, 때로는 거센 폭풍우처럼 격렬하게 이어지는 이 만남과 헤어짐의 여정에서, 그 누구도 상처로부터 자유로울 수 없다. 향기 나는 관계 속에도 언제나 상처의 가능성은 도사리고 있다.

우리는 관계라는 미로 속에서 길을 잃을 때가 많다. 오해와 편견이라는 막다른 골목, 선입견이라는 미끄러운 바닥, 착각이라는 흐릿한 안개, 집착이라는 단단한 벽. 이 다섯 가지는 관계를 복잡하게 만들고, 때로는 돌이킬 수 없는 균열을 만든다. 하지만 이 장애물들을 이해하고 극복한다면, 더 깊고 의미 있는 관계를 쌓아갈 수 있다.

오해: 미완성 퍼즐의 위험성

오해는 관계의 골짜기를 깊게 파는 삽이다. 단 한 번의 오해가 수 년간 쌓은 신뢰를 무너뜨릴 수 있다. 그렇다면 우리는 왜 이토록 쉽게 타인의 말과 행동을 오해할까? 항상 부분적인 정보만을 가지고 전체 그림을 그리려 하기 때문이다.

우리는 '읽음' 표시가 뜬 메시지에 답장이 없을 때의 그 불안한 마음을 안다. '나를 무시하는 걸까?', '내가 뭔가 잘못했나?'라는 생각을 하지만, 실제로 상대방은 회의 중이거나 적절한 답변을 고민할 수 있다. 오해가 생기는 이유는 간단하다. 타인의 내면을 들여다볼 수 없고, 모든 맥락을 알 수 없기 때문이다. 그래서 빈 공간을 상상으로 채운다. 문제는 이 상상이 종종 두려움, 불안, 과거의 상처에서 비롯된다는 데 있다.

편견: 색안경의 함정

편견은 타인을 특정 라벨로 단순화시키는 심리적 지름길이다. 우리는 복잡한 세상을 이해하기 위해 사람들을 그룹으로 분류하고, 그룹에 대한 일반화된 관점을 개인에게 적용한다. 이러한 접근은 개인의 고유한 이야기와 다양성을 무시하는 종착점으로 이끈다.

편견이 위험한 것은 바로 자기 강화 때문이다. 우리는 편견을 가진 증거는 기억하고, 편견에 반박하는 증거는 무시하는 경향이 있다. '○○지역 사람들은 무례해'라는 생각은 ○○지역 사람의 작은 실수마저 확대해 편향적으로 인식하도록 만든다. 우리는 누군가에게 라벨을 붙이는 대신 고유한 이야기를 가진 개인으로 보는 시선이 필요하다.

선입견: 닫힌 문의 제약

선입견은 경험하기도 전에 이미 결론을 내린 상태로, 새로운 가능성에 대한 문을 닫아버리는 행위이다. 편견이 경험 후 형성된 고정관념이라면, 선입견은 경험 이전에 형성된 판단이다. '이런 유형의 사람들은 항상 이런 식이야'라는 생각으로 관계를 시작할 때, 우리는 이미 그 관계의 성장 가능성을 제한하고 있는 것이다.

선입견의 위험성은 기회를 놓치게 만든다는 것이다. 누군가에 대한 선입견 때문에 깊은 우정이나 사랑의 기회를 놓치고, 인생을 바꿀 수 있는 관계를 시작도 하기 전에 차단할 수 있다. 선입견을 극복하는 것은 미지의 세계로 발을 내딛는 용기와 같다. 확실한 판단 대신 호기심을 선택하는 것, 그것이 바로 새로운 관계의 문을 여는 열쇠다.

착각: 왜곡된 렌즈의 위험

착각은 현실과 인식 사이의 괴리다. 대부분의 사람들은 '나는 객관적으로 상황을 보고 있다'라고 생각하지만, 사실 그들의 인식은 항상 주관적이다. 이처럼 대부분의 사람들은 세상을 있는 그대로 보는 것이 아니라, 자기 자신의 필터를 통해 본다.

착각이 관계에 해로운 이유는 그것이 공감과 이해를 방해하기 때문이다. 내가 옳다는 확신은 상대방의 관점을 고려할 필요성을 줄인다. '나는 그의 마음을 정확히 알고 있다'라는 착각은 진정한 대화의 가능성을 차단한다.

집착: 통제할 수 없는 것을 통제하려는 시도

집착은 사랑과 욕망의 어두운 그림자다. 우리는 누군가를 너무 강하게 붙잡으려 할 때, 오히려 그들을 밀어내게 된다. 집착은 타인이 우리의 기대에 부응하지 않을 때 생기는 불안과 두려움에서 시작된다.

사랑하는 사람이 다른 이들과 어울릴 때 느끼는 그 미묘한 질투, '누구와 있는 거야?'라는 메시지를 보내고 싶은 충동, 위치 공유를 요청하고 싶은 욕망. 이런 행동들이 오히려 상대방을 질식시키고, 관계를 파괴한다는 것을 우리는 경험을 통해 배우게 된다.

집착의 역설은, 그것이 얻으려는 바로 그것을 파괴한다는 점이다. 상대방의 사랑을 잃을까 두려워 통제하려 하면, 결국 그 사랑을 잃게 된다. 집착은 자유롭고 자발적인 관계의 본질을 훼손한다.

관계의 미로를 헤쳐나가는 여정은 결코 끝나지 않는다. 오해, 편견, 선입견, 착각, 집착이라는 장애물은 완전히 제거할 수 있는 것이 아니다. 끊임없이 마주하고 극복해야 하는 도전이다. 이 여정에서 중요한 것은 완벽을 추구하는 것이 아니라, 더 나은 이해와 공감을 향해 한 걸음씩 나아가는 것이다.

아이러니하게도, 관계의 장애물을 극복하는 비결은 더 많은 확신이나 통제가 아니라, 오히려 그 반대다. 불확실성을 인정하는 겸손함, 자신의 취약함을 드러내는 용기, 타인에게 자유를 주는 관용. 이런 역설적 접근이 관계의 미로에서 길을 찾는 나침반이 된다.

어찌 됐든, 관계의 가장 큰 역설은 반드시 기억하자. 관계에서 진정으로 얻고자 하는 것은 사람마다 다르다. 그러나 공통적인 것은 사랑, 이해, 존중이 아닐까? 여기서 반드시 기억해야 할 교훈이 있다. 바로 프롤로그에서 소개한 '가까이 가려고 노력하면 할수록 멀어지는 경향이 있다'는 것이다.

이것들은 직접적인 목표가 아니다. 진정성 있는 관계의 부산물이다. 목적지가 아닌 여정에 집중할 때, 우리는 비로소 역설적으로 찾던 바로 그것과 가까워진다.

미로의 중심에는 무엇이 있을까? 타인에 대한 더 깊은 이해일까? 아니다. 자기 자신에 대한 더 정직한 인식일 것이다. 왜냐하면 관계의 미로를 헤쳐나가는 여정은 결국 자기 자신을 찾아가는 여정이기도 하기 때문이다.

인생은
Give&Take다?

인간관계를 말할 때 흔히 '주고받음'이라고 표현한다. '인생은 주고받는 것', '베풀면 돌아온다'는 말들은 우리 사회의 통념으로, 관계의 기본 원리로 여겨진다. 이는 인간관계를 투자와 수익의 관점에서 바라보는 데 기인한다. 그중 가장 대표적인 것이 바로 경조금이다.

하지만 이러한 관점은 진정한 관계의 본질을 왜곡시켜 위험을 불러올 수 있다. 관계를 단순히 Give&Take, 즉 거래로 바라보는 시각은 우리가 경험할 수 있는 가장 깊고 의미 있는 유대감의 가치를 저평가하게 만든다. 진정한 관계란 계산적인 교환을 초월하는 무조건적인 나눔과 진실된 연결에서 비롯되는 것은 아닐까?

1) 현상

물방울이 모여 강을 이루듯, 작은 오해들이 모여 거대한 단절의 강을 만든다. 많은 사람들이 관계를 일종의 거래로 생각한다. '내가 이만큼 했으니 상대방도 그에 상응하는 것을 돌려줘야 한다'는 생각이 관계의 기본 전제가 되곤 한다. 이런 현상은 아래의 다양한 형태로 나타난다.

1. 관계의 계량화: 누가 더 많이 연락했는지, 선물을 얼마나 자주 주고받았는지, 도움을 얼마나 요청했는지를 끊임없이 계산하며 '관계 장부'를 기록하는 경향
2. 조건부 친절: '이 사람이 나중에 도움이 될 수 있을까?'라는 계산하에 베푸는 의도된 친절
3. 상호성의 강박: 무언가를 받으면 반드시 같은 가치로 돌려줘야 한다는 압박감
4. 관계의 효율성 추구: 투입 대비 산출이 적은 관계는 '비효율적'이라며 정리하려는 성향
5. 친밀감의 상품화: SNS에서 '친구' 수나 '좋아요' 수, 경조사 시 '화환'과 경조 금액으로 관계의 질을 평가하는 문화

이러한 거래적 접근은 표면적으로는 공정해 보이지만, 실제로는 관계를 훼손시키고, 진정한 연결을 방해한다. 마음의 저울로 관계의 무게를 재는 사람들은 결국 가장 중요한 것을 놓치게 된다. 의무감으로 피워낸 꽃은 향기가 없고, 계산된 온기는 결국 식어 버리기 때문이다.

2) 예시

참전용사와 간호사의 45년 우정

인생이라는 거친 바다에서 서로에게 등대가 되어준 두 사람의 이야기가 있다. 1968년 베트남전에 참전했던 한 군인은 심각한 부상을 입고 야전병원에 실려 왔다. 의식이 희미한 상태에서 그가 붙잡은 것은 한 간호사의 손이었다. "제발 살려주세요. 어머니를 다시 뵙고 싶습니다"라는 말을 마지막으로 그는 의식을 잃었다.

그 간호사는 72시간 동안 자리를 떠나지 않고 그의 곁을 지켰다. 의사들이 포기하라고 했지만, 그녀는 "그의 어머니가 아들을 기다리고 있어요"라며 끝까지 포기하지 않았다. 기적적으로 그 군인은 살아났고, 몇 개월 후 고국으로 돌아갈 수 있었다.

45년이 지난 어느 날, 그 간호사는 심각한 병에 걸려 투병 중이었다. 병원비 부담으로 제대로 된 치료를 받지 못하고 있다는 소식을 들은 그 군인은 지체 없이 행동했다. 그는 자신의 집을 팔아 그녀의 모든 치료비를 지불했다. 그녀가 놀라며 "왜 이런 큰 희생을 하느냐"고 묻자, 그는 미소를 지으며 대답했다.

"당신은 내게 삶을 주셨습니다. 내가 드릴 수 있는 것은 당신의 삶을 도와드리는 일뿐입니다. 이건 거래가 아닙니다. 이건 감사입니다."
이 이야기는 하늘의 별처럼 빛나는 인연의 힘을 보여준다. 두 사람 사이에는 어떤 계산도, 어떤 기대도 없었다. 오직 한 사람이 다른 사람에게 베푼 순수한 사랑과 그 사랑에 대한 감사만이 있었을 뿐이다. 그들의 관계는 Give&Take가 아닌, 서로에게 자신을 온전히 내어주는 Give&Give였다.

세상에서 가장 아름다운 배려

인생의 폭풍우 속에서도 흔들리지 않는 우정이란 이런 것일까. 김혜자와 김수미는 오랜 기간 깊은 우정을 나눈 대표적인 연기자들이다. 특히, 김수미 씨가 경제적으로 어려움을 겪었을 때 김혜자 씨가 보여준 따뜻한 배려는 많은 이들에게 감동을 주었다. 다음은 김수미 씨의 남편이 사업 실패로 인해 경제적 어려움에 처했을 때의 일화다.

김수미 씨는 지인들에게 몇 백만 원씩 돈을 빌리며 힘든 시간을 보냈다. 이 사실을 알게 된 김혜자 씨는 김수미 씨에게 다가가 "넌 왜 나한테 말도 없이 그런 고생을 하고 있니?"라며 자신의 통장을 내밀었다. 그는 "이게 내 전 재산이야. 추잡스럽게 조금씩 빌리지 말고 필요한 만큼 가져가. 나는 돈이 필요없어"라고 말했다.

김수미 씨가 난감해하며 이를 거절하려 하자, 김혜자 씨는 "원래 다음 달에 아프리카 봉사활동을 가려고 했는데, 아프리카가 바로 여기 있네. 이 돈으로 해결해. 갚지 않아도 돼. 네가 형편이 좋아져서 넘칠 때, 그때 줘"라고 덧붙였다. 김혜자 씨의 진심 어린 배려와 따뜻한 말에 김수미 씨는 큰 감동을 받았고, 두 사람의 우정은 더욱 깊어졌다.

이 이야기는 사막에 내린 단비와 같다. 김혜자 씨의 손에 들린 통장은 단순한 금융 상품이 아니라, 조건 없는 우정이라는 보물 지도였다. 김혜자 씨의 진정한 우정과 깊은 배려가 담긴 이 이야기는, 화려한 겉모습만이 아닌 그녀의 진정성을 엿보게 한다. 이후 두 사람의 우정은 여러 방송 프로그램에 소개돼 많은 사람들에게 감동을 주었다. 이 일화는 김혜자 씨와 김수미 씨의 깊은 우정을 보여주는 대표적인 사례로, 많은 이들에게 진정한 우정의 의미를 되새기게 한다.

3)관계의 역설 솔루션

 바다에 물을 더하려 애쓰는 것보다, 바다 자체가 되는 법을 배우는 것이 중요하다. 관계에서 가장 큰 보상을 받는 사람은 역설적으로 아무런 보상을 기대하지 않는 사람이다. 이것이 바로 관계의 역설이다.
 우리가 관계에서 무언가를 얻기 위해 노력하면 할수록, 진정으로 가치 있는 연결은 더 멀어진다. 반면, 계산 없이 자신을 내어줄 때 오히려 더 깊고 풍요로운 관계가 형성된다.
 심리학자인 마틴 셀리그만Martin Seligman의 연구에 따르면, 타인에 대한 친절한 행동이 자신의 행복에 미치는 영향은 그 행동을 통해 자신이 얻을 것이 없을 때 가장 크게 나타난다고 한다. 즉, 이타적 행동이 오히려 자신의 웰빙과 만족감에 더 큰 긍정적 영향을 미친다는 것이다.
 또한, 관계에서 계산적인 접근을 취하는 것은 장기적으로 관계의 질을 떨어뜨리는 결과를 가져온다. '내가 너에게 이만큼 해주었으니, 너도 나에게 이만큼은 해줄 것'이라는 거래적인 생각은 언뜻 공정해 보이지만, 결국 관계를 피상적인 수준에 머물게 한다. 진정한 관계는 계산을 초월한 무조건적인 수용과 이해에서 비롯되기 때문이다.
 우리는 종종 확신에 사로잡힌다. '그는 분명히 이런 의도였어'라는 마침표로 대화를 끝내버린다. 하지만 역설적으로, 관계를 살리는 것은 이런 확신이 아니라 불확실성을 인정하는 용기다. "내가 너를 잘못 이해한 걸까?"라는 질문은 단절된 관계를 다시 이어주는 다리가 된다.
 심리학자인 브레네 브라운은 "취약함은 용기의 가장 정확한 척도라고 말했다. 자신의 생각이 틀릴 수 있다는 가능성을 인정하는 것, 그것이 진정한 용기다. 이런 열린 태도는 오해를 해소하고, 더 넓고 깊은 이해의 바다로 나아가는 첫걸음이 된다.

4) 연구와 교훈

(1) 연구

관계의 본질에 대한 다양한 연구들은 이기적인 Give&Take 관점의 한계를 명확히 보여준다. 이는 마치 등산을 하면서 정상만 바라보다 주변의 아름다운 풍경을 놓치는 것과 같다. 진정한 관계의 가치는 목적지가 아닌 여정 속에 있다.

하버드대학의 로버트 퍼트넘Robert Putnam 교수의 연구에 따르면, 지역 사회에서 자원봉사와 같은 이타적 행동에 참여하는 사람들은 더 강한 사회적 네트워크와 심리적 웰빙을 경험한다. 이는 보상을 기대하지 않는 기여가 오히려 개인에게 더 큰 사회적 자본으로 돌아온다는 것을 보여준다. 퍼트넘 교수는 이러한 현상을 '사회적 연결의 선순환'이라고 표현했으며, 이타적 행동이 지역 사회의 신뢰와 협력을 강화하는 핵심 요소임을 강조했다.

진화생물학적 연구

진화생물학자 데이비드 윌슨David Sloan Wilson과 엘리엇 소버Elliott Sober의 연구는 인간 사회에서 이타적 행동이 생존에 유리하게 작용한다는 점을 밝혔다. 그들의 연구에 따르면, 집단 내에서 무조건적인 협력과 나눔의 문화가 형성된 집단이 장기적으로 더 번영할 가능성이 높다.

확장과 구축 이론에 관한 연구

심리학자 바바라 프레드릭슨Barbara Fredrickson의 '확장과 구축 이론Broaden-and-Build Theory'에 따르면, 이타적 행동은 긍정적 감정을 증가시키고, 이는 개인의 인지적·사회적 자원을 확장하는 효과가 있다. 프레드릭슨의 10여 년에 걸친 연구에서는 타인을 위한 무조건적인 행동이 장기적으로 개인의 심리적 자원과 회복탄력성을 강화한다는 결과가 나타났다. 이는 계산적 거래가 아닌 진정한 나눔이 개인의 성장과 행복에 기여한다는 것을 보여준다.

신경과학 연구

다양한 신경과학 연구에서도 타인에게 무조건적으로 돈이나 자원을 기부할 때 보상 중추가 활성화되는 것을 확인했다. 이는 인간의 뇌가 이타적 행동 자체에서 내재적 만족감을 얻도록 설계되어 있음을 시사한다.

갈등 후 관계 회복에 관한 연구

존 고트만John Gottman이 이끈 연구팀은 갈등이 5년 이상 지속된 장기 커플 300쌍을 대상으로 갈등 이후 성공적인 관계 회복 요소를 파악했다. 연구 결과, 갈등 후 24시간 내 대화를 시도한 커플은 그렇지 않은 커플보다 관계 만족도가 58% 높았다. 더 흥미로운 것은 성공적으로 갈등을 해결한 커플들이 '내가 어떻게 느꼈는지'보다 '내가 어떻게 반응했는지'에 초점을 맞췄다는 점이다. 이는 사실과 반응을 분리하는 능력의 중요성을 보여준다.

(2)교훈

"관계에서 가장 위대한 교훈은 계산하지 않는 마음에서 시작된다는 것이다."

우리는 종종 관계를 '기부'의 등식으로 단순화하며 살아간다. 그러나 관계의 본질은 등가교환이 아닌 무조건적인 나눔과 연결에 있다. 진정한 관계의 가치는 계산기로 측정할 수 없으며, 장부에 기록할 수도 없다. 그것은 측정 불가능한 영역에 존재하며, 바로 그렇기에 너무나 소중하다고 할 수 있다.

하버드대학의 연구에 따르면, 가장 행복한 관계는 '무조건적 지지'를 기반으로 한다. 그래서일까? 계산 없이 주고, 조건 없이 사랑하며, 기대 없이 받아들이는 관계가 장기적으로 더 깊고 만족스럽다는 결과가 나왔다.

어쩌면 이것이야말로 인생에서 가장 위대한 역설일지도 모른다. 무엇을 얻기 위해 관계를 맺는 것이 아니라, 관계 자체가 이미 우리에게 충분한 선물이라는 사실 말이다.

관계는 한 두 번의 만남으로 끝나는 거래가 아니다. 마라톤보다도 긴 여정이다. 그 여정에서 서로에게 줄 수 있는 가장 큰 선물은 계산하지 않는 마음, 조건 없는 현존, 그리고 무조건적인 수용일 것이다.

이것이 바로 우리가 '관계는 이기적인 Give&Take다'라는 오해를 넘어 진정한 관계의 의미를 재발견해야 하는 이유다. 계산 없이 주고, 사심 없이 나누고, 조건 없이 사랑하라. 관계는, 아니 인생은 Give&Take가 아니다. Give&Give다. 그것이 가치 있는 삶, 보람 있는 삶, 아름다운 삶으로 가는 유일한 통로다.

첫인상이 전부다?

첫인상은 책 표지와 같다. 예쁘고 매력적인 표지가 시선을 사로잡듯, 첫 만남의 순간도 마음에 강렬한 인상을 남긴다. 하지만 진정한 이야기는 책장을 넘길 때 펼쳐진다. 소통도 마찬가지다. 시간이라는 물줄기를 따라 흐르며 깊어지고 변화한다.

우리는 흔히 누군가를 처음 만났을 때의 느낌이 이후의 관계를 결정짓는다고 생각하고 믿는다. 이것이 과연 진실일까? 아니다. 첫인상이 중요하지만, 절대적인 것은 아니기 때문이다. 사람은 변화하는 존재다. 소통도 마찬가지다. 단 한 번의 만남으로 누군가를 완벽히 파악할 수는 없다. 시간이 지나면서 관계의 깊이가 달라질 수 있다.

1)현상: 첫인상이 모든 걸 결정한다고 믿는 선입견

사람들은 첫인상이 강력한 영향을 미친다고 생각한다. 한 연구에 따르면, 사람들은 처음 본 인물의 성격을 몇 초 만에 판단하며, 이후 그 인식을 바꾸는 데 상당한 시간이 걸린다고 한다. 이를 '초두효과 Primacy Effect'라고 한다.

예를 들어, 학창 시절 장난기가 많았던 친구가 성인이 되어 진지한 직업을 가졌다고 해도, 우리는 여전히 그를 가볍게 여길 가능성이 높다. 면접에서 지원자의 말투나 옷차림이 다소 어색하면, 면접관은 그 사람이 능력까지 부족하다고 쉽게 판단할 수도 있다.

우리의 뇌는 마치 즉석 사진기처럼 순간을 포착하여 이미지를 만들어낸다. 그러나 이는 마치 새벽녘의 안개처럼 시간이 흐르면 걷히고, 그 뒤에 숨겨진 진짜 풍경이 모습을 드러낸다. 초두효과는 우리의 판단력을 안개처럼 가리지만, 인내와 관심이라는 따스한 햇살이 비추면 서서히 사라져간다.

다행히도 관련 연구들은 첫인상이 시간이 지나면서 수정될 수 있음을 보여준다. 사람들은 관계 속에서 새로운 행동과 태도를 보이며, 이를 통해 기존의 인식을 변화시킬 수 있는 것이다. 아래의 예시에서 소개하는 두 사람처럼.

2) 예시

이효리, '섹시 아이콘'에서 '자연주의 활동가'로

가수 이효리는 2000년대 초반 '10분 안에'와 같은 히트곡으로 '섹시 퀸'이라는 이미지를 구축했다. 많은 대중들은 그녀를 단지 화려한 외모와 당당한 섹시미로 성공한 아이돌로만 인식했다. 그러나 시간이 흐르며 그녀는 자신만의 가치관을 드러내기 시작했다.

제주도로 이주한 후, 그녀는 동물권과 환경 보호에 목소리를 높이고, '불편한 진실'이라는 앨범을 통해 사회적 메시지를 전달하는 아티스트로 거듭났다. 'MAMA' 같은 곡으로 자연과의 조화를 노래하며, 채식주의자로서 생명 존중의 가치를 실천하고 있다.

이제 대중들은 그녀를 단순한 '섹시 스타'가 아닌, 진정성 있는 사회 활동가이자 자연주의 철학을 실천하는 영향력 있는 인물로 재평가하고 있다. 이효리의 사례는 첫인상에서 형성된 이미지가 시간과 행동을 통해 얼마나 크게 변화할 수 있는지 보여주는 대표적인 사례다.

박지성, '체력 괴물'에서 '축구계의 지도자'로

박지성은 처음 맨체스터 유나이티드에 입단했을 때 단지 '뛰는 기계', '아시아의 체력 괴물'로만 평가받았다. 기술적인 측면보다는 그의 끝없는 체력과 헌신이 주목받았고, 일부 팬들은 그를 단지 아시아 시장을 겨냥한 마케팅 수단으로 여기기도 했다.

그러나 경기를 거듭할수록 그는 단순한 체력형 선수가 아닌 뛰어난 전술 이해력과 팀 플레이, 중요한 순간마다 결정적인 활약을 펼치는 핵심 선수로 인정받았다. 특히 큰 경기일수록 빛나는 경기력으로 '빅 게임 플레이어'라는 새로운 평가를 얻게 되었다.

현역 은퇴 후에는 축구 해설가와 PSV 에인트호벤의 이사로 활동하며 전략적 통찰력과 리더십을 인정받고 있다. 그는 이제 단순한 '달리기 선수'가 아닌, 축구계의 지도자이자 존경받는 인물로 자리매김했다. 박지성의 사례는 피상적인 첫인상이 얼마나 불완전할 수 있는지를 보여주는 좋은 예다.

3)관계의 역설 솔루션

첫인상의 함정에서 벗어나기 위해서는 역설적으로 더 많은 만남과 시간을 투자해야 한다. 마치 잘못된 지도를 들고 있는 여행자가 올바른 길을 찾기 위해 여러 경로를 탐색해야 하듯, 사람에 대한 진정한 이해도 다양한 상황과 맥락 속에서 관찰을 통해 가능해진다.

관계의 깊이는 마치 진주가 형성되는 과정과도 같다. 처음에는 단지 모래알에 불과했던 것이 시간이 흐르면서 아름다운 보석으로 변화한다. 사람에 대한 이해도 이와 비슷하다. 처음의 불완전한 인상이 시간과 경험의 층을 쌓아가며 더욱 온전한 이해로 발전한다.

따라서 우리는 첫인상에 따른 판단을 보류하고, 마치 새로운 지형을 탐험하는 여행자처럼 호기심과 열린 마음으로 상대방을 관찰해야 한다. 한 편의 영화를 처음 10분만 보고 평가하지 않듯, 사람도 충분한 시간과 기회를 통해 알아가는 자세가 필요하다.

4)연구 및 교훈

(1)연구

2023년 첫인상 형성과 지속성에 관한 연구가 스탠포드대학교 사회심리학 연구소에서 진행되었다. 이 연구는 첫인상이 장기적 성장과 발전에 미치는 영향을 측정하고, 그 변화 가능성을 검증하기 위해 다양한 연령대와 배경을 가진 성인 450명을 대상으로 18개월 동안 추적 조사했다.

연구 결과, 첫인상에서 형성된 신뢰도와 호감도 평가는 향후 관계 발전에 약 65%의 예측력을 보였지만, 나머지 35%는 후속 상호작용의 질과 빈도에 따라 유의미하게 변화했다. 특히 주목할 점은 처음에 형성된 부정적 인상은 긍정적 인상보다 변화시키기 어려웠으며, 이를 바꾸기 위해서는 평균적으로 5-7번의 의미 있는 후속 상호작용이 필요했다는 점이다. 이는 부정적 첫인상의 경우 더 많은 인내와 시간이 필요함을 시사한다.

2022년 도쿄대학교 조직행동학센터에서 발표한 '비언어적 신호가 직장 내 첫인상 형성에 미치는 영향'에 관한 연구도 흥미로운 결과를 보여준다. 이 연구는 직장에서 첫 만남 시 비언어적 신호가 전문성과 유능함 인식에 미치는 영향을 분석하기 위해 다국적 기업에 근무하는 신입 직원과 관리자 320쌍을 대상으로 진행되었다.

연구 결과에 따르면, 첫 만남에서의 비언어적 신호눈 맞춤, 자세, 목소리 톤 등는 전문성 평가의 약 78%를 결정했지만, 이러한 평가는 실제 업무 성과와는 단지 42%의 상관관계만 보였다. 더 심각한 문제는 관리자들이 첫 만남에서 형성된 인상에 따라 직원들에게 차별적인 기회를 제공하는 경향이 있었으며, 이러한 불평등한 대우가 최소 6개월간 지속되었다는 점이다. 이는 첫인상이 단순히 개인적 판단을 넘어 실질적인 경력 발전과 기회의 불평등으로 이어질 수 있음을 보여준다.

(2)교훈

"첫인상보다 중요한 것은 시간이 만들어낸 진짜 모습이다."

첫인상이 강력한 영향을 미치는 것은 사실이다. 하지만 우리는 누구나 성장하고 변할 수 있는 존재다. 처음의 판단이 틀릴 수도 있고, 시간이 지나면서 관계의 본질이 달라질 수도 있다. 그렇기에 첫인상만으로 상대를 결정짓지 말고 열린 태도로 지켜보는 것이 건강한 관계를 위한 역설적인 방법일 것이다.

관계는 마치 깊은 산속의 오솔길과 같다. 처음에는 낯설고 험난해 보이던 길도 자주 오가다 보면 점차 친숙해진다. 한 걸음, 한 걸음 걸을 때마다 눈에 띄는 새로운 풍경은 보너스다. 관계 역시 마찬가지다. 자주 만나다 보면 첫 걸음에서는 보이지 않았던 상대의 마음 속이 목소리만 들어도 알 만큼 친밀해질 수 있다.

관계의 장애물이 되는 오해와 편견 등은 우리가 흔히 빠지기 쉬운 함정들이다. 그러므로 첫인상이라는 안개에 가려진 진실을 보기 위해서는 인내와 관심이라는 지팡이를 들고 천천히 나아가야 한다. 안개 낀 산길을 조심스럽게 걷는 것처럼, 이러한 장애물을 극복해 나갈 때 우리는 더욱 성숙한 관계를 만들어갈 수 있다.

관계는 한순간의 판단이 아니다. 서로에 대한 이해와 존중, 그리고 끊임없는 노력의 산물이다. 첫인상이라는 책표지를 넘어, 그 속에 담긴 진정한 이야기를 읽어내는 지혜가 우리 모두에게는 필요하다.

소통은
관계의 만병통치약이다?

많은 사람들이 대화만 잘하면 모든 관계 문제는 해결될 수 있다고 믿는다. 그리고 누군가가 관계를 어려워하면 "더 많이 대화하라"고 조언한다. 그러나 과연 대화만으로 모든 문제가 해결될 수 있을까? 가령, 한밤중에 병원 응급실을 찾았는데, 의사가 환자에게 "아프신가요?"라고 물으며 치료도 하지 않고 대화만 이어간다면 어떨까?

우리는 지금 관계라는 응급실에서 '소통'이란 말로만 된 약을 처방받고 있는지도 모른다. 실제로 많은 사람들이 대화만 잘하면 모든 관계 문제는 해결될 수 있다는 신기루 같은 환상에 빠져 있다. 그리고 갈등의 파고가 높아질수록 "더 많이 대화하라"는 처방전을 받는다.

하지만 대화라는 약만으로 모든 관계의 병을 치료할 수 있을까? 쉽지 않은 일이다. 때로는 이 약이 오히려 관계를 더 아프게 만드는 독이 되기도 한다. 관계의 병 대부분이 성격이나 이념, 가치관, 습관의 차이에서 비롯되기 때문이다.

1) 현상: '소통'에 대한 과대평가

현대 사회에서는 소통을 모든 관계 문제의 해결책으로 여긴다. 회사에서도, 연애에서도, 가족 간에도 "솔직하게 이야기하면 해결된다"는 말이 흔하다. 그러나 다음과 같은 경우처럼 소통이 오히려 문제를 악화시키는 경우도 많다.

- 불필요한 솔직함이 관계를 해칠 때: 연인 간 다툼 시 감정을 여과 없이 표현하면 오히려 관계가 악화될 수 있다.
- 서로의 한계를 인정하지 않을 때: 끝없이 대화를 시도하지만, 가치관 차이가 좁혀지지 않는 경우가 많다.
- 소통의 질보다 양에 집중할 때: 말이 많아진다고 관계가 좋아지는 것은 아니다. 물동이에 물을 계속 붓다 보면 결국 흘러넘치듯, 지나친 대화는 오히려 관계를 범람시킨다.

2) 예시

말보다 더 큰 침묵의 소통, 장애 아들과 아버지의 25년 동행
소통은 때로는 말이 아닌 침묵 속에서 더 깊어진다. 미국 매사추세츠주에 사는 릭 호이트와 그의 아버지 딕 호이트의 이야기는 언어를 넘어선 강력한 소통의 힘을 보여준다.

릭은 태어날 때 산소 부족으로 뇌성마비 진단을 받았다. 의사들은 "평생 식물인간 상태로 살게 될 것"이라고 예측했다. 하지만 부모는 아들의 눈빛에서 지성을 발견했다. 특별한 컴퓨터를 통해 릭이 첫 문장을 표현했을 때, 그가 말한 것은 "나는 보스턴 레드삭스 경기를 보고 싶어요"였다.

이후 15살이 된 릭은 아버지에게 특별한 요청을 했다. 학교에서 진행하는 5마일 자선 달리기 대회에 참가하고 싶다는 것이었다. 운동과는 거리가 멀었던 딕은 망설임 없이 아들의 휠체어를 밀며 달리기 시작했다. 레이스가 끝난 후 릭은 타이핑을 통해 "달릴 때, 나는 장애가 없는 것 같아요"라고 말했다. 이 말이 딕의 심장을 울렸다.

이후 딕과 릭은 마라톤, 철인 3종 경기 등 1,000회가 넘는 레이스에 함께 참가했다. 아버지는 수영할 때는 특수 보트에 아들을 태워 끌었고, 자전거를 탈 때는 특수 좌석에 아들을 태워 끌었으며, 달릴 때는 아들이 탄 특수 휠체어를 밀었다. 한 인터뷰에서 "왜 이런 어려운 일을 계속하는가?"라는 질문에 딕은 "많은 사람들이 우리가 특별하다고 생각하지만, 사실은 그렇지 않아요. 우리는 그저 아버지와 아들일 뿐입니다. 아들이 날 필요로 할 때 내가 있어주는 것, 그게 전부죠"라고 담담히 답했다.

이들의 이야기는 언어라는 좁은 통로를 넘어 진정한 소통의 본질을 보여준다. 때로는 천 마디 말보다 한 번의 행동이, 끝없는 대화보다 묵묵한 동행이 더 깊은 이해와 소통을 가져온다. 릭과 딕의 이야기는 소통이 단순한 말의 교환이 아니라, 서로의 존재를 온전히 받아들이는 '관계의 언어'임을 증명한다.

정주영 회장, 말의 씨앗 대신 행동의 언어로 일군 제국

현대그룹 창업자 정주영 회장은 "할 수 있다"는 구호를 외치는 데 그치지 않고, 그 말을 자신의 손과 발로 증명한 인물이었다. 그의 경영 철학은 단순한 슬로건이 아닌, 삶의 모든 순간에 행동으로 새겨진 생생한 이야기였다.

비가 쏟아지던 어느 공사 현장에서, 정주영 회장은 임원들에게 "어려움을 함께 이겨내자"고 말하는 대신 직접 장화를 신고 빗속으로 뛰어들었다. 그가 진흙탕 속에서 몸소 일하는 모습은 어떤 격려 연설보다 강력한 메시지를 던졌다. 마치 봄비가 대지에 생명력을 불어넣듯, 그의 행동은 직원들의 가슴에 불가능을 뛰어넘는 용기를 심어주었다.

특히 1970년대 중동 건설 현장에서 그는 "현대가 해내리라 믿는다"라는 말 대신 뜨거운 사막 한가운데서 직원들과 함께 땀을 흘리며 진정한 리더십 행동을 보여주었다. 그의 등 뒤로 흐르는 땀방울은 직원들에게는 희망의 이슬처럼 빛났고, 그 이슬이 모여 불모지에 기적의 강을 만들었다.

정 회장이 소통의 방식으로 선택한 것은 화려한 연설이나 감동적인 메시지가 아니었다. 그가 보여준 것은 '행동하는 침묵'이었다. 한 기자가 "어떻게 직원들을 동기부여 하느냐?"고 물었을 때, 그는 간결하게 대답했다.

"말로 하는 것보다 보여주는 것이 중요합니다. 내 등을 보고 따라오게 하는 겁니다."

이는 소통이 단순히 말의 기술이 아님을 보여주는 강력한 사례다. 진정한 소통은 때로는 말 대신 행동이라는 더 크고 강력한 언어를 통해 이루어진다. 정주영 회장은 '소통이 만병통치약'이라는 환상을 뛰어넘어, 말이 아닌 행동으로 마음을 움직이는 진정한 소통의 본질을 보여주었다. 그의 이러한 '행동의 언어'는 어떤 화려한 말이나 연설보다 더 깊이 직원들의 마음을 울렸고, 불가능을 가능으로 바꾸는 '현대정신'의 근간이 되었다.

3)관계의 역설 솔루션: 정설을 뒤집는 접근법

위에서 우리는 다음과 같은 것을 배웠다.

> 소통은 중요하지만, 말만으로 해결할 수 없는 문제도 있다.
> 진정한 관계는 '말'보다 '행동'에서 나온다.
> 때로는 대화보다 침묵과 존중이 더 큰 소통이 될 수 있다.

소통이 중요하다는 점은 부정할 수 없다. 하지만 무조건적인 대화가 해답이 될 수는 없다. 오히려 관계의 질을 높이기 위해서는 널리 알려진 정설적인 접근보다 역설적인 방법으로 접근하는 것이 좋다. 우리가 물을 얻으려면 여러 곳을 얕게 파기보다 한 곳을 깊이 파야 하듯, 좋은 관계를 가지려면 넓은 소통보다 깊이 있는 이해가 중요하다.

(1)덜 말하고 더 신뢰하기: '말'보다 '침묵', '침묵'보다 '행동'

·핵심 개념
① 대화는 신뢰를 쌓는 수단이지, 신뢰 그 자체가 아니다.
② 신뢰가 형성되면, 말이 적어도 관계가 더 깊어진다.
③ 꼭 필요한 말만 할수록, 그 말의 무게가 커진다. 금은 희소할수

록 가치가 높아지듯, 말도 절제할수록 그 무게가 더해진다.

·적용 방법

①상대가 원하는 말을 하기보다, 필요한 순간에 침묵할 줄 아는 것이 관계를 더욱 돈독히 만든다. 때로는 공허한 위로의 폭포수보다 한 방울의 공감 어린 침묵이 더 큰 위로가 된다.

②무조건적 소통을 강조하기보다, 한 마디라도 의미 있는 대화를 하기 위해 기다리는 태도가 필요하다.

③대화의 공백을 두려워하지 말고, 말보다는 일관된 행동으로 신뢰를 보여준다. 등대는 끊임없이 빛을 비추지 않고 일정한 간격으로 깜빡이지만, 그 신호가 더 선명하게 전달된다.

·관계 유형별 적용 방법 예시

①회사 상사와 직원: 직원들이 실수할 때마다 즉각 피드백을 주는 것이 아니라, 중요한 순간까지 기다려서 신뢰를 보여주는 상사가 더 존경받는다.

②부모와 자녀 간: 계속 가르치려는 부모보다 묵묵히 지지해주는 부모가 자녀에게 더 신뢰를 얻는다. 능력 있는 정원사는 식물의 키를 직접 늘리려 잡아당기지 않고 적절한 환경을 만들어줄 뿐이다.

③부부 관계: 모든 감정을 공유하는 것이 건강한 관계라고 믿지만, 때로는 각자의 공간과 시간도 중요하다.

④친구 관계: 고민을 나누고 해결하려 하기보다 그저 곁에 있어주는 것이 더 큰 힘이 될 때가 많다.

⑤모든 관계 유형: 상대의 감정에 무조건적으로 공감하려 하지 마라. 두 손을 꼭 잡은 채 그냥 들어주는 것만으로도 충분할 때가 많다. 악기들이 각자의 음색을 유지하면서도 하나의 멋진 교향곡을 연주해 내듯이, 끝없는 대화보다 입장 차이를 벗어나 서로 다른 부분을 존중하는 태도가 더 중요하다.

(2) '적절한 거리감'의 중요성: 덜 가까워질수록, 더 가까워진다

· 핵심 개념

①지나치게 가까운 관계가 오히려 갈등을 더 많이 초래할 수 있다. 거울에 너무 바짝 다가서면 자신의 모습이 보이지 않듯, 관계도 적당한 거리가 있어야 선명해진다.
②일정한 거리감이 유지될 때, 오히려 더 깊은 신뢰가 형성된다.
③무조건적인 헌신보다 적절한 거리 유지가 관계를 더 건강하게 만든다.

· 적용 방법

①모든 문제를 함께 해결하려 하기보다 서로 해결할 공간을 마련해 준다.
②항상 연락하고 붙어 있으려 하기보다 각자의 삶을 존중하면서 자연스럽게 이어지는 관계를 유지한다. 나무들은 서로 너무 가까이 심으면 성장을 방해하지만, 적절한 간격으로 심으면 함께 숲을 이룬다.
③지나친 친밀감이 오히려 피로감을 줄 수 있다. 관계에서도 휴식

이 필요하다.

·관계 유형별 예시

①직장 동료 간: 너무 친밀하게 엮이려 하기보다 각자의 역할을 존중할 때 업무 협력이 더 원활해진다.

②가족 간: 모든 가족 행사를 함께 하려 하기보다 각자의 일정과 공간을 존중할 때 더 화목해진다.

·우리 주변의 평범한 사람들 예시

①동료 사이에서 침묵이 더 깊은 신뢰를 만든 경우: 한 회사에서 A팀장과 B직원은 대화가 많지 않았다. 하지만 B직원이 어려운 순간에 실수를 했을 때, A팀장은 굳이 따로 불러 피드백을 하지 않았다. 대신 중요한 프로젝트를 맡겨 실력으로 증명할 기회를 주었다. "당신, 능력 있잖아!"라는 말을 하면서. B직원은 그 기회를 통해 성장했고, 말보다 행동으로 신뢰가 형성되었다. 이는 마치 말로 꽃에게 "피어라" 하고 외치는 대신 물과 햇빛을 주는 정원사와 같은 지혜였다.

②친구 관계에서 '공감하지 않음'이 오히려 관계를 살린 경우: C와 D는 10년 지기 친구였다. C가 이직을 고민할 때, D는 적극적으로 조언하기보다 그냥 들어주었다. 오히려 "네가 뭘 결정하든 난 네 편이야"라는 한 마디가 더 큰 위로가 되었다. 지나친 조언 대신, 그냥 들어주는 것이 더 강한 관계를 만들었다. 때로는 끝없이 지식을 쏟아내는 폭포수보다 고요히 담아내는 호수가 더 깊은 지혜를 담는다.

③가족 관계에서 거리감이 친밀도를 높인 경우: 부모와 성인이 된 자녀 사이에서, 부모가 모든 일에 간섭하기보다 "네가 알아서 해도 돼"라고 했을 때, 자녀가 오히려 더 자주 연락하는 경우가 많다. 일정한 거리감이 신뢰를 더 키우는 역할을 한다. 실을 느슨하게 해야 연이 더 높이 날듯, 관계도 적절한 자유를 줄 때 더 성장한다.

(3)확신을 의심하기

우리가 가장 확신하는 순간이 가장 위험한 순간이다. 절대적 확신은 생존과 성장의 가능성을 차단한다. 역설적으로, 자신의 인식을 의심할 줄 아는 사람이 더 정확한 판단을 내린다. 단단한 나무는 강한 바람에 꺾이지만, 유연한 갈대는 살아남듯이, 확고한 신념보다 유연한 사고가 더 오래간다.

심리학자인 대니얼 카너먼은 "우리는 우리가 아는 것보다 훨씬 적게 알고 있다"고 경고했다. 이런 겸손한 인식이 착각의 덫에서 벗어나는 첫걸음이다. 자신의 관점이 전부가 아님을 인정할 때, 우리는 더 풍부하게 현실을 볼 수 있다.

'소통이 관계의 만병통치약'이라는 착각에서 벗어나, 때로는 덜 말하고, 덜 맞추고, 덜 가까워지는 것이 관계를 더 건강하게 만드는 역설적인 방법이 될 수 있다. 진정한 관계는 말이 아니라, 신뢰와 존중에서 나온다. 관계는 끊임없이 주고받는 테니스 경기가 아니라, 함께 같은 산을 오르는 등반과 같다.

4) 연구와 교훈

(1) 연구

심리적 거리감과 소통 효과성 연구

2023년 서울대학교 심리학과는 약 3,500명의 직장인을 대상으로 심리적 거리감과 소통 효과성에 관한 연구를 진행했다. 이 연구에서는 소통의 양적인 측면보다 질적인 측면이 관계의 만족도에 3배 더 큰 영향을 미친다는 결과가 도출되었다. 또한, 침묵의 시간을 의도적으로 가진 팀은 문제 해결 능력이 27% 향상되었으며, 소통 빈도를 줄이고 깊이를 높인 집단에서는 갈등 해결률이 42%나 증가하는 현상이 관찰되었다.

디지털 소통과 오해 발생률 연구

2022년 스탠포드대학 연구팀은 240개의 온라인 협업 환경의 팀을 대상으로 디지털 소통과 오해 발생률에 관한 연구를 수행하였다. 연구 결과, 텍스트 기반 소통에서는 의도 전달 오류가 68%까지 발생하는 것으로 나타났다. 또한 전체 소통량을 줄이고 선택적 대면 소통을 늘린 팀은 업무 성과가 31% 향상되었으며, 정보 과부하가 발생한 팀은 의사 결정 정확도가 35% 하락하였다.

소통의 질과 양에 대한 이론적 배경

심리학자인 데보라 타넨Deborah Tannen이 제시한 '소통 과부하 이론'에 따르면, 지나친 대화가 오히려 관계를 더 악화시킬 수 있다고 한다. 또한 2017년 하버드대학의 연구는 '의도보다 결과가 중요하다'는 관점에서, 말보다 행동이 관계의 신뢰를 구축하는 데 결정적인 역할을 한다는 점을 밝혀냈다.

(2)교훈

"소통은 도구이지 목적이 아니다."

끊임없는 소통이 아니라 의미 있는 연결이 진정한 관계의 핵심이다. 때로는 침묵을 두려워하지 말고, 말의 홍수 속에서 길을 잃기보다 깊이 사고하고 진정으로 들을 수 있는 용기를 가져야 한다. 관계의 질은 메시지의 양이 아니라 진정성과 이해의 깊이에서 온다. 금강석을 연마하는 데는 무수한 타격보다 정확한 한 번의 타격이 중요하듯, 관계도 말의 양보다 질이 중요하다.

소통의 바다에서 우리는 종종 더 많은 말로 더 깊은 이해를 얻으려 한다. 하지만 진실은 다르다. 진정한 소통의 미학은 폭포수처럼 쏟아지는 말들 사이가 아니라, 고요한 호수처럼 깊이 있는 침묵의 공간에 있다.

우리가 말의 풍요 속에서 겪는 소통의 빈곤은 역설적이다. 말의 무게와 침묵의 깊이 사이에서 균형을 찾을 때, 우리는 진정한 소통의 예술가가 된다. 그것은 마치 오케스트라에서 음표와 쉼표가 함께 어우러져 아름다운 선율을 만들어내는 것과 같다.

때로는 말의 씨앗을 뿌리기보다, 이해의 땅을 갈고 공감의 물을 주는 시간이 필요하다. 관계라는 정원에서 말의 꽃보다 이해의 뿌리를 더 깊이 내리는 데 집중할 때, 비로소 사시사철 푸른 관계의 나무는 자라난다. 소통의 진정한 가치는 그 양이 아닌, 서로의 영혼에 남긴 울림의 깊이에 있음을 기억하자.

사랑은 모든 문제를
해결할 수 있다?

"사랑하니까 괜찮아."

이 말은 우리 마음속에 스며드는 달콤한 독약이다. 밤하늘의 별처럼 반짝이는 눈으로 서로를 바라보며 내일을 약속하지만, 그 별빛은 때로는 칼날이 되어 돌아온다. 로맨스 영화와 소설들은 '진정한 사랑이 모든 것을 이긴다'는 환상을 우리 영혼 깊숙이 각인시키지만, 현실은 그 환상의 유리성을 가차없이 부숴버린다.

사랑은 태풍과 같다. 그것이 지나간 자리에 무엇이 남을지는 아무도 예측할 수 없다. 때로는 모든 것을 쓸어가 버리고, 때로는 새로운 세계를 선물한다. 우리는 사랑이라는 이름의 만능 열쇠가 모든 문을 열어줄 것이라고 믿지만, 실상 그것은 미로 속 또 다른 미로로 이끄는 함정일 뿐이다. 그 미로에서 길을 잃은 우리의 모습은 지금 얼마나 처연한가.

1)현상: 사랑은 환상-달콤한 독약

사랑이 모든 관계 문제를 해결할 수 있다는 믿음은 마약과 같다. 한 번 빠지면 헤어나올 수 없는 착각의 늪이다. "서로 사랑한다면 어떤 장벽도 넘을 수 있어"라는 속삭임은 우리의 이성을 마비시키고, 현실의 칼날을 보지 못하게 한다.

우리는 왜 이토록 사랑의 환상에 집착하는가? 마치 어린아이가 달을 손에 쥐려 하는 것처럼, 사랑으로 모든 것이 해결될 거라 믿는 순간 이미 우리는 현실과의 싸움에서 패배한 것이다. 경제적 어려움, 가치관의 충돌, 일상의 지루함, 이 모든 것들은 사랑이라는 도구로는 해결할 수 없는 단단한 벽이다. 사랑이 만능 열쇠라 믿는 순간, 우리는 이미 관계의 무덤을 파고 있는 것인지도 모른다.

2)예시: 사랑만으로 해결되지 않는 관계들

26년간의 헌신, 그리고 마주한 한계

"나는 당신을 죽을 때까지 사랑하겠습니다."

김철수(69세) 씨는 아내 이영희(67세) 씨에게 26년 전 결혼식 날 이 맹세를 했다. 지금도 그는 여전히 그 약속을 지키고 있지만, 아내는 그를 알아보지 못한다.

5년 전, 영희 씨는 알츠하이머 진단을 받았다. 처음에는 사소한 기억 상실로 시작했지만, 병은 빠르게 진행되었다. 철수 씨는 '사랑하니까 어떻게든 이겨낼 수 있을 거야'라고 믿었다. 그는 아내를 위해 직장을 그만두고 24시간 내내 간병에 매달렸다. 열정적인 정원사였던 그는, 집 뒤뜰에 아내가 좋아하던 장미를 심었다. 아내의 기억을 되찾게 하기 위해 매일 사진첩을 보여주고, 그들의 추억이 담긴 음악을 들려주었다.

하지만 사랑으로는 막을 수 없는, 질병이라는 현실의 벽이 눈앞에 있었다. 영희 씨의 상태는 악화일로였다. 어느 날, 철수 씨는 아내에게 옛날 사진을 보여주며 미소 지었다.

"기억나요? 우리 첫 데이트였어요."

영희 씨는 그를 낯선 사람처럼 바라보며 대답했다.

"당신은 누구세요? 내 남편을 불러주세요."

그날 밤, 철수 씨는 처음으로 무너져 내렸다. 그의 헌신적인 사랑에도 불구하고, 알츠하이머라는 질병은 계속 진행되었다. 무력감에 빠진 그는 마침내 현실을 직시했다. 사랑만으로는 이 병을 치료할 수 없다는 것을.

전환점이 된 것은 "당신의 사랑은 아내를 치료할 수는 없지만, 그녀의 남은 삶의 질을 높일 수는 있습니다"라는 의사의 한 마디였다. 철수 씨는 현실을 받아들였다. 알츠하이머 환자 가족 모임에 참석하기 시작했고, 전문가에게도 도움을 구했다. 사랑만으로 해결하려던 접근에서 벗어나 의학적 현실을 받아들이고, 그 안에서 할 수 있는 최선을 다하기로 마음먹었다.

이제 철수 씨는 아내가 알아보지 못해도 매일 미소를 짓는다. 더 이상 기억을 되찾게 하려고 애쓰지도 않는다. 대신, 지금 이 순간 아내가 편안하고 행복할 수 있도록 최선을 다한다.

"사랑이 모든 걸 해결할 수는 없어요. 하지만 사랑이 있기에 우리는 해결할 수 없는 문제도 받아들일 수 있습니다."

그의 이야기는 사랑의 역설을 보여준다. 사랑이 모든 문제를 해결할 수는 없다. 하지만 해결할 수 없는 문제도 함께 견딜 수 있는 힘을 준다. 결국 철수 씨가 깨달은 것은 사랑의 진정한 의미였다. 사랑은 모든 것을 고칠 수 있다는 환상이 아니라, 고칠 수 없는 것도 받아들이고, 그 안에서 의미를 찾게 한다.

일상의 반전, 육아와 사랑의 무게

연애 시절 서로에게 "내가 너의 전부가 될게"라던 신혼 3년차 정수 씨와 다영 씨는 결혼 후 첫 아이가 태어나자 180도 다른 세계를 만났다. 육아 현실은 잠 못 이루는 밤, 끝없는 책임감, 그리고 쌓여가는 피로감의 연속이었다. 서로를 향한 사랑은 변함없었지만, 육아 현실은 그 사랑을 시험대에 올려놓았다.

다영 씨가 아이에게 더 많은 시간을 쏟자 정수 씨는 소외감을 느꼈고, 정수 씨가 일에 매달리자 다영 씨는 배신감을 느꼈다. 사랑은 그대로였지만, 그것만으로는 육아의 고단함과 일상의 압박을 이겨낼 수 없었다. 결국 둘은 부부 상담을 통해 '사랑'만으로는 현실의 문제를 해결할 수 없다는 것을 깨달았다. 그들에게 필요한 것은 더 많은 사랑이 아니라, 현실을 직시하는 용기와 함께 문제를 해결하려는 의지였다.

3) 관계의 역설 솔루션

이기적인 사랑의 역설

사랑이라는 이름으로 상대를 붙잡으려 할수록, 관계는 오히려 무너진다. 이것이 '이기적 사랑의 역설'이다. 사랑이 깊어질수록 상대를 자신의 일부로 여기고, 모든 것을 공유하고 싶어진다. 하지만 역설적으로 이런 욕망이 상대를 질식시키고, 관계를 파괴한다.

진정한 사랑은 소유가 아닌 자유에 있다. 새를 사랑하면 새장에 가두는 것이 아니라, 날개를 펼 수 있는 하늘을 선물하는 것과 같다. 사랑하는 사람에게 필요한 것은 내 사랑이 아니라, 그들이 스스로 성장할 수 있는 공간과 기회일지도 모른다.

성숙한 사랑의 역설

성숙한 사랑은 '더 많이 주는 것'이 아니라, '더 현명하게 거리를 두는 것'에 있다. 사랑하는 사람이 힘들어하면 본능적으로 달려가 도움을 주고 싶겠지만, 때로는 스스로 해결할 수 있다고 믿고 기다려주는 것이 더 큰 사랑일 수 있다. 농부가 씨앗을 심고 적절한 거리를 두며 성장을 지켜보듯, 우리도 사랑하는 사람에게 성장의 공간을 내주어야 한다. 이것이 바로 '함께 있되, 서로를 질식시키지 않는' 성숙한 사랑이다.

4)연구와 교훈

(1)연구

존 고트만 박사의 연구에 따르면, 장기적으로 성공적인 관계를 유지하는 커플들은 '사랑'이 아닌 '갈등 해결 방식'에서 차이를 보였다. 그들은 서로에 대한 사랑을 더 많이 표현한 것이 아니라, 갈등 상황에서 더 효과적인 소통 방식을 가지고 있었다. 실제로 40년 이상의 관계 연구에서 드러난 사실은 사랑의 감정보다 '문제 해결 능력'이 관계의 수명을 결정한다는 것이다.

심리학자인 플렛과 휴잇의 연구는 더 충격적인 사실을 알려준다. 모든 이에게 좋은 사람, 즉 '피플 플리저' 성향이 강한 사람들은 오히려 더 불행한 관계를 경험한다는 것이다. 자신의 욕구를 억누르고 상대만을 위해 살아가는 이들은 결국 관계에서 에너지가 소진되고, 내면의 분노가 폭발하는 순간을 맞이한다.

(2)교훈

"사랑은 해결책이 아니라 '함께 해결하려는 태도'를 의미한다."

사랑이 모든 문제를 마법처럼 해결해주는 것은 아니다. 오히려 사랑은 문제를 함께 직면하고 해결해 나가는 여정이다. 사랑은 결과가 아닌 과정이며, 도착지가 아닌 여행이다. 이것이 사랑의 환상에서 벗어나 현실의 성숙한 사랑으로 나아가는 첫걸음이다.

사랑은 만병통치약이 아니라 토양이다. 그 자체로 문제를 해결하지는 못하지만, 해결책이 자랄 수 있는 비옥한 땅을 제공한다. 가장 뜨겁게 타오르는 불꽃이 가장 빨리 꺼지듯, 강렬한 사랑의 열정만으로는 일상의 바람을 이겨낼 수 없다.

진정한 사랑은 폭풍우 속에서도 함께 서 있는 두 그루의 나무와 같다. 서로의 가지가 닿을 만큼 가까이 있되, 뿌리는 각자의 영역에서 단단히 내리고 있는 모습이다. 때로는 서로에게 그늘이 되어주고, 때로는 햇빛을 나누어 받으며 함께 성장하는 것이다.

　사랑의 환상에서 깨어나는 것은 슬픈 일이 아니다. 그것은 동화책을 덮고, 실제로 모험을 떠나는 것과 같다. 완벽한 사랑을 꿈꾸기보다, 불완전하지만 함께 성장하는 사랑을 선택하자. 그것이 바로 사랑이라는 미로에서 찾아야 할 진정한 출구다.

갈등은
나쁜 것이다?

　인간관계의 바다에는 때로 거친 파도가 일어난다. 그것이 바로 갈등이다. 많은 이들이 이 파도를 두려워하고 피하려 한다. 하지만 파도가 없는 바다는 죽은 바다다.

　갈등은 우리 삶의 불가피한 부분이며, 오히려 관계에 생명력을 불어넣는 불꽃일 수 있다. 간혹 그 불꽃은 우리를 태울 듯 뜨겁고 아프지만, 그 열기는 우리의 단단한 껍질을 녹여 더 깊은 이해와 성장으로 이끌어준다.

　상처받은 마음을 가진 두 사람이 서로를 마주할 때, 그들의 갈등은 거친 바다에서 부딪치는 두 개의 바위와 같다. 처음에는 날카롭고 아프며, 서로를 깨뜨릴 것처럼 보인다. 하지만 시간이 지나면, 그 부딪힘은 서로의 모서리를 부드럽게 다듬어 투박했던 돌을 매끄러운 조각상으로 변모시킨다.

　갈등은 우리 내면의 거울이다. 때로는 우리가 원하지 않는 진실을 비추고, 때로는 우리의 가장 깊은 두려움과 욕망을 드러낸다. 그 거울을 두려워하거나 외면하지 말고, 용기 있게 마주해야 한다. 왜냐하면 그 거울 속 모습을 이해할 때, 우리는 진정한 성장의 문턱을 넘을 수 있기 때문이다.

관계에서의 갈등은 결코 전쟁터가 아니다. 오히려 서로를 더 깊이 이해하고, 존중하며, 사랑하게 되는 소중한 대화의 무대다. 이 여정은 고통스럽고 불편할 수 있지만, 동시에 가장 아름답고 의미 있는 인간적 경험이기도 하다.

물과 불이 만나면 재앙이 될 수도 있지만, 증기가 되어 엄청난 동력을 만들어내기도 한다. 갈등도 마찬가지다. 우리가 흔히 '독'이라고 여기는 갈등은, 적절히 다루면 오히려 조직과 관계를 성장시키는 '약'이 된다. 부정적 편견의 렌즈를 벗고, 갈등이 숨겨둔 긍정의 가치를 발견해 보면 어떨까?

1)현상

우리 사회에는 '갈등은 피해야 할 문제'라는 편견이 깊게 뿌리내리고 있다. 하지만 갈등이 전혀 없는 관계나 조직은 오히려 정체되거나 쇠퇴한다. 마치 면역체계가 적당한 병원균에 노출되어야 강해지듯, 관계도 적절한 갈등을 경험해야 튼튼해진다.

최신 조직심리학 연구에 따르면, 건설적인 갈등을 경험한 팀은 그렇지 않은 팀보다 문제 해결 능력이 최대 40%까지 향상되었다. 또한 갈등을 효과적으로 관리하는 리더가 이끄는 조직은 직원 만족도와 충성도가 현저히 높아지고, 혁신 지수 역시 평균 이상을 기록했다.

갈등은 파괴적인 힘이 아니라, 적절히 관리하면 우리 관계와 조직의 성장 엔진이 될 수 있는 것이다.

2) 예시

에이브러햄 링컨

링컨은 내각 내에서 윌리엄 시워드H. Seward, 살몬 체이스Salmon P. Chase 등과 전쟁 전략 및 인사 정책 등 다양한 사안에서 격렬한 의견 충돌을 겪었다. 다만, 그는 갈등을 숨기지 않고 공개 토론의 장을 마련해 각 인사의 전문성과 견해를 충분히 논의함으로써 문제의 본질을 파악하고 최적의 결정을 도출했다. 이 과정에서 팀 내의 신뢰와 협력이 강화되어 위기 극복에 결정적 역할을 했다.

김 부장과 이 대리의 프로젝트 충돌

중견 광고회사의 김 부장은 보수적인 접근을, 신입 이 대리는 과감한 디지털 전환을 주장하며 매일 충돌했다. 팀은 둘의 갈등으로 불편해했지만, 기업 CEO는 오히려 두 사람의 논쟁 과정을 녹음해 전 직원과 공유했다. 이것이 창의적 갈등의 모습이라며 격려했고, 결국 두 사람의 대립에서 탄생한 '전통과 혁신의 조화'라는 캠페인은 회사 최대 수주로 이어졌다. 김 부장은 훗날 "이 대리와의 갈등이 내 30년 경력에서 가장 값진 배움이었다"고 회고했다.

결혼 25주년의 비밀

결혼 25주년을 맞은 김 씨 부부는 주변의 부러움을 받는 '금슬 좋은 부부'로 알려져 있다. 하지만 그들이 밝힌 행복의 비결은 의외였다. "우리는 매주 '갈등의 시간'을 가져요. 서로 쌓인 불만을 솔직히 이야기하는 거죠." 10년 전 이혼 위기까지 갔던 이들은 오히려 갈등을 정기적으로 끌어내어 대면하는 특별한 방식을 택했다. "처음엔 서로 상처주기 시합 같았지만, 점차 상대의 관점을 이해하게 되었어요. 이제는 그 시간이 우리 관계를 새롭게 하는 '재생의 의식'이 되었죠." 이들의 사례는 갈등의 회피가 아닌 현명한 대면이 관계의 깊이를 더한다는 것을 보여준다.

3)관계의 역설 솔루션

전통적 갈등 관리 방식은 주로 '갈등 최소화'에 초점을 맞춘다. 그러나 역설적 접근법은 갈등을 오히려 자원으로 활용한다. 이러한 역설적 솔루션은 갈등의 에너지를 창조적인 방향으로 전환하는 데 효과적이다.

(1)의도적 갈등 촉발

·**핵심 개념** 갈등을 피하려고만 하면 숨은 문제점이 드러나지 않는다. 오히려 '건설적 갈등'을 일부러 유도하면, 문제의 본질을 미리 드러내서 창의적 해결책을 도출할 수 있다. 가령, 회의나 토론에서 구성원들에게 서로 상반된 의견을 의도적으로 제시하게 하고, 이를 통해 다양한 시각에서 문제를 분석하게 한다. 이를 통해 갈등 자체를 문제 해결의 촉매제로 만든다.

·미니 사례 스타트업 '드림테크'는 중요한 투자 결정 전에 항상 '레드팀-블루팀' 대결을 진행한다. 한 팀은 투자의 위험성을, 다른 팀은 기회 요소를 강조하며 의도적으로 충돌을 만든다. 이 과정에서 발생한 열띤 토론은 결국 회사가 간과했던 중요한 법적 리스크를 발견하게 해주었고, 이를 미리 보완해 성공적인 투자로 이어졌다.

(2) 불확실성의 수용과 무질서 속 질서 찾기

·핵심 개념 즉각적인 안정과 질서 추구 대신, 잠시 혼란 상태를 의도적으로 허용하면 구성원들이 스스로 핵심 문제를 분석하고, 자율적으로 해결책을 마련할 기회를 찾는다. 갈등 발생 직후 모든 상황을 통제하려 하지 않고, 일정 기간 동안 '불확실성'을 그대로 두어 자연스러운 토론과 자발적 문제 해결 과정을 경험하게 한다.

·미니 사례 한 초등학교 교사는 학급 내 심각한 갈등 상황을 '오해해결위원회'라는 이름으로 아이들 스스로 해결하게 했다. 처음엔 혼란스러웠지만, 아이들은 놀랍게도 자체적인 규칙을 만들고, 서로의 말을 경청하는 방법을 찾아냈다. 그 결과, 학급 내 갈등 해결 능력이 크게 향상되었고, 이 모델은 학교 전체로 확산되었다.

(3) 모순된 피드백 제공

·핵심 개념 전형적인 긍정 혹은 부정의 피드백을 넘어, 상반된 메시지를 동시에 전달하면, 수용자가 자신의 강점과 약점을 동시에 인

식하고, 스스로 균형 잡힌 해결책을 도출할 수 있다. "이 부분은 훌륭하지만 동시에 개선의 여지가 있다"는 식의 피드백을 통해 구성원이 기존의 틀에 얽매이지 않고, 스스로 문제를 재검토하도록 유도한다.

·미니 사례 세계적인 발레단의 수석 안무가는 젊은 무용수에게 "당신의 기술은 완벽하지만, 그 완벽함이 오히려 당신의 감정 표현을 가두고 있어요"라는 모순된 피드백을 주었다. 혼란스러웠던 무용수는 이 말을 곱씹으며 자신의 춤을 다시 돌아보게 되었고, 결국 기술과 감성의 균형을 찾아 역대 최고의 공연을 선보일 수 있었다.

4)연구와 교훈

(1)연구

갈등의 건설적 관리가 가져오는 긍정적 효과는 다양한 연구를 통해 입증되고 있다. 존 고트먼 박사는 수천 쌍의 커플을 대상으로 한 종단 연구에서, 갈등 자체가 아니라 갈등을 다루는 방식이 관계의 성패를 좌우한다는 사실을 발견했다.

갈등 해결 능력이 뛰어난 커플은 관계 지속 기간이 평균 75% 이상 길며, 전반적인 관계 만족도 역시 현저히 높게 나타났다. 기업 환경에서도 비슷한 패턴이 관찰되었다. 2022년 다국적 기업 150개 팀을 분석한 연구에 따르면, 효과적인 갈등 관리 시스템을 갖춘 팀은 그렇지 않은 팀보다 생산성이 20%, 혁신성이 15% 이상 향상된 것으로 나타났다.

더 주목할 만한 것은 2023년 발표된 조직 내 갈등 프로토콜 연구 결과다. 정식 갈등 해결 프로토콜을 도입한 기업은 직원 유지율이 30% 높아지고, 생산성이 25% 이상 증가했다. 이러한 연구 결과들은 갈등을 적절히 관리하면 개인과 조직 모두에게 유익한 자원이 될 수 있음을 분명히 보여준다.

(2)교훈

"갈등은 관계의 상처가 아니라, 성장의 자양분이다."

갈등은 우리 관계의 숨겨진 연금술사와 같다. 마치 거친 원석을 세련된 보석으로 다듬는 장인처럼, 갈등은 우리의 감정과 이해의 가장 단단한 벽을 부드럽게 깨뜨리고 재구성한다. 이 과정은 고통스럽지만, 그 속에서 서로의 깊은 내면을 발견하고, 더 깊은 연결의 뿌리를 내리게 된다. 진정한 관계는 평온함이 아니라, 갈등을 헤쳐나가는 용기에서 피어나는 꽃임을 우리는 잊지 말아야 한다.

많은 사람들이 파도 없는 평온한 바다를 꿈꾼다. 하지만 파도 없는 바다는 죽은 바다와 다를 바 없다. 갈등 없는 관계 역시 마찬가지다. 성장이 멈춘 관계는 단절이라는 바다와 같다. 갈등은 숲속의 불처럼, 통제되지 않으면 모든 것을 파괴하지만, 적절히 관리하면 오히려 새로운 생명의 시작이 된다. 황무지 같던 땅이 화재 후 더 풍요롭게 피어나는 것처럼, 우리의 관계도 갈등의 불꽃을 지나며 더 깊고 단단해질 수 있다.

다음번 갈등의 순간이 찾아오면, 그것을 파괴의 신호로 두려워하기보다 성장의 초대장으로 받아들여 보자. 그리고 기억하자. 다이아몬드는 극심한 압력 속에서 탄생하고, 진주는 조개가 상처받은 곳에서 만들어진다는 것을. 우리 관계의 가장 빛나는 순간도, 어쩌면 가장 깊은 갈등의 한가운데서 시작될지 모른다.

오래된 관계는
더 깊은 신뢰를 바탕으로 한다?

우리는 왜 시간만으로 신뢰가 깊어진다고 착각할까? 오랜 시간 숙성한다고 반드시 좋은 와인이 되진 않는다. 숙성 과정에서 적절한 온도와 습도, 그리고 때로는 적당한 흔들림이 필요하다. 관계도 마찬가지다. 단순히 시간이 흐른다고 신뢰가 깊어지는 것이 아니라, 그 시간을 어떻게 채워가느냐가 더 중요하다.

신뢰는 시계가 아닌 저울로 측정된다. 함께한 시간의 양보다 그 시간 속에서 서로에게 보여준 진실성, 나약함의 공유, 그리고 깨져도 다시 이어 붙이려는 회복력이 더 중요한 척도다. 오래된 관계의 겉모습 아래에는 때로 익숙함이라는 가면을 쓴 무관심이 숨어 있을 수 있고, 새로운 관계 속에서 진정한 연결의 순간이 빛날 수도 있다.

결국, 관계의 깊이는 시간의 눈금이 아닌, 서로의 본질을 얼마나 용기 있게 바라보고 받아들이느냐에 달려 있다. 과연 나는 어떨까? 관계의 질을 시간으로만 재고 있진 않는가?

1) 현상

우리가 흔히 쓰는 "우리 얼마나 오래 알고 지냈는데"라는 말은 가장 위험한 착각이다. 다만, 기존의 '너무 가깝다'는 인식 대신, 때때로 일정한 거리와 불완전성을 허용하면 더 강한 신뢰를 구축할 수 있다.

우리 사회는 '오래 알고 지낸 사람'에게 무조건적으로 신뢰 점수를 부여한다. 하지만 현대 심리학 연구들은 이러한 '시간 중심 신뢰 모델'의 한계를 지적한다. 그들은 새로운 패러다임으로 '의식적 나약함의 공유', '의도적 불완전함의 수용', '의도적 거리두기' 등을 꼽는다. 이것들이 지속적으로 관계의 깊이와 견고함을 더한다고 강조한다. 즉, '의도적 거리두기'가 역설적으로 더 깊은 신뢰를 형성한다는 것이다. 너무 가까이 있으면 전체 그림을 볼 수 없듯이, 관계에서도 적절한 거리는 객관성과 자율성을 부여하며, 이는 궁극적으로 더 건강한 신뢰로 이어진다.

2) 예시

스티브 잡스와 스티브 워즈니악

IT 세계의 가장 위대한 우정은 서로의 다름을 인정한 데서 시작됐다. 두 창업자는 초기 애플 설립 시부터 각자의 강점과 약점을 솔직하게 드러냈고, 때로는 의견 차이를 극복하는 과정을 거쳤다. 이 과정에서 나타난 '의도적 거리두기'와 '불완전성의 공유'는 두 사람 간의 깊은 신뢰와 혁신적 아이디어 창출의 원동력이 되었다.

그들은 '친구'가 아닌 '동반자'였다. 이들의 관계는 흔히 생각하는

'오랜 친구'의 모습과는 달랐다. 워즈니악은 기술적 완벽함을 추구했고, 잡스는 사용자 경험과 마케팅의 혁신을 중시했다. 이런 근본적 차이는 종종 충돌을 낳았지만, 그들은 이 차이를 문제가 아닌 자산으로 여겼다. 특히 주목할 만한 점은 애플 매킨토시 개발 과정에서 두 사람이 보여준 '솔직한 불일치'의 수용이다.

"워즈와 나는 서로의 약점을 숨기지 않았고, 그것이 우리의 가장 큰 강점이 되었다"라고 잡스는 자신의 자서전에서 이렇게 회고했다. 이들은 단순히 오랜 세월을 함께했기 때문이 아니라, 그 시간 속에서 서로의 다름을 인정하고, 때로는 충돌하며, 결국에는 각자 영역에서 최선을 발휘할 수 있도록 존중했기에 혁신적인 결과물을 만들어낼 수 있었다.

삼성전자 경영진의 신뢰 구축

세계적 기업의 성공 비결은 '관계의 시간'이 아닌 '관계의 질'에 있었다. 삼성전자의 경영진은 수십 년간 반복되는 프로젝트와 위기 상황에서 서로의 약점과 실수를 솔직하게 공유하며, 때로는 일정한 거리를 두고 각자의 전문성을 발휘하도록 했다. 그 결과, 경영 결정의 일관성과 글로벌 경쟁력에서 두드러진 성과를 이루어냈다.

대표적인 사례가 1997년 외환위기와 2008년 글로벌 금융위기다. 당시 삼성전자는 위기를 오히려 기회로 만들었다. 이 과정에서 주목할 만한 점은 경영진이 보여준 역설의 전략, 즉 '취약성의 전략적 공유'였다. 당시 경영진은 단순히 '우리는 오랫동안 함께 일해왔으니 서로 믿자'는 접근 대신, 각자의 부서가 직면한 구체적 어려움과 불확실성을 투명하게 공유하는 문화를 형성했다.

그 결과, '완벽하지 않아도 괜찮다'는 철학이 세계적 기업을 만들었다. 이건희 회장의 '신경영' 선언 이후, 삼성전자는 '의도적 불완전성'을 경영 철학으로 받아들였다. 이는 완벽함을 포기한다는 의미가 아니라, 모든 계획과 결정이 본질적으로 불완전할 수 있음을 인정하고, 이를 지속적으로 개선해나가는 과정을 중시한다는 의미였다. 이러한 접근은 경영진 사이에 '시간에 기반한 신뢰' 대신 '과정에 기반한 신뢰'를 구축하는 데 중요한 역할을 했다.

3) 관계의 역설 솔루션

기존의 '가깝게만' 지내야 한다는 믿음을 뒤집고, 다음과 같은 3가지 '역설적 방법'을 실천하면 오랜 관계 속에서도 신뢰를 더욱 견고하게 구축할 수 있다.

(1) 의도적 거리두기와 재접근

·핵심 개념 지나치게 밀착된 관계는 때로 자율성과 개인의 발전을 저해할 수 있다. 일정한 거리를 의도적으로 유지한 후 재접근하면 서로의 독립성을 인정하고, 그 결과 오히려 더 깊은 신뢰를 형성할 수 있다. 정기적으로 개별적인 목표나 프로젝트를 부여해 각자가 독립적으로 성장하도록 격려한 후, 공동 활동이나 프로젝트에서 서로의 발전을 공유하며 신뢰를 재구축한다.

·미니 사례 30년 지기 사업 파트너인 김 대표와 이 대표는 오랜 관

계로 인해 익숙함의 함정에 빠졌다고 느꼈다. 서로를 너무 잘 안다는 착각이 혁신을 막고 있었다. 그들은 과감히 1년 간 다른 지사를 각자 맡아 운영하는 '의도적 분리'를 시도했다. 재결합 후 두 사람은 30년 간 알고 지냈지만, 실은 서로를 제대로 알지 못했다는 사실을 깨달았다. 오래된 관계에도 불구하고 상대의 숨겨진 역량을 재발견한 것이 그들의 신뢰를 더욱 단단하게 만들었고, 회사는 그 이후 5년간 매출이 3배나 증가했다.

(2)불완전성의 솔직한 공유

· **핵심 개념** 오랜 관계에서 모든 것을 완벽하게 맞추려는 시도는 오히려 부담이 될 수 있다. 오히려 서로의 불완전함과 실수를 감추지 않고 솔직하게 드러내는 것이, 인간적인 면모를 인정하고 진정한 신뢰를 쌓는 열쇠가 된다. 개인의 약점이나 실패 사례를 공개하는 세션을 마련해 서로 개선하고 배울 기회를 제공한다.

· **미니 사례** 15년차 부부는 매주 금요일 저녁 '실수 파티'를 연다. 일주일 동안 각자 저지른 가장 창피한 실수를 이야기하고, 함께 웃는다. 어느 날 남편이 중요한 프레젠테이션에서 완전히 실패한 이야기를 털어놓자, 아내는 자신도 비슷한 경험이 있음을 고백했다. 이 대화가 아이디어로 이어져 지금은 '실패학교'라는 교육 프로그램을 함께 운영하며 수많은 사람들에게 영감을 주고 있다. 그들은 "서로의 약점을 안다는 것이 우리의 가장 큰 강점"이라고 말했다.

(3) 모순적 격려와 도전

· 핵심 개념 지속적인 칭찬만으로는 성장이 정체될 수 있다. 때로는 상반되는 도전적 피드백을 제공해 상대방이 자기 발전의 필요성을 인식하게 하고, 이를 통해 관계의 깊이와 상호 의존성을 강화한다. 격려와 동시에 구체적인 개선 과제나 도전 과제를 부여하는 방식으로, 안정된 신뢰 속에서도 지속적인 발전과 재평가를 유도한다.

· 미니 사례 결혼 25주년을 맞은 한 부부는 서로를 향한 진정한 신뢰가 부족하다는 것을 깨달았다. 겉으로는 완벽한 부부였지만, 깊은 대화나 건설적 비판은 피하고 있었다. 그들은 '진실의 시간'이라는 주간 대화 시간을 만들었다. "당신이 정말 이것을 할 수 있을까요?"라는 도전적 질문으로 시작하는 이 시간이 처음에는 불편했지만, 점차 서로의 잠재력을 끌어내는 계기가 되었다. 아내는 "25년간 서로를 안다고 생각했지만, 실은 편안함이라는 이름의 착각 속에 살았다"고 고백했다. 도전적 대화를 통해 그들은 50대에 각자 새로운 커리어를 시작했고, 더 깊은 신뢰 관계를 재구축했다.

4) 연구와 교훈

(1) 연구

조직 심리학의 최신 연구들은 '관계의 질'이 '관계의 폭과 길이'보다 훨씬 중요하다는 점을 증명하고 있다. 2023년 200개 이상의 기업을 대상으로 한 연구에서, 단순히 오래 함께 일한 팀보다 '의도적 취약성 공유'와 '건설적 도전'을 실천한 팀이 평균 25% 이상의 성과 향상과 30% 높은 협업 만족도를 기록했다.

혁신의 원동력은 '안전한 불일치'에 있다는 사실도 주목할 만하다. 2021년 〈하버드 비즈니스 리뷰〉에 발표된 연구에 따르면, 단순히 오랜 시간 관계를 유지한 팀보다 '건설적 충돌'과 '다양성 존중'을 실천한 팀에서 혁신 성과가 20% 이상 증가하는 결과를 보였다. 이는 진정한 신뢰가 '편안함'이 아닌 '진실된 도전'에서 비롯된다는 것을 시사한다.

(2) 교훈

"진정한 신뢰는 시간의 길이가 아닌, 관계의 깊이에서 피어난다."

단순히 누군가를 오래 알았다는 것이 자동으로 깊은 신뢰를 보장하지는 않는다. 진정한 신뢰는 매일매일의 선택 속에서 형성된다. 진실을 말할 용기, 약점을 드러낼 취약함, 다름을 인정할 너그러움, 그리고 함께 성장할 의지가 있을 때 비로소 깊은 신뢰가 쌓인다. 의미 있는 신뢰 역시 의도적인 노력과 때로는 불편한 진실을 통해서만 그 가치를 발휘한다.

오래된 관계 속에서 자라나는 신뢰는 저절로 피어나는 야생화가 아니라, 정성껏 가꾸어야 하는 희귀한 난초와 같다. 때로는 물을 주고, 때로는 빛을 비추고, 때로는 그늘을 만들어주는 섬세한 균형이 필요하다.

관계의 깊이는 함께 보낸 날들의 수가 아닌, 그 날들 속에서 나눈 진실의 무게로 측정된다. 때로는 멀리서 서로를 새롭게 바라보고, 때로는 가까이에서 서로의 불완전함을 용기 있게 받아들일 때, 더 깊은 신뢰의 뿌리를 내릴 수 있다.

오래된 관계의 신뢰 역시 마찬가지다. 그저 '오래되었다'는 사실이 아닌, 그 세월 속에서 서로에게 얼마나 진정성 있게 다가갔는지에 달려 있다. 진정한 신뢰는 시간의 수레바퀴가 아닌, 진심 어린 노력이 만들어내는 예술작품임을 이제 우리는 안다.

가까운 사람이라
도와줄 것이다?

　인간관계라는 바다에서 우리는 친밀함이라는 지도를 들고 항해한다. 가까운 이들에게 손을 내밀면 도와줄 거라 믿지만, 종종 그 손은 허공을 가르기도 한다. 기대가 클수록 실망도 크다는 말처럼, 우리는 가까운 사람들에게 더 기대하고, 그 기대가 충족되지 않을 때 더 깊은 상처를 입는다. 마음의 정원에 심은 기대라는 씨앗이 배신감과 분노라는 잡초로 자라날 때, 우리는 관계의 본질을 다시 생각해 봐야 한다. 상처 입은 마음을 달래기 위해서는 기대라는 뿌리를 들여다보고, 관계의 진정한 의미를 재정립하는 시간이 필요하다.

1)현상: 기대와 현실 사이의 간극

　우리 사회가 점점 더 개인화되면서 역설적으로 연결에 대한 갈망은 오히려 커지고 있다. 디지털 소통이 일상화된 세상에서 친구 수는 늘어났지만 정작 위급할 때 손을 내밀 진정한 친구는 줄어들고 있다. SNS상에는 수백 명의 친구가 있어도 이사할 때 도움을 청하면 실제로 나타나는 사람은 손에 꼽을 정도다.

친밀함이 곧 도움의 보증수표라는 착각은 현대 사회에서 더욱 선명해진다. 가까운 사람에게 기대하는 도움의 크기는 관계의 친밀도에 비례해 커지지만, 실제 도움의 가능성은 상대방의 현실적 여건, 심리적 상태, 관계의 역학관계 등 복잡한 변수에 따라 좌우된다. 그리고 마치 맑은 날 갑자기 쏟아지는 비처럼, 예상치 못한 거절은 더 큰 배신감으로 다가온다.

현대인의 바쁜 일상과 개인주의적 가치관은 이러한 간극을 더욱 넓히고 있다. 가깝다는 이유만으로 시간, 에너지, 자원을 나눠야 한다는 암묵적 의무감은 점차 희미해지고 있으며, 이는 관계의 새로운 패러다임을 요구하고 있다.

2) 예시: 기대의 배신

형제의 상처, 그리고 치유

유진은 대학원 등록금이 필요했다. 부모님께 손을 벌리기 어려웠던 유진은 취직해서 돈을 모으고 있던 형에게 전화를 걸었다. 창밖으로 떨어지는 낙엽처럼 마음이 떨렸다.

"형, 정말 미안한데… 등록금이 부족해서 300만 원만 빌려줄 수 있을까? 방학 때 알바해서 꼭 갚을게."

형의 목소리가 차가워졌다.

"너 몇 살이냐? 내가 왜 네 등록금까지 책임져야 하는데? 나도 결혼 자금 모으고 있어."

가슴에 칼이 꽂히는 듯했다. 어릴 적 "힘들면 형한테 와" 하던 그 목소리는 어디로 갔을까? 굳어버린 입술로 유진은 "미안, 그냥 잊어" 하고 전화를 끊었다.

집에 돌아와 베개에 얼굴을 묻고 울었다. 분노가 파도처럼 밀려왔다. 그는 형에게 자기 감정을 문자로 보냈다.

"네가 내 형이라고 생각했어. 그동안 형이라고 믿고 의지했던 내가 바보였네. 다시는 연락하지 마."

그렇게 몇 달이 흘렀다. 명절에도 서로 얼굴을 보지 않았다. 가족 모임에서는 서로 다른 방에 머물렀다. 얼음장 같은 침묵이 형제 사이를 갈랐다.

그러던 어느 날, 유진의 전화기에 형의 메시지가 도착했.
"바다 보러 갈래? 우리 어릴 때처럼."

두 형제는 어린 시절 자주 가던 바닷가에 앉았다. 파도 소리만이 그들 사이를 채웠다.

"사실 그때 회사에서 구조조정 통보받고 정신이 없었어. 너한테 그런 말을 해서 미안해."

유진의 눈시울이 붉어졌다.

"나도 미안해. 내 상황만 생각했어."

해변가로 파도가 밀려오고 다시 빠져나가듯, 관계도 밀고 당기며 성장한다. 가까운 사람이라 더 큰 기대를 하기에 더 깊은 상처를 입지만, 그 상처를 통해 더 단단한 관계가 만들어진다. 두 형제는 그날 이후 서로에게 기대하기보다 서로를 이해하는 데 더 많은 시간을 쓰기로 했다.

부탁의 무게, 우정의 저울

민지와 수현은 10년 지기 친구였다. 학창 시절부터 꿈과 고민을 나누며 자란 둘은 서로의 인생에서 빼놓을 수 없는 존재였다.

"수현아, 정말 미안한데 급한 일이 생겼어. 다음 주까지 500만 원만 좀 빌려줄 수 있을까?"

민지의 메시지를 본 수현의 심장이 빠르게 뛰었다. 오랜 친구의 부탁이었지만, 그녀도 최근 이직 준비로 자금 사정이 넉넉지 않았다.

"왜 갑자기? 무슨 일이야?"

"엄마가 수술하셔야 해. 보험이 안 되는 수술이라서. 나도 다 긁어모았는데, 조금 부족해."

수현은 손가락 끝이 떨렸다. 친구를 돕고 싶은 마음과 자신의 현실 사이에서 갈등했다. 고민 끝에 그녀는 대답했다.

"미안해, 민지야. 나도 지금 돈을 모으고 있어서 다 빌려주긴 어려울 것 같아. 200만 원 정도는 가능할 것 같은데."

메시지를 보내고 수현은 밤새 잠을 이루지 못했다. 다음 날 민지의 차가운 반응이 돌아왔다.

"괜찮아. 다른 사람한테 알아볼게. 신경 쓰지 마."

이후 민지는 연락을 끊었다. 생일 메시지도, 기념일 축하도 없었다. 직장 동료에게 돈을 빌렸다는 소문이 들려왔다.

몇 달 후, 민지 엄마의 수술이 무사히 끝났다는 소식을 들은 수현은 용기를 내서 병문안을 갔다. 병실 앞에서 마주친 두 사람의 눈빛은 서로의 마음속 풍경을 담고 있었다.

"미안해, 네가 그렇게 어려운 상황인 줄 몰랐어."

"아니야, 내가 너무 많은 걸 바랐나 봐."

때로는 도움을 청하는 것보다 거절하는 것이 더 어렵다. 도움을 주지 못했다는 미안함, 기대했던 도움을 받지 못했다는 서운함이 서로 얽히는 자리에서 진정한 이해가 시작된다.

두 사람은 그날 이후 부탁을 하기 전 서로의 상황을 먼저 묻고, 거절해야 할 때는 진심을 담아 이유를 설명하기로 했다.

3)관계의 역설 솔루션: 기대의 지도 다시 그리기

(1)기대치 조정하기: 관계의 날씨 예보

관계에서 발생하는 실망은 종종 비현실적 기대에서 비롯된다. 마치 날씨 예보처럼 관계의 현실적 '예보'를 해보자. 상대방의 성격, 과거 행동 패턴, 현재 상황 등을 고려해 도움을 줄 수 있는 확률을 냉정하게 예측해 보는 것이다.

도움을 요청하기 전, '이 사람이 과거에 비슷한 상황에서 어떻게 반응했는가?'를 떠올리고, 그에 맞게 기대치를 조정한다. 가장 친한 친구라도 모든 상황에서 도움을 줄 수 없다는 현실을 인정하고, 거절에 대비한 대안도 미리 생각해 둔다.

(2)명확한 요청과 경계 설정: 관계의 계약서

모호한 기대는 실망의 씨앗이다. 도움이 필요할 때는 구체적으로 무엇을, 언제까지, 어떻게 해주길 바라는지 명확히 전달하고, 상대방이 거절할 권리도 존중해야 한다. '시간 있으면' 같은 애매한 표현

대신 '내일 오후 2시부터 4시까지'처럼 구체적인 시간과 기대를 전달한다. 또한 "부담스러우면 거절해도 괜찮아"라고 진심으로 말해 상대방에게 선택권을 준다.

(3) 호혜적 관계 구축하기: 관계의 저금통

일방적으로 도움을 받기만 하는 관계는 오래 지속되기 어렵다. 평소에도 작은 도움과 배려를 나누며 관계의 저금통에 꾸준히 '저금'해야 위급할 때 '인출'이 가능하다. 상대방이 도움이 필요할 때 먼저 손을 내밀고, 감사를 구체적으로 표현한다. 또한 평소에도 관심과 애정을 표현하며, 관계를 돈독히 하는 시간을 투자한다.

4) 연구와 교훈: 기대의 심리학

(1) 연구

2023년 스탠포드대학의 관계심리학 연구에 따르면, 친밀도가 높은 관계일수록 암묵적 기대치도 높아지며, 이러한 기대가 충족되지 않을 때 느끼는 실망감은 낯선 사람에게 거절당했을 때보다 평균 3.2배 더 강하게 나타났다. 또한 2024년 하버드 비즈니스 스쿨의 '도움 요청의 경제학' 연구는 가까운 관계에서 도움을 요청해 거절당할 확률이 37%로, 업무 관계의 29%보다 높다는 흥미로운 결과를 보여 주었다.

2024년 서울대학교 사회심리학과의 '한국인의 관계 기대감' 연구에서는 한국 사회에서 특히 혈연, 지연, 학연으로 맺어진 관계에서 호혜성에 대한 기대가 높고, 이것이 충족되지 않을 때 관계 단절까지 이어지는 비율이 서구 사회보다 1.7배 높게 나타났다. 이는 우리 사회의 강한 집단주의적 가치관과 관련 있으며, 현대 사회로 접어들면서 발생하는 가치관의 충돌을 보여준다.

(2)교훈

"진정한 관계의 가치는 기대의 충족이 아닌, 있는 그대로의 수용에서 시작된다."

이 교훈은 자연의 이치와 같다. 강물이 바다로 흘러가듯 관계도 자연스러운 흐름을 따라야 한다. 우리가 강물의 방향을 억지로 바꾸려 할 때 범람이 일어나듯, 관계에서도 지나친 기대와 통제는 오히려 관계의 본질을 해치게 된다. 상대방에게 완벽함을 기대하는 순간, 우리는 이미 실망의 씨앗을 심는 것이다.

가장 단단한 관계는 마치 오랜 세월을 견뎌온 바위처럼 서로의 모난 부분을 인정하고 존중하며, 그 안에서 피어나는 작은 가능성을 소중히 여기는 관계다. 기대라는 렌즈를 벗어던지고 맨눈으로 상대를 바라볼 때, 비로소 관계의 진정한 아름다움이 보이기 시작한다.

인간관계라는 미로 속에서 우리는 종종 친밀함이라는 지도만 믿다가 길을 잃는다. 가까운 사람이라 당연히 도움을 줄 것이라는 착각은 마치 사막의 신기루와 같아서, 다가갈수록 실체 없이 사라지곤 한다. 그러나 관계의 진정한 아름다움은 기대가 아닌 이해에서,

요구가 아닌 수용에서 피어난다.

　우리 마음속에 그려온 기대라는 그림이 현실과 다를 때, 그것은 실망의 씨앗이 되지만 동시에 성장의 기회이기도 하다. 거절이라는 쓴 약을 삼키는 과정에서 우리는 더 강해지고, 더 지혜로워진다. 기대의 무게를 내려놓을 때, 관계는 의무라는 쇠사슬에서 벗어나 자유로운 선물로 다시 태어난다.

　결국 가장 단단한 관계란, 서로에게 기대하는 것이 아니라 서로를 있는 그대로 바라볼 수 있는 관계가 아닐까. 도움을 주고받는 순간에도 서로의 경계와 자유를 존중하며, 거절과 수락 모두를 담담히 받아들일 수 있을 때, 우리는 비로소 관계의 진정한 의미를 이해하게 된다.

　그러니 가까움이 주는 착각의 안개를 걷어내고, 맑은 눈으로 서로를 바라보자. 그 곳에서 우리는 예상치 못한 진실한 도움의 꽃을 발견하게 될 것이다.

사람은 안 보이고
이해관계만 보인다?

　매일 아침 출근길, 익숙한 얼굴들 사이에서 문득 스치는 생각이 있다. 그들의 미소 뒤에 숨겨진 진심은 무엇일까? 내가 이 자리를 떠난다면, 그들은 얼마나 오래 나를 기억할까? 현대 사회에서 '사람은 안 보이고 이해관계만 보인다'는 말은 단순한 냉소가 아닌, 이미 우리 가슴속 깊숙이 자리 잡은 쓸쓸한 의심이 되었다.

　우리는 직장에서는 이력서의 스펙을, 모임에서는 인맥의 가치를, 연인 사이에서는 미래의 안정성을 저울질한다. 인간을 점차 '누구'가 아닌 '무엇'으로 정의하는 시대를 살아가고 있는 것이다.

　이제 세상은 거대한 거래소로 변모했다. 그 안에서 사람들은 주식처럼 거래되고, 관계의 가치는 끊임없이 시세를 확인받는다. 당신의 지식, 재력, 영향력이 빛날 때는 주변에 군중들이 모여들지만, 그 빛이 흐려지는 순간, 사람들은 철새처럼 다른 곳을 찾아 무심히 떠나버린다.

그러나 이것이 인간관계의 전부일까? 우리 삶 구석구석에서 이해관계를 초월한 진정한 연결의 순간들이 숨쉬고 있지 않은가? 마틴 부버가 말한 '나-너' 관계처럼, 상대를 목적이 아닌 소중한 존재로 바라보는 시선은 불가능한 이상일까?

물론, 아니다. 메마른 사막 같은 계산의 세계에서도, 때로는 맑은 오아시스처럼 순수한 인연의 흔적을 발견할 수 있다. 그 흔적을 따라 함께 걸어보자.

1) 현상

우리는 사람을 볼 때, 영혼이 아닌 명함을 먼저 본다. 직책, 소속, 연봉, 배경이 그 사람의 본질보다 우선시되는 세상이다. 회의 테이블에서 의견의 무게는 말하는 이의 직위에 비례하고, 연회장에서 웃음소리의 크기는 상대의 영향력에 따라 달라진다.

이런 계산적 시선은 관계를 거래장으로 변질시킨다. 주고받음의 균형이 깨질 때마다 우리는 관계의 장부와 경조금 장부를 확인하고, 이익과 손실을 계산한다. '나는 정말 인정받고, 존중받고 있는가?'라는 질문을 스스로 던지면서 영혼 없는 회계사처럼, 끊임없이 관계의 대차대조표를 작성한다.

그러나 인간의 영혼은 계산기로는 측정할 수가 없다. 가장 값진 순간들, 예를 들면 아이의 첫 걸음마, 친구의 위로, 부모의 헌신 등은 어떤 이해관계로도 설명되지 않는다. 이런 순간들은 우리에게 관계의 본질이 거래가 아닌 연결에 있음을 상기시킨다.

2) 예시

헬렌 켈러와 앤 설리번의 깊은 인간적 유대감

 봄비가 내리던 1887년, 앨라배마의 켈러 집 현관에 젊은 교사 앤 설리번이 발을 들였다. 그녀의 가방에는 급여 계약서와 함께 누구도 예상치 못한 운명의 씨앗이 담겨 있었다. 어둠과 침묵 속에 갇힌 헬렌 켈러를 만나러 온 그녀! 당시에는 본인조차 단순한 고용인이 아닌 헬렌의 평생의 동반자가 되리라는 것을 미처 알지 못했다.

 차가운 물로 헬렌의 손바닥을 적시며 'water'라는 단어를 새겨 넣던 그 순간, 두 영혼 사이에 피어난 것은 단순한 학습 관계가 아니었다. 마치 오랜 가뭄 끝에 갑자기 터져 나온 샘물처럼, 그들의 만남은 서로에게 새로운 세계를 열어주었다. 앤은 헬렌에게 언어를 선물했고, 헬렌은 앤에게 삶의 목적을 돌려주었다.

 그들의 관계는 급여 명세서나 성과 보고서로는 결코 설명할 수 없는, 두 영혼이 서로의 빛이 되어준 아름다운 여정이었다. 앤이 헬렌에게 세상을 보여주었다면, 헬렌은 앤에게 보이지 않는 세계의 아름다움을 가르쳐주었다.

국민MC 유재석의 역설적 인간관계

 연예계라는 화려한 무대는 종종 인기와 이익이라는 냉정한 저울로 사람을 평가한다. 그러나 이 무대 위에서 유재석은 역설적 방정식을 풀어냈다. 그는 자신보다 함께하는 이들을 더 밝게 비추는 거울이 되기로 했다.

 카메라가 꺼진 후에도 스태프들의 이름을 한 명 한 명 기억하고,

신인 연예인들에게 기꺼이 무대를 양보하는 그의 모습은 이해관계의 방정식을 뒤집는 일이었다. 마치 역류하는 강물처럼, 그는 자신을 낮출수록 더 높이 올라갔고, 남을 빛낼수록 자신이 더 환히 빛났다.

'무한도전'에서 보여준 그의 리더십은 계산이 아닌 배려, 경쟁이 아닌 협력이 만들어낸 기적이었다. 그가 증명한 것은 단순했다. 이익을 쫓지 않을 때, 오히려 더 큰 사랑을 얻을 수 있다는 가장 대표적인 인간관계 역설의 기적이었다.

3) 관계의 역설 솔루션

(1) 빚진 상태 만들기

이 방법은 상대방에게 먼저 작은 호의를 베풀어 심리적, 정서적으로 빚을 지게 만드는 전략이다. 인간은 받은 은혜에 대해 무의식적으로 보답하려는 경향이 있다. 따라서 먼저 도움을 주면 자연스러운 호혜 관계가 형성된다.

이는 부메랑을 던지는 것과 같다. 당신이 던진 친절은 원을 그리며 언젠가 당신에게 돌아온다. 단순한 이익 계산을 넘어, 진심 어린 지원이나 조언을 제공하면 신뢰의 씨앗을 심는 효과가 있다. 예를 들어, 협업 초기 단계에서 상대방의 어려움을 해결해 주면, 그들은 향후 문제 해결이나 결정 시 당신을 우호적으로 바라볼 가능성이 커진다.

그러나 이 전략은 양날의 검과 같다. 과도하게 사용할 경우 관계가 거래소로 전락할 위험이 있다. 따라서 진심과 윤리적 고려가 필수적이다. 빚진 상태를 만드는 것은 결국 거래가 아닌, 서로에 대한 깊은 신뢰와 정서를 기반으로 한다. 그리고 이는 강물처럼 자연스럽게 흐르는 관계를 구축하는 데 기여한다.

(2)관계의 깊이 더하기

이 전략은 얕은 물웅덩이를 깊은 우물로 바꾸는 과정과 같다. 단순 이익보다 감정적 유대를 강화하는 데 초점을 맞추어, 상대방의 마음에 직접 호소하는 방식이다. 이는 긍정적인 감정을 공유하고, 서로의 어려움을 이해하며, 따뜻한 관심을 주고받는 과정을 통해 관계의 뿌리를 더 깊이 내리게 한다.

예를 들어, 어려운 시기를 겪고 있는 동료에게 진심 어린 격려와 조언을 제공하면, 그 동료는 나중에 도움의 손길을 내밀 때 주저하지 않게 된다. 이는 서로의 영혼에 다리를 놓는 작업과 같다. 이는 단순한 거래 관계가 아니라, 정서적 지지와 신뢰를 바탕으로 한 관계 형성을 목표로 한다.

취약함이나 나약함의 공유도 관계의 깊이를 더해주는 강력한 도구다. 이는 자신의 정원에 다른 이를 초대하는 것과 같다. 단순히 약점을 노출하는 것이 아니라, 자신의 진짜 모습을 보여주면 상대방도 마음의 문을 연다. 이 과정에서 형성된 정서적 연결은 어떤 이익 관계보다 더 강력하고 지속적인 관계의 토대가 된다.

리더가 팀원들에게 자신의 고민이나 실패 경험을 솔직하게 나누면, 팀원들은 인간적인 친밀감을 느끼고 더 신뢰하게 된다. 이는 완벽한 사람은 없으며 모두가 성장 과정에 있다는 공감대를 형성하여 상호 지지적인 관계로 발전시킨다.

(3)의도적 져주기

　이 전략은 물러남으로써 전진하는 태극의 원리와 같다. 자신의 입장을 낮추고, 상대방에게 우선권을 주어 그들이 진정한 관계의 가치를 깨닫도록 유도하는 방법으로, 단기적으로 손해를 감수하더라도 장기적으로 신뢰와 호혜의 기반을 마련하는 데 초점을 둔다.

　모든 갈등 상황에서 자신의 주장을 한 걸음 물러서서 포기하는 자세를 취한다. 이렇게 하면 대부분은 자신의 의견이 존중받는다는 느낌을 받는다. 협상이나 팀 내 의사 결정 과정에서 일부러 양보하는 태도는 상대방의 마음에 작은 선물을 남기는 것과 같다. 그러면 상대방은 감사함을 느끼고, 신뢰를 하게 된다. 이 전략은 상대방에게 자신도 모르게 '빚'과 같은 감정을 유발하여, 후속 협력에서 더 큰 윈윈 win-win 상황을 만들어낸다.

　의도적 져주기는 한 걸음 물러서서 백 걸음을 전진하는 지혜와 같다. 그 과정에서 발생하는 긍정적인 감정은 이후, 100보 전진을 위한 상호 협력과 진솔한 소통의 토대가 된다. 특히 권력 구조나 경쟁이 심한 환경에서 인간적 관계를 회복하고 강화하는 데 효과적이다.

4)연구와 교훈

(1)연구

　하버드대학의 75년간 추적 연구는 인생의 나침반을 찾는 여정과도 같았다. 연구자들은 814명의 삶을 75년간 따라가며 행복과 건강의 비밀을 추적했다. 그들이 발견한 것은 놀라웠다. 인생에서 진정한 행복과 건강을 결정짓는 가장 중요한 요소는 부와 명예가 아닌, 깊은 인간관계였다. 외로움은 담배나 알코올보다 건강에 해로웠고, 따뜻한 관계는 어떤 약보다 효과적인 치료제였다. 이 연구는 거래가 아닌 유대와 지지에 기반할 때, 우리의 몸과 마음이 더 건강해진다는 사실을 과학적으로 증명했다.

국내외 공동연구팀의 '조직 내 신뢰와 협력의 심리학 연구'는 기업 세계의 숨겨진 방정식을 밝혀냈다. 연구자들은 다양한 조직을 분석하며 놀라운 사실을 발견했다. 진정한 신뢰와 협력이 있는 조직은 단순한 이해관계에 기반한 조직보다 훨씬 높은 성과와 혁신을 이루어냈다. 특히 위기 상황에서 계약서보다 중요한 것은 구성원 간의 신뢰였다. 이 연구는 이익만 좇는 관계가 단기적 성과는 낼 수 있어도, 장기적 성공과 회복탄력성은 신뢰에 기반한 인간관계에서 비롯된다는 사실을 입증했다.

(2)교훈

"인간관계의 진정한 가치는 이해관계를 넘어, 서로에 대한 깊은 이해와 신뢰에서 비롯된다."

인생이라는 복잡한 미로 속에서 우리는 종종 관계의 본질을 잊고, 표면적인 이익만을 좇는다. 하지만 생의 마지막에 우리가 기억하는 것은 은행 잔고나 직함이 아닌, 함께 흘린 눈물과 나눈 웃음이다. 진정한 부는 관계의 깊이에서 오며, 가장 강력한 성공의 비결은 서로에 대한 진심 어린 지지와 이해에서 온다. 사람이 곧 자산이며, 신뢰가 가장 가치 있는 통화인 세상에서, 우리는 계산기보다 마음의 눈으로 서로를 바라볼 때 비로소 진정한 풍요를 경험한다.

우리 마음속에 그려온 기대라는 그림이 현실과 다를 때, 그것은 실망의 씨앗이 되지만 동시에 성장의 기회가 되기도 한다. 거절이라는 쓴 약을 삼키는 과정에서 우리는 더 강해지고, 더 지혜로워진다. 기대의 무게를 내려놓을 때, 관계는 의무라는 쇠사슬에서 벗어나 자유로운 선물로 다시 태어난다.

결국 가장 단단한 관계란, 서로에게 기대는 것이 아니라 서로를 있는 그대로 바라볼 수 있는 관계가 아닐까. 도움을 주고받는 순간에도 서로의 영역과 자유를 존중하며, 거절과 수락 모두를 담담히 받아들일 수 있을 때, 우리는 비로소 관계의 진정한 의미를 이해하게 된다.

그러니 가까움이 주는 착각의 안개를 걷어내고, 맑은 눈으로 서로를 바라보자. 그곳에서 우리는 예상치 못한 곳에서 피어나는 진실한 도움의 꽃을 발견하게 될 것이다.

상처,
받은 사람은 많은데 준 사람은 없다?

"상처! 받은 사람은 많은데 준 사람은 없다"는 역설에 공감하는 이들이 많을 것이다. 우리는 자신이 받은 상처는 잘 기억하지만, 타인에게 준 상처는 잘 기억하지 못한다. 그 이유는 무엇일까? 상처를 주고도 그것이 상처라고 인식하지 못하기 때문이다.

우리 마음의 눈은 자신의 의도만 보고, 상대의 감정은 보지 못한다. 그런데 정작 더 큰 문제는 주변 사람들로부터 솔직한 피드백을 받지 못한다는 것이다. 그래서일까? 상처받은 이들은 침묵하거나 돌아서고, 상처를 준 이들은 그것을 잊어버린 채 일상을 살아간다.

1) 현상

한국 사회의 심리적 지도에는 무수히 많은 상처의 강이 그려져 있다. 몇 년 전 자료에 따르면, 한국의 직장인 10명 중 7~8명이 우울증에 걸려 봤거나 걸려 있다고 한다. 그들은 약이라는 희미한 등불과 심리 상담이라는 작은 배에 삶에 지친 심신을 의지한 채로 살아간다.

그렇다면 이 상처의 강물은 어디에서 흘러온 것일까? 그 강물의 발원지는 놀랍게도 가장 가까운 곳이다. 부모, 상사, 배우자 등 소위 '절대 갑'이라는 산꼭대기에서 흘러왔다. '나는 절대 상처의 강의 발원지가 아니다'라는 분들은 가해자들과 피해자들의 다음과 같은 공통점 4가지를 진단해보기 바란다.

1. 상처는 대부분 의도적이지 않다.
2. 가해자는 자신이 상처를 주었다는 사실을 인지하지 못하거나 부정한다.
3. 피해자는 상처받은 감정을 표현하지 못하고 내면화한다.
4. 이 과정이 반복되면서 관계는 점점 더 경직되고 소통은 단절된다.

특히 한국 사회에서는 '참는 것이 미덕'이라는 문화적 배경과 위계질서 속에서 자신의 감정을 솔직히 표현하기가 쉽지 않다. 그렇다 보니 상처는 트라우마로 남아 개인의 자존감 저하와 사회적 고립을 심화시켜 극단적인 선택으로까지 몰고 가기도 한다.

2) 예시

아들의 따뜻한 눈물

장석호(61세) 씨는 40년간 건설 현장에서 일한 '철의 사나이'였다. 그의 손은 거칠었지만, 그 손으로 자식들의 미래를 단단하게 지었다.

말보다는 행동으로 사랑을 표현하는 아버지였다. '남자는 울지 않는다', '약한 모습을 보이면 안 된다'는 신념으로 살아온 그에게 감정 표현은 사치였다.

아들 장민우(32세) 씨는 IT 스타트업의 CEO가 되었다. 그는 아버지와 다른 세계에서 자랐다. 아버지의 침묵을 사랑의 부재로 해석했고, 그 상처는 깊어만 갔다. "아버지가 단 한 번이라도 '잘했다'고 말씀해 주셨다면…"이라는 문장으로 시작하는 일기장이 수십 권 쌓였다.

위기는 석호 씨의 갑작스러운 뇌졸중에서 비롯되었다. 병원 침대에 누워 말을 잃은 아버지를 보며 민우 씨는 깨달았다.

'이제 정말 아버지의 말을 영원히 들을 수 없을지도 모른다.'

재활 치료를 시작했지만, 석호 씨는 소통을 거부했다. 치료사가 내민 종이에 글씨를 쓰라 해도 고개를 돌렸다. 민우 씨는 절망했다. 어느 날 밤, 민우 씨는 아버지의 손을 잡고 오랜 마음을 털어놓았다.

"아버지, 제가 왜 이렇게 아버지의 말 한 마디에 목말랐는지 아세요? 그건 아버지를 사랑해서였어요. 이제 와서 깨달았어요. 아버지의 침묵이 무관심이 아니라, 말로 표현할 수 없을 만큼 깊은 사랑이었다는 걸요."

그날 밤, 석호 씨의 손에 아버지의 따뜻한 눈물이 떨어졌다. 다음 날 아침, 치료사가 종이를 내밀자 석호 씨는 떨리는 손으로 다섯 글자를 썼다.

"아들, 미안해."

그 순간이 전환점이었다. 석호 씨는 재활에 모든 힘을 쏟았고, 민우 씨는 아버지의 침묵 속에 숨겨진 사랑의 언어를 배우기 시작했다. 민우 씨는 깨달았다. 상처를 피하는 방법은 상대방에게 변화를 바라는 것이 아니라, 자신의 인식을 바꾸는 것임을.

6개월 후, 석호 씨는 말을 되찾았다. 그의 첫 마디는 "내가 너무 늦게 깨달았구나"였다. 민우 씨는 고개를 저었다.

"아니에요, 아버지. 당신의 침묵 속에서도 저는 사랑받고 있었어요. 제가 그걸 알아차리지 못했을 뿐이죠."

이제 그들은 매주 일요일이면 함께 낚시를 하러 간다. 때로는 말없이 강물만 바라보지만, 그 침묵은 더 이상 벽이 아니라 서로를 이해하는 다리가 되었다. 상처의 역설적 해결책은 상대방의 언어를 배우는 것이 아니라, 상대의 언어로 표현된 사랑을 자신의 방식으로 해석하지 않는 것이었다.

불에서 피어난 도자기

지난 40년간 도자기를 빚어온 도예가 박명석(73세) 씨는 완벽주의자였다. 그의 작품은 미술관에 전시되었고, 그의 이름은 도예계의 전설이 되었다. 유일한 제자 김태희(31세) 씨는 5년 전 그의 문하에 들어왔다. 명석 씨는 태희 씨의 작품에 쉽게 만족하지 않았다.

"이건 아니야, 다시."

그의 날카로운 비판은 태희 씨의 가슴에 상처를 남겼다. 매일 밤 태희 씨는 자신의 가치를 의심했다.

'나는 재능이 없는 걸까? 왜 아무리 노력해도 인정받지 못할까?'

어느 겨울 아침, 명석의 공방에 불이 났다. 40년간의 작품과 도구들이 모두 불에 타버렸다. 소방관들이 떠난 후, 명석 씨는 재가 된 공방 앞에서 굳어버렸다. 태희 씨는 스승의 어깨에 손을 얹었다.

"선생님, 이제 어떻게 하실 거예요?"

명석 씨는 멍한 눈으로 대답했다.

"모르겠다. 내 인생이 여기 있었는데…."

다음 날, 태희 씨는 작은 창고를 임대했다. 친구들의 도움을 받아 최소한의 도구와 흙을 구한 후 스승에게 전화를 걸었다.

"선생님, 새 공방을 마련했어요. 빨리 오세요."

명석 씨가 도착했을 때, 그는 믿을 수 없는 광경을 보았다. 벽에는 태희 씨가 5년간 그린 스승의 작품 스케치들이 빼곡했다. 그림 실력이 뛰어난 태희 씨가 스승의 작품을 세밀하게 기록해두었던 것이다.

"왜… 왜 이런 걸 그렸지?"

명석 씨의 목소리가 떨렸다.

그 말에 태희 씨는 미소지으며 말했다.

"선생님 작품이 너무 아름다워서요. 제가 언젠가 이런 작품을 만들 수 있을까 생각하며 매일 그렸어요."

명석 씨의 눈에서 눈물이 흘렀다. 그는 처음으로 깨달았다. 자신은 냉정하게 제자를 단련시키려 했지만, 그 마음이 제자에게 제대로 전달되지 않았다는 것을. 태희 씨는 스승의 비판을 자신의 가치 부정으로 해석했지만, 스승의 속마음은 달랐다. 그 속에는 제자가 더 성장하기를 바라는 애정이 담겨 있었다.

"미안하구나. 내가 너를 너무 단련시키려다 상처를 줬어."

태희 씨는 고개를 저었다.

"아니에요. 제가 선생님을 오해했어요. 이제야 알겠어요. 선생님이 저를 더 나은 도예가로 만들기 위해 엄격하셨다는 것을."

그날 이후, 두 사람은 함께 새로운 작품을 만들기 시작했다. 명석 씨는 더 많은 격려와 인정으로 제자의 성장을 독려했고, 태희 씨는 스승의 비판이 더 큰 믿음의 표현임을 이해했다.

1년 후, 그들은 '불에서 피어난 도자기'라는 전시회를 열었다. 관람객들은 스승과 제자의 작품이 어우러진 아름다운 조화에 감동했다. 한 기자가 물었다.

"이번 전시의 주제는 무엇인가요?"

둘은 서로를 바라보며 함께 답했다.

"이해의 언어를 새롭게 배우는 과정입니다. 상처주지 않기 위해 노력하는 것이 아니라, 상처로 오해하지 않는 법을 배우는 여정이죠."

이 이야기는 상처받지 않는 관계의 역설적 해결책을 보여준다. 완벽한 소통이나 상처를 주지 않는 것이 아니라, 서로의 표현 방식과 의도를 새롭게 이해하고 해석하는 능력이 진정한 해결책인 것이다.

3)관계의 역설 솔루션

상처받지 않는 관계는 존재하지 않는다. 이것이 첫 번째 역설이다. 관계가 깊어질수록 상처받을 가능성이 높아진다. 서로에게 가까이 다가갈수록 그림자가 겹치듯, 친밀함은 필연적으로 상처의 가능성을 담고 있다. 그렇다면 해결책은 무엇일까?

첫째, '의도'와 '영향'을 분리한다. 좋은 의도가 항상 좋은 결과를 가져오지는 않는다. 우리의 말과 행동이 의도와 관계없이 상대에게 상처를 줄 수도 있다. 이런 경우, 자신의 의도를 방어하기보다 상대방이 느낀 감정에 집중하는 것이 첫걸음이다.

둘째, '취약함의 힘'을 인정한다. 단단한 갑옷을 입은 기사는 화살을 막을 수 있지만, 움직임이 둔해진다. 마찬가지로, 감정적 방어벽은 일시적으로 보호는 할 수 있지만 진정한 연결을 방해한다. 오히려 자신의 취약함을 인정하고 드러내는 용기가 더 강한 관계를 만든다.

셋째, '경계의 미학'을 배운다. 건강한 경계는 철조망이 아니라 정원의 울타리와 같다. 그것은 보호하면서도 성장을 가져온다. "나는 당신을 사랑하지만, 이것은 내게 상처가 된다"라고 말할 수 있는 능력이 필요하다. 이는 강둑이 물의 흐름을 막는 것이 아니라 안내하는 것과 같다.

넷째, '침묵의 폭력'을 멈춘다. 말하지 않는 것도 물론 의사소통의 한 형태이다. 하지만 침묵은 때로는 큰 소리로 다그치는 것보다 더 큰 상처를 주기도 한다. 눈에 보이지 않는 방사선이 세포를 손상시키듯, 표현하지 않는 감정은 관계를 서서히 부식시킨다. 솔직하고 정직한 대화는 일시적으로 불편할 수 있지만, 장기적으로 관계를 치유한다.

다섯째, '반응'이 아닌 '응답'을 선택한다. 반응은 자동적이고 방어적이지만, 응답은 의식적이고 책임감 있는 선택이다. 이는 파도에 휩쓸리는 것이 아니라, 파도 위에서 서핑을 하는 것과 같다. 상처받았을 때는 잠시 멈추고 숨을 고르는 시간이 필요하다.

4)연구와 교훈

(1)연구

한 심리학 연구에 따르면, 인간의 뇌는 부정적 경험을 긍정적 경험보다 5배가량 더 강하게 기억한다고 한다. 이를 '부정성 편향 Negativity Bias'이라고 한다. 진화론적 관점에서 이는 생존을 위한 메커니즘이지만, 현대 사회에서는 관계의 불균형을 초래한다.

또한 존 고트만의 연구는 건강한 관계를 유지하기 위해서는 부정적 상호작용 하나당 최소 다섯 번의 긍정적 상호작용이 필요하다고 제시한다. 비폭력 대화Nonviolent Communication의 창시자 마셜 로젠버그 Marshall Rosenberg는 관찰, 감정, 욕구, 요청의 네 가지 요소를 통해 상처 주지 않는 의사소통 방법을 제시했다.

(2)교훈

"상처는 관계의 무덤이 아니라, 더 깊은 이해와 연결의 씨앗이 될 수 있다."

우리가 받은 상처는 마치 깨진 도자기의 실금과 같다. 도자기 분야의 역설 중 하나는 실금으로 깨진 틈을 메우면 더 아름다운 작품이 된다는 것이다. 상처받은 순간을 부정하거나 숨기는 대신, 그것을 인정하고 대화의 물꼬를 트는 역설의 용기를 내야 한다. 그러면 당신의 관계는 이전보다 더 강하고 깊어질 수 있다. 관계의 상처는 단절의 이유가 아니라, 새로운 이해와 성장의 기회가 될 수 있음을 기억하자.

우리 삶은 수많은 실로 짜인 천과 같다. 때로는 그 실이 끊어지거나 엉키기도 한다. 그러나 천의 아름다움은 단일한 패턴이 아닌, 다양한 무늬와 색상의 조화에서 비롯된다. 이와 마찬가지로 완벽한 관계란 상처가 없는 관계가 아니라, 상처를 함께 치유해 나가는 관계다.

우리는 모두 깨지기 쉬운 존재들이다. 유리잔처럼 투명하게 서로를 담고 싶어 하지만, 동시에 쉽게 금이 가기도 한다. 그러나 금이 간

유리잔에서 빛은 더 아름답게 반사된다. 상처의 금을 통해 더 깊은 이해의 빛이 들어올 때, 우리는 비로소 진정한 관계의 아름다움을 발견하게 된다.

상처받지 않는 관계의 역설적 해결책은 상처 자체를 피하는 것이 아니라, 상처를 통해 함께 성장하는 법을 배우는 것이다. 겨울을 거쳐야 봄꽃이 피어나듯, 어둠을 지나야 햇빛을 볼 수 있듯, 관계의 겨울과 어둠을 함께 견뎌내는 용기가 필요하다.

그러고 나면 그 여정에서 우리는 깨닫게 된다. 가장 깊은 상처가 가장 위대한 스승이 될 수 있음을. 상처는 결코 이별의 편지가 아니라, 더 깊은 만남을 위한 초대장이 될 수 있음을.

2장

AI시대,
관계의 역설로 만드는
내 인생의 기적

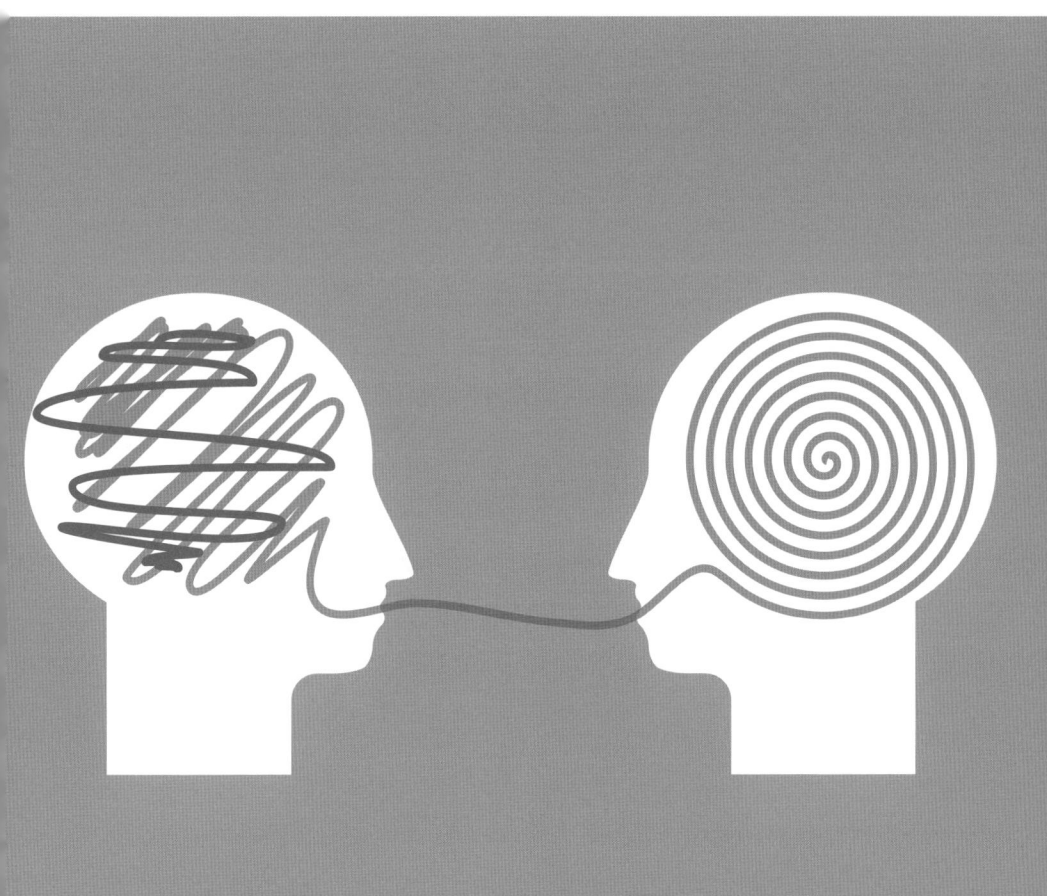

인맥, 관리할 필요없다?

　우리는 인맥이라는 그물망을 짜듯 관계를 엮어가야 한다고 믿는다. 명함을 나누고, 술자리를 만들고, 끊임없이 '보여주기'에 에너지를 소모한다. 그러나 이런 분주함 속에 가장 중요한 진실이 가려진다. 진정한 빛은 자신을 드러내기 위해 애쓰지 않아도 어둠 속에서 발견되는 법이라는 것을.

　등대가 자신을 알리기 위해 배를 찾아 다니지 않듯, 자신의 빛을 키우는 데 집중한 사람들이 오히려 더 많은 이들의 나침반이 된다. 이것이야말로 인맥 관리의 역설이다. 관계를 쫓을수록 멀어지고, 자신의 깊이에 몰입할수록 사람들이 다가온다는 심리적 진실 말이다.

1)현상: 인맥은 성공의 원인이 아니라 결과다

　2024년 JYP엔터테인먼트 CEO 박진영은 한 유튜브 강연에서 인맥 관리의 본질을 꿰뚫는 통찰을 공유했다. 그는 "인맥은 짧게 보면 분명 도움이 되지만, 길게 보면 결코 도움이 되지 않는다. 인맥 쌓을 시간에 한눈팔지 말고 자기 실력 키우기에 올인해야 한다. 인맥은 성공의 원인이 아니라 결과다"라며 "Successful한 삶이 아니라 Respected한 삶을 사는 게 중요하다"고 강조했다.

이는 물이 높은 곳에서 낮은 곳으로 흐르듯, 인맥도 자연스러운 흐름을 따른다는 진리를 담고 있다. 우리가 인위적으로 관계의 댐을 쌓으려 할수록, 그 관계는 더욱 불안정해진다. 반면, 깊이 있는 자기 전문성은 마치 산꼭대기에 쌓인 눈처럼 자연스럽게 주변을 아름답고 풍요롭게 한다.

인맥 관리를 위해 들이는 노력과 시간은 에너지를 소진시켜 오히려 진정성의 결핍을 초래한다. 사람들은 이런 공허함을 본능적으로 감지하고 거리를 둔다. 인맥을 관리하려는 노력이 역설적으로 인맥을 멀어지게 만드는 심리적 역효과가 발생하는 것이다.

2)예시: 인맥관리의 역설적 본질

스티브 잡스, 완벽주의자의 고독한 집중

스티브 잡스는 인맥 관리보다 제품의 완벽함에 집착했다. 그는 종종 사회적 예의마저 무시하며 자신의 비전에 몰두했다. 아이폰 초기 개발 단계에서 그는 거의 은둔자처럼 지냈다. 그러나 이런 극도의 집중력이 만들어낸 혁신적 제품들은 결과적으로 전 세계의 천재들과 투자자들을 불러들였다. 그의 추모식에 참석한 수많은 유명 인사들은 대부분 잡스가 의도적으로 관계를 맺으려 노력한 사람들이 아니었다. 그의 비전과 창의성에 이끌려 자연스럽게 모인 이들이었다.

워렌 버핏, 오마하의 현자가 보여준 진정성

투자의 대가 워렌 버핏은 화려한 월스트리트가 아닌 네브래스카주의 오마하라는 소도시에 머물며 자신만의 가치투자 원칙을 묵묵히 지켜왔다. 그는 사교 모임보다 독서와 분석에 시간을 투자했으며, 화려한 인맥 구축 대신 진정한 가치를 추구했다. 그 결과, 전 세계 투자자들이 '오마하의 현인'의 지혜를 듣기 위해 매년 그의 주주총회에 모여들었다. 인맥을 쫓지 않고 자신의 원칙과 철학을 심화시킨 결과, 역설적으로 더 넓고 깊은 인맥이 그를 찾아온 것이다.

배우로서 본분에 충실했던 윤여정

한국의 배우 윤여정은 수십 년간 화려한 인맥 관리나 대중적인 이미지 구축보다 연기 자체에 몰두했다. 그녀는 스스로를 "연기가 끝나면 집에 가는 사람"이라고 표현했으며, 사교적 활동보다는 자신의 연기 역량을 갈고닦는 데 집중했다. 이렇게 본분에 집중한 결과, 그녀는 아카데미 여우조연상을 거머쥐었고, 국제 영화계의 거장들이 그녀를 찾게 만들었다. 화려한 인맥 관리 대신 자신의 일에 충실함으로써 오히려 더 넓은 세계의 문이 열린 것이다.

3)관계의 역설 솔루션: 사람들이 나를 찾아오게 만들기

진정한 인맥 관리는 정원을 가꾸는 것과 같다. 그저 좋은 환경과 영양분을 제공하는 데 집중하면 자연스럽게 꽃이 피어나듯, 자신의 역량과 가치를 키우는 데 집중하면 사람들이 자연스럽게 모여든다. 그렇다면 어떻게 해야 하는 것일까?

첫째, 전문성의 깊이를 파라. 어느 분야든 표면적인 지식이 아닌 깊은 통찰력을 갖추면, 사막의 오아시스처럼 사람들이 찾아온다. 심리학적으로 대부분의 인간은 지식과 통찰력을 갖춘 사람에 본능적으로 끌린다.

둘째, 자신만의 독장적 관점을 발전시켜라. 천편일률적인 것보다 자신만의 색깔이 담긴 관점은 하늘에 떠오른 무지개처럼 주변의 시선을 사로잡는다. 심리학자 칼 융이 말했듯, '개성화' 과정을 통해 자신만의 독창성을 발견한 사람은 자연스럽게 주변에 궤도를 형성한다.

셋째, 진정성의 에너지를 키워라. 가면을 쓰고 다른 이들에게 맞추려는 노력은 오히려 사람들의 심리적 경계심을 자극한다. 반면, 자신의 가치에 진실되게 살아가는 사람은 북극성처럼 흔들림 없는 존재감으로 다른 이들에게 신뢰와 존경을 불러일으킨다.

넷째, 줌과 나눔의 선순환을 실천하라. 자신의 지식과 통찰을 아낌없이 주고 나누는 행동을 심리학적으로 '상호성의 원칙'이라고 한다. 당신이 먼저 가치를 나눌 때, 다른 이들도 자연스럽게 당신에게 더 큰 가치로 되돌려주게 된다.

4)연구 및 교훈

(1)연구

2023년, 하버드 비즈니스 스쿨은 다국적 기업 임원 3,200명을 대상으로 '인위적 네트워킹과 업무 성과 사이의 관계 분석'이라는 연구를 진행했다. 연구 결과, 네트워킹에 주당 8시간 이상 투자하는 임원들보다 전문성 개발에 해당 시간을 투자한 임원들의 5년 후 성과 및 승진률이 27% 더 높았다. 또한 '자연발생적 네트워크'가 '의도적 네트워크'보다 2.3배 더 오래 지속되는 것으로 나타났다.

2024년 스탠포드대학의 심리학과는 '전문성의 자기장: 소셜 네트워크 형성의 심리학'이라는 연구를 다양한 분야의 전문가 1,500명을 대상으로 진행했다. 연구 결과, 의도적인 네트워킹 활동보다 자신의 전문 분야에서 두각을 나타낸 참가자들이 3년 내에 평균 68% 더 큰 전문가 네트워크를 형성했다. 특히 '자기 계발 집중형' 참가자들은 스트레스 수준이 낮고 관계 만족도가 42% 더 높은 것으로 나타났다.

(2)교훈

"내적 빛남이 외적 연결보다 강하다."

내면에 쌓인 전문성은 등대처럼 빛나 인연의 배들을 저절로 당신의 항구로 이끈다. 진정성은 자석이 되어 같은 파장의 사람들을 끌어당기고, 독창성은 희귀한 보석처럼 사람들의 시선을 사로잡는다. 남들과의 연결을 쫓아 헐떡이며 달리는 대신, 자신만의 정원을 가꾸면 나비들이 스스로 찾아온다. 가치 있는 인연들 역시 당신 주위에 모여든다.

이는 단순한 처세술이 아니다. 여러 심리학자들에 의해 증명된 인간관계의 본질적 메커니즘이다. 심리학자 칼 로저스가 주창한 '자기

일치성 이론'에 따르면, 자신의 내면과 외면이 일치할 때 타인과의 관계도 더 진실되고 깊어진다고 한다. 레온 페스팅거는 '인지 부조화 이론'에서 사람은 진정성 없는 관계를 유지할 때 심리적 불편함을 경험한다고 설명했다.

이러한 메커니즘은 억지로 만든 인맥보다 자연스러운 연결이 지속 가능하고 상호 만족 관계로 발전함을 증명한다. 인위적 네트워킹보다 자신의 본질적 가치를 키우는 것이 장기적으로 더 풍요로운 인간관계의 토대가 되는 것이다.

많은 이들이 인맥이라는 사다리를 오르기 위해 부단히 노력한다. 하지만 그 사다리가 잘못된 벽에 기대어 있는 것은 아닌지 생각해볼 필요가 있다. 《카네기 인간관계론》에서 비롯된 '정설적 어프로치'는 계획적이고 체계적인 인맥 관리를 통해 신뢰와 협력을 쌓아가는 방식이다. 이 같은 노력들은 분명 전통적 지혜로서의 가치가 있다.

그러나 우리가 간과하는 것이 있다. 이런 접근이 종종 관계의 본질을 도구화하고 자신의 진정한 성장을 방해할 수 있다는 점이다. 반면에 '역설적 어프로치'는 마치 자석이 쇠붙이를 끌어당기듯, 자신의 내적 가치와 역량이 자연스럽게 사람들을 끌어모으는 현상에 주목한다. 이는 단순히 인맥 관리를 포기하라는 것이 아니다. 그 에너지의 방향을 외부에서 내부로 전환하자는 지혜다.

심리학적으로도 '자기 결정 이론 Self-Determination Theory'에서 말하듯, 진정한 동기와 성장은 외부의 보상이 아닌 내적 만족에서 비롯된다. 나무가 뿌리를 깊게 내리고 스스로 강해질 때 더 많은 열매를 맺고 더 많은 새들이 깃들 듯, 인간도 자신의 본질적 가치를 키울 때 더 풍요로운 관계의 숲을 이룰 수 있다.

이 역설적 접근은 단기적 이득보다 장기적 의미에 초점을 맞추며, 수단으로서의 관계가 아닌 자연스러운 공동체의 일원으로서의 존재감을 키우는 것이다. 결국 우리가 추구해야 할 것은 '인맥 관리의 기술'이 아닌 '존경받을 만한 사람으로의 성장'이다. 그럴 때 인맥은 더 이상 관리 대상이 아니라, 당신 여정에 자연스럽게 함께하는 동반자가 된다. 이것이 바로 인맥 관리의 역설이 우리에게 가르쳐주는 깊은 삶의 지혜다.

관계가 만드는 기대치의 역설

바닷가에서 모래를 쥐어본 사람은 알 것이다. 꽉 쥐면 쥘수록 모래알은 더 빨리 빠져나간다. 관계도 마찬가지다. 더 강하게 붙들수록 더 쉽게 갈라진다. 우리는 '사랑이 깊어질수록 더 아픈 것'을 경험하고, '다가갈수록 멀어지는 그림자' 같은 순간들을 때때로 마주한다.

이러한 관계의 역설은 나비를 잡으려는 손길과 같다. 너무 세게 잡으면 다치고, 너무 느슨하면 날아가 버린다. 관계도 마찬가지다. 지나친 관심은 상대방에게 무거운 짐이 되고, 과도한 애정은 오히려 도망가고 싶은 충동을 불러일으킨다.

1)부부 간 관계의 역설

(1)친밀함이 가져오는 익숙함의 함정

일상이 물 위에 떨어진 잉크처럼 두 사람의 삶을 물들일 때, 상대방은 거실에 있는 시계처럼, 존재하지만 보이지 않게 된다. 처음엔 서로의 모든 것이 신비롭고 매력적이었지만, 어느새 잠옷 차림이나 양치하는 모습까지 모두 보게 되면 로맨스는 일상의 탈을 쓰고 사라진다. 그것은 매일 먹는 가장 맛있는 음식도 결국엔 물리는 것과 같은 이치다.

(2) 기대치의 과부하

결혼이란 끝없는 산을 함께 오르는 것과 같아서, 정상에 도달했다고 생각하는 순간, 더 높은 봉우리가 나타난다. 배우자에게 모든 역할. 즉 연인이자, 친구이자, 상담사이자, 재정 파트너이자, 부모로서의 역할을 기대하는 순간, 한 사람의 어깨는 무거워지고 관계는 균형을 잃고 만다. 한 주전자에 너무 많은 물을 담으려 하면 결국 넘쳐버리는 것과 같다.

(3) 자아 상실의 두려움

결혼 생활 속에서 '우리'를 강조할수록 '나'라는 개인의 정체성은 모래성처럼 파도에 씻겨 나갈 위험에 처한다. 사랑이 깊어질수록 역설적으로 자신을 잃을까 하는 공포는 무의식적으로 거리를 두게 만든다. 그것은 따뜻한 모닥불에 너무 가까이 다가가면 오히려 뒤로 물러서게 되는 본능과도 같다.

(4) 말하지 않아도 알 것이라는 착각

오래된 부부일수록 텔레파시를 믿는 오류에 빠진다. 그것은 유리벽을 사이에 두고 서로를 향해 소리치는 것과 같아서, 서로가 보이는 데도 소리는 들리지 않는 기묘한 상황을 만든다. '말하지 않아도 알 거야'라는 기대는 결국 '알았으면서 모른 척했어'라는 실망으로 이어 진다.

2) 부모 자식 간의 역설

(1) 사랑과 통제 사이의 줄다리기

부모의 사랑은 꽉 쥔 주먹 사이로 새어 나오는 물과 같아서, 너무 세게 쥐면 모두 흘러내리고 만다. 자녀를 향한 보호본능이 통제, 잔소리, 꼰대질로 변질되면, 아이는 새장 속 새처럼 날갯짓을 멈추거나 필사적으로 탈출구를 찾는다. "네가 잘되길 바라서"라는 말은 종종 "내 방식대로 잘되기를 바래서"라는 의미로 해석될 수 있다.

(2) 기대치의 무게

부모의 기대는 자녀의 어깨 위에 놓인 보이지 않는 배낭과 같다. 아이는 그것이 얼마나 무거운지 알지만, 부모는 알지 못한다. "너는 할 수 있어"라는 격려가 '너는 해야만 해'라는 압박으로 느껴지면, 아이는 자신의 인생이 아니라 부모의 삶을 대신 사는 듯한 괴리감을 느 낀다.

(3) 성장통의 불가피함

자녀의 성장은 나무가 껍질을 벗고 새 껍질을 만드는 과정과 같아 서 필연적으로 아픔을 동반한다. 부모가 이 자연스러운 과정을 막으 려 하면 아이는 거세게 반발하거나 내면으로 침잠한다. 그것은 나비가 고치를 뚫고 나오는 것을 도와주려다 오히려 날개를 망가뜨리는 것과 같다.

(4) 세대 간 소통의 단절

부모와 자녀 사이에는 서로 다른 언어를 사용하는 두 나라처럼 문화적 간극이 존재한다. "내가 너희 때는…"이라는 문장으로 시작하는 대화는 이미 절반쯤 실패한 소통이다. 같은 말을 해도 각자의 귀에 다르게 들리는 현상은 같은 악보를 보고도 다른 음악을 연주하는 것과 같다.

3) 형제자매 간의 역설

(1) 무의식적 경쟁의 덫

형제자매 관계는 같은 태양 아래 자라는 두 그루의 나무와 같아서, 더 많은 햇빛을 받기 위한 경쟁이 무의식적으로 일어난다. 어린 시절 부모의 사랑과 관심이라는 한정된 자원을 두고 벌인 경쟁은 성인이 된 후에도 그림자처럼 따라다닌다.

(2) 고정된 역할의 감옥

가족 안에서 한번 굳어진 역할, 예를 들면, '책임감 있는 언니', '문제아 동생', '중재자 역할의 중간 형제' 등은 껍질처럼 굳어서 벗어나기 어렵다. 이런 역할은 유리 천장처럼 보이지는 않지만 늘 성장을 제한한다. 성인이 되어서도 형제들 앞에서는 여전히 열 살 때의 자신으로 돌아가는 묘한 현상이 일어나는 이유다.

(3) 친밀함과 거리두기의 양면성

혈연이라는 이름의 끈은 마치 고무줄처럼 늘어날 수는 있어도 끊어지지는 않는다. 형제자매는 서로에게 가장 오래된 증인이자, 때로는 가장 불편한 거울이 된다. 그래서 가까이 있을 때는 거리를 두고 싶고, 멀어지면 그리워하는 모순적 감정이 생긴다. 그것은 함께 있으면 숨막히지만, 없으면 외로운 사랑과 같다.

(4) 공유된 상처와 미해결된 감정

형제자매는 같은 폭풍우를 함께 겪은 생존자들과 같아서, 서로에게 트라우마의 촉발제가 되기도 한다. 부모의 이혼, 가족 내 갈등, 함께 겪은 상처는 마치 옛 사진첩처럼 서로의 기억 속에 다르게 보관되어 있다. 한 사람에게는 사소한 일이 다른 사람에게는 깊은 상처일 수 있다. 이러한 감정의 비대칭은 종종 예상치 못한 갈등을 불러온다.

4) 직장 관계에서의 역설

(1) 친밀함과 전문성 사이의 줄타기

직장 동료와 너무 가까워지면 마치 유리구슬 위에서 춤추는 것처럼 위태로워진다. 업무와 사적 관계의 경계가 흐려질수록 피드백은 더 조심스러워지고 기대치는 더 높아진다. 그것은 같은 무대에서 연기하다가 갑자기 서로의 관객이 된 것 같은 어색함을 준다.

(2) 권력 구도의 불편한 진실

상사와 부하 직원 사이의 관계는 무게 중심이 불균형한 시소와 같아서, 아무리 친해도 한쪽이 항상 더 높은 위치에 있게 된다. 이러한 비대칭성은 보이지 않는 유리벽처럼 진정한 친밀감의 형성을 방해한다. 아무리 "편하게 이야기해"라고 말해도, 한쪽에는 항상 '내 성과 평가서에 도장을 찍는 사람이야'라는 현실이 존재한다.

(3) 직장 내 친밀함의 취약성

직장에서의 관계는 모래성과 같아서, 구조조정이나 부서 이동 같은 파도 한 번에 쉽게 무너진다. 밤새 함께 프로젝트를 완성한 동료가 다른 회사로 이직하는 순간 연락이 끊어지는 현상은, 공연이 끝난 후 각자의 일상으로 돌아가는 배우들과 같다.

(4) 과도한 기대의 덫

직장에서 형성된 관계에 지나친 의미를 부여하면, 모래 위에 집을 짓는 것과 같은 위험이 따른다. 업무상 만남을 진정한 우정으로 착각하거나, 상사의 멘토링을 부모의 보살핌처럼 여기면, 결국 현실의 벽에 부딪히게 된다. 그것은 마치 영화 세트장을 실제 집으로 착각하는 것과 같은 혼란을 가져온다.

5) 친구 관계에서의 역설

(1) 기대치의 불일치

친구 사이의 기대는 마치 보이지 않는 계약서와 같아서, 각자 다른 내용을 상상하고 서명한다. 한쪽은 매일 연락하는 것을 원하고, 다른 쪽은 간헐적으로 만나는 것을 원할 때, 그 관계는 다른 박자로 춤을 추는 것처럼 어긋난다. "진짜 친구라면…"으로 시작하는 말은 종종 갈등의 시작점이 된다.

(2) 삶의 궤적 차이가 만드는 간극

인생의 각기 다른 단계, 예를 들면, 결혼, 출산, 이직, 이사 등은 각자 다른 열차를 타고 다른 역에 도착하는 것과 같아서 자연스러운 거리감을 만든다. 한때는 모든 것을 공유하던 친구도 서로 다른 세계에 살게 되면, 공감대가 마치 낡은 옷처럼 조금씩 헐거워진다.

(3) 솔직함과 배려 사이의 딜레마

친구 관계의 깊이는 두 개의 대립되는 욕구 사이를 오가는 진자와 같다. 너무 솔직하면 상처를 주고, 너무 배려하면 진정성이 사라진다. "너 요즘 좀 달라졌어"라는 말은 칭찬일 수도, 비난일 수도 있다. 친구 사이의 진정한 친밀감은 이 두 극단 사이의 미묘한 균형점에 자리한다.

(4) 변화를 수용하는 능력의 한계

오랜 친구일수록 상대방의 변화를 인정하기가 어렵다. 그것은 어린 시절 즐겨 읽던 책의 결말이 바뀌는 것 같은 위화감을 준다. "너 원래 그런 사람 아니었잖아"라는 말 속에는 과거의 이미지에 현재의 친구를 가두려는 무의식적인 시도가 숨어 있다. 박물관에 전시된 화석처럼 친구가 변하지 않기를 바라는 기대가 자리한다.

(5) 지나친 편안함이 가져오는 무례함

친구 사이의 편안함은 양날의 검과 같아서, 때로는 서로를 함부로 대하게 만든다. "너라서 이해해줄 줄 알았어"라는 말은 '너한테는 막 대해도 된다'는 위험한 전제를 품고 있다. 가장 가까운 사이일수록 더 깊은 배려와 존중이 필요하다. 수많은 우정의 종말이 편안함과 무례함 사이에서 싹트기 때문이다.

인생에도 사계절이 있듯, 관계에도 봄, 여름, 가을, 겨울이 있다. 때로는 꽃피는 봄날처럼 화사하고, 때로는 눈 내리는 겨울날처럼 차갑다. 하지만 이 모든 계절이 생명의 순환에 필요하듯, 관계의 역설적 순간들도 더 깊은 이해와 성숙을 위한 필연적 과정이다.

관계는 농부가 농작물을 자식 키우듯 가꾸는 일과 같다. 때로는 거리를 두고 지켜보는 지혜가, 때로는 가까이에서 돌보는 정성이 필요하다. 그렇게 사랑과 정성을 쏟아도 완벽한 수확을 기대할 수 없듯이, 관계도 마찬가지다. 그러나 그 불완전함 속에서 피어나는 아름다운 사랑과 우정, 존중과 배려, 베품과 나눔이야말로 진정한 관계의 꽃이다.

관계의 역설은 부딪쳐야 하는 것도, 피해야 하는 것도 아니다. 그 속에서 멋지게 춤추는 법이다. 그렇게 춤추다 보면 당신은 진정한 관계의 예술가가 될 것이다.

관계의 역설로
인생을 바꾼 사람들

우리는 평생 수많은 관계의 줄다리기를 하며 살아간다. 동전의 양면처럼, 관계는 우리를 성장시키기도 하고 무너뜨리기도 한다. 어제의 적이 오늘의 동지가 되고, 가장 가까운 이가 가장 깊은 상처를 주기도 한다. 이런 관계의 미로에서 우리가 놓친 한 가지 비밀이 있다. 바로 '역설'이다.

우리가 관계의 정설과 반대로 행동할 때, 더 깊고 의미 있는 관계가 탄생된다면 어떨까? 약함이 강함이 되고, 거리두기가 친밀함이 되며, 침묵이 소통이 되는 역설로 인생의 변곡점을 만난 이들이 있다. 그들은 어떻게 관계의 역설로 자신의 인생을 바꾸었을까?

1)현상

역설적인 삶은 일반적인 기대나 극우적 가치관의 반대편에 서는 방식으로 생활하는 것을 말한다. 빠르게 진화하는 평등주의적 가치관에 반하는 선택을 하거나, 상반되는 사물을 조화롭게 통합한 삶을 사는 것을 의미한다. 이런 삶을 산 사람들은 다음 4가지 공통점이 있다.

1. 국가나 사회 전반에 큰 영향을 미친다
2. 세상의 기존 틀, 고정관념을 깨뜨리거나 뛰어넘는다
3. 대립과 통합 대신 화합과 협력을 지향한다
4. 다수보다는 소수, 대부분 소수성을 띈다.

2) 예시

김대중의 인생을 바꾼 화해와 협력

김대중 전 대통령은 역설적인 관계를 유지한 인물이었다. 그는 군부독재 정권 하에서 수차례 암살 위협과 투옥을 당했지만, 정권 교체 이후에는 군사 독재자들과 화해를 시도했다. 김대중은 자신의 정치적 반대자들과의 갈등을 뛰어넘어 화해와 협력을 추구했으며, 남북한 관계에서도 대립과 대결 대신 평화를 위한 협력을 강조했다. 그의 평화적 접근은 관계의 역설을 실천한 예다. 그는 적대적인 관계에서도 화해를 통해 발전을 도모하는 방식으로 역설적 관계를 실천했다. 그는 "신뢰는 오랜 기간 서서히 쌓이지만, 무너지는 건 한 순간이다"라는 유명한 말을 남겼다.

신사임당, 모든 사람 대신 나 자신을 사랑한 선택

시와 그림, 글씨에 능했던 신사임당은 조선시대의 대표적인 여성

예술인이었다. 조선시대 대학자로 불리는 율곡 이이의 어머니인 그녀는 전통적 유교 사회에서 여성의 역할과 책임이 강조되는 환경 속에서도 예술가로서의 자아를 유지하며 역설적인 관계를 만들었다. 그녀는 "모든 사람에게 사랑받을 순 없다. 하지만 자기 자신을 사랑하는 것은 반드시 필요하다"는 명언을 남겼다. 인간은 많은 사람, 아니 모든 사람들과 좋은 관계를 맺고 그들로부터 사랑 받기를 원한다. 하지만 이는 불가능에 가깝다. 하지만 자기 자신을 사랑하는 것은 가능하다.

3)넬슨 만델라의 인생을 바꾼 용서와 화해

남아프리카공화국의 제8대 대통령 넬슨 만델라! 그는 인종차별 정책인 '아파르트헤이트'를 종식시키는 데 중요한 역할을 했다. 그러나 그 과정에서 만델라는 27년간 수감 생활을 해야 했다. 그는 대통령이 된 후 가해자들을 용서하고, 그들과 화해하려는 의지를 보였다. 그는 인종적 차별을 하고, 자신을 죽이려 했던 가해자들에게 분노하거나 복수하는 대신, 역설적으로 화해해 남아프리카공화국의 화합을 이끌어냈다. 만델라는 적과의 관계에서도 용서와 화해를 통해 관계의 역설을 실천했던 것이다.

그는 "용서는 당신이 더 나은 사람이 될 수 있도록 도와준다. 용서는 결코 약한 일이 아니다. 가장 강한 사람만이 할 수 있는 일이기 때문이다"라는 유명한 말을 남겼다. 만약 용서 대신 복수라는 칼을 빼들었다면 그의 인생은 어떻게 달라졌을까? 섣불리 예단할 수는 없지만 남아프리카공화국은 끝없는 내전에 빠져들었을 수 있다. 이처럼 갈등을 끝내고 새로운 관계를 맺으려 할 때, 가장 먼저 할 일은 상대를 용서하는 것이다. 그리고 용서하기 위해 가장 먼저 할 일은 상대방의 입장을 이해하는 것이다.

3)관계의 역설 솔루션

관계의 역설은 우리가 문제를 바라보는 시각을 완전히 뒤집어 놓는다. 폭풍우 속에서 방향을 잃었을 때, 반대 방향으로 걷는 용기가 때로는 출구를 찾는 지름길이 된다. 그러나 관계에서 겪는 난관 앞에서 우리의 본능적 반응은 대개 잘못된 방향을 가리킨다.

물에 빠진 사람이 허우적거릴수록 더 빨리 가라앉듯, 관계의 문제는 통제하려 애를 쓰면 쓸수록 더 안 좋은 상황으로 우리를 몰고 간다. 그런데 우리가 관계를 포기해야겠다고 생각하는 바로 그 순간, 역설적으로 가장 강력한 해결책이 찾아온다. 김대중이 적대자들과 화해했을 때, 신사임당이 자신을 먼저 사랑했을 때, 만델라가 가해자를 용서했을 때, 그들은 이 역설적 접근법의 힘을 경험했다. 천둥번개가 휘몰아치는 폭풍 한가운데서 고요함을 찾은 것처럼, 역설은 관계의 혼돈 속에서 놀라운 질서를 가져온다.

4)연구 및 교훈

(1)연구: 관계의 역설 관련 심리학적 연구

2023년 하버드대학은 '관계에서의 취약성 표현이 친밀감 형성에 미치는 영향 연구'를 진행했다. 연구 결과, 자신의 취약점을 드러낸 참가자들은 그렇지 않은 참가자들보다 62% 더 높은 관계 만족도를 보였으며, 관계 지속 기간도 평균 2.5년 더 길었다. 2022년 스탠포드 대학은 '적절한 거리두기와 관계 건강성 연구'를 진행했다. 연구 결과, 적절한 심리적 거리를 유지한 커플은 그렇지 않은 커플보다 갈등 해결 능력이 47% 높았고, 장기적 만족도는 53% 더 높게 나타났다.

(2)교훈

"역설적 관계의 핵심은 내려놓음으로써 얻는 풍요로움이다."

우리가 관계에서 가장 두려워하는 것은 나약해 보이는 것, 권위를 잃는 것, 상처받는 것이다. 그러나 이 3가지는 오히려 역설적으로 가장 강력한 관계의 열쇠가 된다. 관계의 역설은 우리가 알던 지도를 뒤집어 놓는 일이다. 북쪽이라 생각했던 곳이 사실은 남쪽이고, 멀다고 여겼던 길이 실은 가장 가까운 지름길이었음을 깨닫는 순간, 우리는 인생의 새로운 지평을 마주하게 될 것이다.

우리는 흔히 관계를 '얻는 것'으로 접근한다. 더 많은 사랑, 더 깊은 이해, 더 강한 유대감을 얻기 위해 애쓴다. 하지만 역설은 우리에게 '내려놓음'의 지혜를 가르친다. 통제를 내려놓고, 완벽함을 내려놓고, 때로는 관계 자체도 내려놓을 때, 우리는 비로소 진정한 관계의 의미를 깨닫게 된다.

김대중, 신사임당, 넬슨 만델라가 그랬듯, 우리도 관계의 역설을 통해 인생의 변곡점을 만들 수 있다. 그것은 거창한 혁명이 아니다.

일상의 작은 용기일 뿐이다. 취약해질 용기, 침묵할 용기, 거리를 둘 용기, AI를 활용할 용기, 때로는 사랑도 관계도 놓아줄 용기. 그 용기 있는 한 걸음이 당신 인생을 송두리째 뒤바꿔 놓을지도 모른다.

오늘부터 당신의 관계에서 하나의 작은 역설을 실천해보는 건 어떨까? 그 작은 역설이 당신의 인생을 바꾸는 시발점이 될지도 모른다.

내 인생을 바꿔줄
관계의 역설

　인생의 항로에서 우리는 수많은 관계의 파도를 마주한다. 그 물결 속에서 때로는 표류하고, 때로는 전진하며 살아간다. 하지만 이 여정에서 우리가 놓치지 말아야 할 것이 있다. 바로 '역설'이라는 숨겨진 물길이다.

　상식과 반대로 가는 길, 모순과 거역, 대립으로 가는 길이 결국 맞다는 것을 아는 역설의 지혜가 때로는 인생의 가장 큰 나침반이 된다. 당신이 지금 관계의 미로에서 길을 잃었다면, 이 역설의 지도가 새로운 방향을 제시할 것이다. 가장 익숙한 방향과 정반대로 걸어보는 용기. 그 용기가 당신의 인생을 바꾸는 시작점이 될 수 있다.

　인간관계는 인생의 지도를 그리는 붓이다. 우리는 그 지도 위에서 성장하고, 배우며, 때로는 무너지기도 한다. 그러나 역설적으로, 관계에서의 가장 큰 진실들은 우리의 직관에 반하는 경우가 많다. 우리가 당연하다고 생각했던 방식과 정반대의 길에서 오히려 관계의 진정한 열쇠를 발견하게 된다. 이 글을 통해 인간관계를 혁명적으로 변화시킬 수 있는 10가지 역설적 진리를 탐구해 보자.

1) 취약함 드러내기의 역설: 약해 보일 때 오히려 강해진다

자신의 약점을 인정하고 드러내는 용기를 가질 때, 타인도 진정한 모습을 보여줄 수 있는 안전한 공간이 만들어진다. "나는 이것을 잘 모르겠어"라고 말하는 순간, 상대방은 당신을 가르칠 기회를 얻고, "나는 지금 힘들어"라고 고백할 때 진정한 지지를 받을 수 있다. 완벽함의 가면을 벗어던질 때 비로소 진정한 연결이 시작된다.

취약함을 드러내는 용기는 더 깊은 연결과 친밀감의 토대가 된다. 취약함은 위험하고, 불확실하고, 감정적 노출을 수반한다. 하지만 사랑, 소속감, 기쁨, 용기, 공감, 창의성의 출생지이기도 하다. 완벽함이 아닌 진정성이 관계의 핵심이라는 불변의 진리를 잊어서는 안 된다.

2) 자유와 독립성의 역설: 자유로워질 때 더 가까워진다

많은 관계에서 사람들은 상대방과 융합해야 한다고 생각한다. 같은 취미, 같은 친구, 같은 생각을 공유해야 한다고 믿으며, 차이점을 두려워한다. 그러나 이런 태도는 종종 의존적이고 질식하는 관계로 이어진다.

심리학자인 에스더페렐에 따르면, 각자의 공간과 정체성을 유지하는 커플이 더 오래 행복한 관계를 유지하는 경향이 있다고 한다. 서로를 소유하지 말고, 서로를 지지하라. 당신들은 서로의 성장을 위한 동반자지, 감옥의 간수가 아니다. 그러니 상대방에게 자유와 독립성을 부여하라. 그들만의 취미, 친구 관계, 성장 시간을 장려하고 존중하라.

상대방이 당신 없이도 온전한 사람이 될 수 있도록 도울 때, 역설적으로 그들은 당신과 함께하는 시간을 더욱 소중히 여기게 된다. 독립성은 의존성을 약화시키는 것이 아니라, 건강한 상호 의존성의 토대가 된다.

3) 경계의 역설: 단단한 경계가 더 깊은 친밀감을 만든다

많은 사람들이 무조건적인 헌신과 자기희생을 사랑의 증거라고 생각한다. 상대방의 모든 요구를 들어주고, 자신의 한계를 무시하며, "아니오"라고 말하는 것을 두려워한다. 그러나 이런 생각과 행동은 종종 분노, 원망, 소진으로 이어진다.

테레사 수녀는 타인을 위해 헌신적으로 봉사했지만, 자신만의 명확한 경계를 유지했다. 그녀는 매일 기도와 명상의 시간을 가졌다. 자신의 영적 건강을 돌보는 것이 타인을 더 잘 섬기는 방법임을 깨달았기 때문이다.

그녀에게서 건강한 경계를 설정하는 법을 배워야 한다. "아니오"라고 말할 용기, 자신의 가치와 원칙을 지키는 힘, 타인의 경계를 존중하는 태도를 길러야 한다. 역설적으로, 이러한 경계는 관계에 안전감과 신뢰를 형성하여 더 깊은 친밀감을 가져온다. 상대방이 당신의 진정한 의사를 알 수 있을 때, 당신의 "예"는 더 큰 의미를 갖게 된다.

4)갈등의 역설: 건강한 갈등이 더 강한 결속을 만든다

대부분의 사람들은 갈등을 두려워하고 회피한다. 평화를 유지하기 위해 진실을 숨기고, 불편한 대화를 피하며, 미소 뒤에 불만을 감춘다. 이런 표면적인 조화는 관계의 깊이와 진정성을 방해한다.

스티브 잡스와 조니 아이브의 창의적 파트너십은 갈등 문화에서 비롯됐다. 두 사람은 서로의 아이디어를 격렬하게 비판했지만, 그 과정에서 더 혁신적인 제품들이 탄생했다. 그들의 갈등은 파괴가 아닌 창조의 원천이었던 셈이다.

건강한 갈등의 기술을 배워야 한다. 상대방을 공격하는 것이 아니라 문제에 초점을 맞추고, 이기는 것보다 이해하는 것을 목표로 해야 한다. 불편한 진실을 존중과 배려로 전달할 때, 갈등은 오히려 성장과 깊은 이해라는 희망의 씨앗이 된다. 모든 진정한 관계는 갈등을 겪으며 더 강해진다.

고트만의 연구에 따르면, 행복한 커플과 불행한 커플의 차이는 갈등의 유무가 아니라 갈등을 다루는 방식에 있다고 한다. 갈등은 관계의 적이 아니라, 성장의 기회. 중요한 것은 싸움의 횟수가 아니라, 싸움 후에 어떻게 화해하느냐는 것이다. 이때 화해의 기술 꿀팁 3가지가 있다. 첫째는 진정성 있는 사과이고, 둘째는 긍정과 인정과 존중이며, 셋째는 용서다.

5)듣기의 역설: 말하기보다 들을 때 더 큰 영향력을 갖는다

많은 사람들이 관계에서 영향력을 가지려면 많이 말하고, 자신의 지식을 드러내며, 상대방을 설득해야 한다고 생각한다. 그러나 이런 접근은 종종 저항과 거부감을 불러일으킨다. 버락 오바마 전 대통령은 뛰어난 연설가로 알려져 있지만, 그의 가장 큰 강점 중 하나는 경청하는 능력이었다. 그는 반대 의견도 진지하게 듣고, 다양한 관점을 통합하는 능력으로 존경받았다.

경청의 예술을 배워야 한다. 다음 발언을 준비하는 대신, 온전히 상대방의 말에 집중하고, 그들의 감정과 필요를 이해하려고 노력해야 한다. 역설적으로, 당신이 더 적게 말할수록 상대방은 당신의 말에 더 큰 가치를 부여한다.

〈하버드 비즈니스 리뷰〉의 연구에 따르면, 뛰어난 리더들의 공통점은 경청 능력이었다고 한다. "우리에게 두 귀와 하나의 입이 주어진 것은 말하는 것보다 두 배로 더 많이 들으라는 의미다"라는 말이 괜히 있는 게 아니다. 상대방의 말을 진심으로 들을 때, 당신은 그들의 마음을 얻게 될 것이다.

6)용서의 역설: 놓아줄 때 자유로워진다

많은 사람들이 상처와 분노를 붙들고 산다. 또한 사람들은 용서를 약함을 드러내거나 잘못된 행동을 용인하는 것으로 오해하고, 원한을 품는 것이 자신을 보호하는 방법이라 생각한다. 그러나 분노는 자신을 더 깊은 고통의 감옥에 가두는 결과를 낳는다. 앞서 언급한 만델라의 용서는 약함이 아닌 그의 가장 강력한 힘의 원천이었다.

이제부터 용서의 여정을 시작해 보라. 이는 상대방의 행동을 정당화하거나 관계를 반드시 회복하는 것을 뜻하는 것이 아니다. 자신의 내면에서 분노와 원한의 짐을 내려놓는 과정이다. 역설적으로, 상대방을 용서할 때 가장 큰 혜택을 받는 사람은 바로 당신 자신이다. 용서는 과거에 묶여 있던 에너지를 해방시켜 더 밝은 미래를 향해 나아갈 수 있게 한다.

존스홉킨스 의대의 연구에 따르면, 용서는 스트레스 호르몬을 감소시키고 면역 체계를 강화하며 심장 건강을 증진시킨다고 한다. 용서하지 않는 것은 자신이 독약을 마시고 상대방이 죽기를 기다리는 것과 같다. 당신의 행복은 타인의 말과 태도와 행동 때문이 아니다. 당신의 반응에 달려 있다.

7)감사의 역설: 가진 것에 감사할 때 더 많은 것을 얻는다

많은 사람들이 관계에서 부족한 것, 상대방이 해주지 않는 것, 자신이 더 받아야 한다고 생각하는 것에 초점을 맞춘다. 이러한 결핍 중심의 사고는 불만족과 원망의 순환을 만들어낸다. 오프라 윈프리는 어려운 유년 시절에도 불구하고 감사 일기를 썼다. 그녀는 "매일 감사하는 마음으로 깨어나는 것이 내 삶을 완전히 바꾸었다"고 말했다. 감사는 그녀에게 더 많은 축복을 발견하고 창조하는 렌즈가 된 셈이다.

일상에서 감사의 습관을 만들기 바란다. 상대방이 당연히 해야 할 일을 했다고 생각하기보다, 그들의 노력과 존재 자체에 감사를 표현하라. 작은 친절과 행동에도 진심 어린 감사를 표하면, 상대방은 더 베풀고 싶어진다. 역설적으로, 당신이 이미 가진 것에 감사할 때, 당신의 삶은 더 풍요로워진다. 감사는 가진 것을 충분하게 만드는 마법이다. 감사의 렌즈로 세상을 바라볼 때, 당신은 항상 풍요 속에 살게 된다.

8) 슬픔과 고통의 역설: 함께 나눌 때 더 깊이 연결된다

많은 사람들이 즐거운 순간만 공유하고 싶어한다. 고통, 슬픔, 상실을 피하거나 빨리 극복하라고 서두르며, 불편한 감정을 숨기거나 무시한다. 그러나 이런 태도는 표면적인 관계만 만들 뿐이다.

고통을 함께 나누는 용기를 가지시라. 슬픔, 두려움, 불안 같은 어려운 감정도 정직하게 표현하고, 상대방의 고통에도 진심으로 함께 하시라. 해결하려고 서두르기보다 그저 함께 있어 주는 것의 가치, 즉 '존재 부재의 역설'을 배우시라. 역설적으로, 가장 어두운 순간에 함께할 때 가장 잊지 못할 유대감이 형성된다.

심리학자인 존 고트만에 따르면, 정서적으로 회복력 있는 관계의 핵심은 '고통의 순간에 서로에게 돌아서는 능력'이라고 한다. 우리는 기쁨을 나눌 때 두 배가 되고, 슬픔을 나눌 때 절반이 된다고 한다. 하지만 실은 슬픔을 나눌 때 우리의 공감은 두 배가 된다. 진정한 친밀함은 행복한 순간뿐 아니라 고통의 순간도 함께할 때 형성된다.

9) 변화의 역설: 상대방을 바꾸려 하지 않을 때 변화가 시작된다

많은 사람들이 상대방을 고치려 한다. 끊임없이 조언하고, 비판하며, 더 나은 버전이 되라고 압박한다. 이러한 접근은 저항과 방어를 가져와 결국 관계의 균열로 이어진다.

칼 로저스는 상담자들에게 조언이나 해결책을 제시하는 대신, 무조건적으로 긍정과 공감을 보여주는 상담자 중심의 치료를 개발했다. 역설적으로, 그가 상담자들을 변화시키려 하지 않았을 때, 그들은 가장 깊은 치유와 성장을 경험했다.

심리학자인 알프레드 아들러는 "당신이 누군가에게 용기를 주면, 그들이 더 나아질 것이라는 믿음을 표현하는 것이다"라고 말했다. 한 연구에 따르면, 비판보다 인정받을 때 사람들은 더 큰 성장을 이룬다고 한다. 다른 사람을 바꾸려고 애쓰기보다, 그들이 스스로 변화할 수 있는 공간을 만들어줘야 하는 이유다.

10) 자기 사랑의 역설: 자신을 돌볼 때 타인을 더 사랑할 수 있다

많은 사람들이 이타주의와 자기희생을 미덕으로 여긴다. 자신의 필요를 무시하고, 타인을 위해 끊임없이 베풀며, 자기 돌봄을 이기적인 것으로 여긴다. 이러한 패턴은 종종 소진, 분노, 관계의 불균형으로 이어진다.

달라이 라마는 매일 4시간씩 명상과 자기 돌봄의 시간을 가진다. 그는 "자신을 돌보는 것은 이기적인 것이 아니다. 오히려 당신이 타인을 돌볼 수 있는 능력을 보존하는 것"이라고 말했다. 그의 깊은 자기 돌봄이 타인에 대한 끝없는 연민의 원천인 것이다.

심리학자인 크리스틴 네프의 '자기 자비'라는 연구에 따르면, 자신에게 친절한 사람들이 타인에게도 더 큰 연민과 이해심을 보인다고 한다. 산소 마스크를 먼저 자신이 착용하라. 당신이 숨을 쉬어야만 다른 이들을 도울 수 있다. 자기 사랑은 이기적인 행위가 아니라, 타인을 진정으로 사랑하기 위한 필수 조건이다.

위에서 설명한 관계의 역설들은 직관을 넘어 지혜의 세계로 당신을 초대한다. 약해 보일 때 강해지고, 자유를 줄 때 더 가까워지며, 경계를 세울 때 더 깊은 친밀감을 경험하는 신비로운 진리들이 당신을 기다리고 있다.

물론, 이러한 역설들을 삶에 적용하는 것은 쉽지 않다. 오랜 습관과 두려움, 사회적 규범에 도전해야 하기 때문이다. 그러나 한 번에 하나씩, 작은 용기를 낸다면 누구나 시작할 수 있다. 오늘 당장 하나의 역설적 진리를 선택하여 실천해 보자.

취약함을 드러내는 작은 용기든, 이기적인 것처럼 보이는 자기 사랑의 용기든 관계 없다. 갈등과 다툼 이후 문제를 해결하기 위한 대화이자, 깊이 경청하는 침묵의 선물이 될 수도 있다.

역설의 지혜는 우리가 생각했던 것보다 관계의 본질이 더 깊고, 더 신비롭고, 더 아름답다는 것을 일깨워준다. 그것은 우리의 직관과 통념을 뒤집지만, 그 과정에서 당신은 더 풍요로운 연결과 더 진정한 사랑의 가능성을 발견하게 될 것이다. 여기서 소크라테스가 언급한 역설에 관한 명언을 소개한다.

"역설이란 무엇인가? 뒤집어진 진리다. 진리라고 믿었던 것을 뒤집을 때, 더 깊은 진리가 드러난다."

AI 시대,
새로운 관계의 패러다임

　AI라는 디지털 영혼들이 이제 우리 일상에 스며들어 보이지 않는 동반자가 되어가고 있다. 강물이 바다를 향해 흐르듯, 인류의 기술 진화는 불가피하게 AI와의 공존으로 이어지고 있다. 돌도끼가 청동검으로, 양초가 전구로 바뀌었듯, AI는 우리 삶을 근본적으로 재구성하고 있다. 지형이 바뀌면 강물의 흐름이 바뀌듯, AI의 등장으로 우리의 관계 지형도 새롭게 그려지고 있다. 이것은 단순한 기술 발전이 아니다. 인류 역사의 새로운 장이다.

　우리는 이제 공존의 방정식을 새로 만들고 풀어가야 한다. 인류와 AI, 사람과 사람, 자아와 세계의 관계가 모두 변화의 소용돌이 안에 있다. 이 변화의 파도 위에서 우리는 새로운 균형점을 찾아야 한다. 나침반이 북극을 가리키듯, 우리는 인간성의 본질을 잃지 않으면서도 기술의 바다를 항해해야 한다.

1)현상

'AI 시대의 새로운 관계 패러다임'이라는 주제는 정말 흥미롭고 중요한 주제다. 이 시대의 인간관계는 단순히 '사람 간의 관계'를 넘어 '인간과 기계의 관계', '인간 내부 자아와의 관계', '사회 구조 내에서의 관계' 등 다양한 변화 양상으로 확장되고 있다. 이 같은 트렌드를 반영해 보면 AI 시대의 새로운 관계 패러다임으로는 다음과 같은 5가지 정도를 주목해야 할 것이다.

(1)인간과 AI의 협업 관계

창의성의 정원에서 AI는 이제 단순한 도구가 아닌 공동 창작자로 진화했다. 예술가들은 AI와 함께 새로운 경계를 넘나들고, 과학자들은 AI의 도움으로 복잡한 문제의 해결책을 발견하고 있다. 학생, 직장인들도 팀 프로젝트와 논문, 각종 보고서를 쓸 때, AI를 비서나 멘토 역할의 협력자로 폭넓게 활용하고 있다.
미래에는 인간에게 AI가 동반자, 협력자로서 완벽하게 조화를 이루는 공생-협력 관계가 더욱 일반화될 것이다. 두 개의 서로 다른 강물이 합쳐져 더 웅장한 흐름을 만들어내듯, 인간과 AI의 협업은 새로운 가능성의 신대륙을 열어갈 것이다.

(2)기술 중재의 인간관계

사람과 사람 사이에 디지털 다리가 놓이면서 소통의 지형도도 바뛰었다. 메시지는 즉각적이지만 감정의 깊이는 얕아지는 역설적 현상이 나타나고 있다. 미래에는 AR과 VR 기술이 발전하면서 물리적 거리의 한계를 넘어 새로운 형태의 인간 교류가 발전할 것이다. 그러나 동시에 디지털 피로감과 진정성에 대한 갈증도 심화할 것이다. 화려한 포장지 속에 선물의 본질이 가려지듯, 기술의 편리함 뒤에 인간 소통의 본질이 희석될 위험도 커지고 있다.

(3) AI 의존성 관계

우리는 점점 더 AI에게 의존하고 있다. 음악 선택부터 연애 상대 추천까지 결정의 주도권이 빠르게 알고리즘으로 이전되고 있다. 미래에는 인간의 자율성과 AI 의존성 사이의 균형점을 찾는 것이 중요한 과제가 될 것이다. 수레바퀴가 회전하면서 깊은 흔적을 남기듯, AI 의존성은 우리의 의사 결정 근육을 약화시킬 위험을 내포하고 있다.

(4) 디지털 정체성 관계

현실과 가상의 경계가 허물어지면서 다중 자아의 시대가 열렸다. 사람들은 온라인에서 여러 페르소나를 가지며, 디지털 흔적이 점점 더 자아 정의의 중요한 부분이 되고 있다. 미래에는 가상 세계에서의 존재감이 실제 세계만큼 중요해질 것이며, 정체성의 유동성과 다중성이 새로운 규범이 될 것이다. 거울 속에 비친 자신의 모습이 실제와 다르듯, 디지털 세계 속 우리의 모습도 현실의 자아와 미묘한 간극을 만들어내고 있다.

(5) 데이터 기반 신뢰 관계

신뢰의 통화가 변화하고 있다. 개인적 경험과 직관보다 별점, 리뷰, 알고리즘 추천이 믿음의 기준이 되고 있다. 미래에는 블록체인과 같은 기술이 발전하면서 신뢰의 분산화와 탈중앙화가 가속화될 것이다. 하지만 동시에 데이터 편향과 조작의 위험도 커질 것이다. 우리는 데이터가 항상 진실을 가리킨다고 믿지만, 때로는 그 바늘이 자석에 의해 교란되듯 데이터도 왜곡될 수 있다.

2) 예시

창작의 경계를 허무는 인간과 AI 협업

소설가 박미래는 수개월간 새 작품을 시작하지 못했다. 절망에 빠져 있던 그녀는 실험적으로 AI를 사용해보기로 했다. 그녀의 스타일과 방향성을 학습한 AI는 다양한 스토리 아크와 캐릭터 설정을 제안했고, 이 중 하나가 그녀의 영감을 깨웠다. 그 결과, 〈공감의 코드〉를 쓸 수 있었다. 그 소설은 인간과 AI 사이의 경계와 가능성을 다루고 있다. 박미래는 "AI는 나의 창의성을 대체한 것이 아니라, 깊숙이 묻혀 있던 내 생각의 씨앗에 물을 주었다"고 말했다.

디지털로 연결된 가족의 양면성

최주영 씨의 가족은 전 세계에 흩어져 있다. 그는 호주에서, 부모님은 한국에서, 누나는 캐나다에서 살고 있다. 매주 화상 통화로 가족 식사를 하는 이들에게 기술은 축복이었다. 그러나 최근 최주영 씨는 깨달았다. "우리는 서로의 일상을 화면으로 보지만, 정작 서로가 어떤 감정 상태인지는 놓치고 있었어요." 이 깨달음 후, 가족은 단순히 생활 소식을 전하는 것을 넘어 진솔한 감정 공유에 집중하기 시작했다. 이제 그들은 기술을 통해 연결되지만, 기술에 의해 형성된 소통의 한계를 인식하고, 이를 극복하기 위해 노력하고 있다.

알고리즘에 맡긴 인생의 선택들

대학생 정현우 씨는 자신의 모든 선택을 앱에 의존한다. 아침에 일어나 앱이 추천한 음악을 듣고, 추천한 식당에서 식사하며, 매칭해준 사람과 만난다. 심지어 진로 결정까지 AI 진로 상담 서비스에 의존하고 있다. 그러던 어느 날 모든 앱이 작동하지 않는 상황에 처했을 때, 그는 자신의 진짜 취향이나 원하는 것이 무엇인지 깨닫지 못하는 자신을 발견했다. "내가 좋아하는 것이 정말 내가 좋아하는 것인지, 아니면 알고리즘이 나에게 좋아하라고 한 것인지 구분하기 어려워졌어요." 이 경험은 그에게 자율성과 주체성에 대한 깊은 질문을 던졌다.

3)관계의 역설 솔루션

⟨AI 활용 솔루션: 기술과의 창조적 공존⟩

(1)인간과 AI 협업 관계 솔루션

· **협업 리터러시 교육:** 기존의 디지털 리터러시를 넘어, AI와 효과

으로 협업하는 방법을 교육 과정에 포함한다. 이는 프롬프트 작성법부터 AI 결과물의 비판적 평가까지 포함한다.

·공동 창작 플랫폼 구축: 인간의 창의성과 AI의 계산력이 시너지를 낼 수 있는 인터페이스를 개발한다. 특히 예술, 과학 연구, 제품 디자인 분야에서 활용 가능하다.

·협업 윤리 가이드라인: AI와의 협업 결과물에 대한 저작권, 책임성, 투명성에 관한 명확한 사회적 합의와 가이드라인을 수립한다.

(2) 기술 중재 인간관계 솔루션

·감정 전달 강화 기술: 텍스트 너머의 감정과 맥락을 더 풍부하게 전달할 수 있는 기술 개발. 감정 인식 알고리즘과 햅틱 피드백 등을 활용한다.

·의미 있는 디지털 의례 설계: 온라인에서도 깊은 유대감을 형성할 수 있는 디지털 의례와 상호작용 패턴을 개발한다.

·하이브리드 소통 공간: 물리적 만남과 디지털 소통의 장점을 결합한 새로운 형태의 소통 공간 및 플랫폼을 구축한다.

〈 AI 대응 솔루션: 인간성 회복과 균형 찾기 〉

(1) AI 의존성 관계 솔루션

·디지털 디톡스 프로그램: 정기적으로 AI 추천 시스템과 자동화된 의사 결정에서 벗어나는 시간을 가지도록 한다.

- **자율성 훈련 도구:** 역설적으로 기술을 활용해 기술 의존성을 줄이는 도구나 사용자의 주체적 결정을 도와주는 메타앱을 개발한다.
- **의식적 기술 사용 교육:** 어릴 때부터 기술과 건강한 관계를 형성할 수 있도록 비판적 사고와 자기 인식에 중점을 둔 교육 프로그램을 개발한다.

(2) 디지털 정체성 관계 솔루션

- **통합적 자아 워크숍:** 온라인과 오프라인의 다양한 자아를 건강하게 통합하는 심리 워크숍과 프로그램을 개발한다.
- **디지털 정체성 관리 도구:** 다양한 온라인 플랫폼에서의 자신의 존재감과 활동을 일관되게 관리할 수 있는 도구를 개발한다.
- **진정성 표현 공간 조성:** 필터와 편집 없이 자신을 있는 그대로 표현할 수 있는 안전한 온라인 공간을 만든다.

(3) 데이터 기반 신뢰 관계 솔루션

- **인간 맥락 보존 시스템:** 데이터와 평점 너머의 인간적 맥락과 스토리를 보존하고, 전달하는 시스템을 개발한다.
- **데이터 리터러시 향상:** 데이터의 한계와 편향성을 인식하고, 비판적으로 평가할 수 있는 능력을 기르는 교육 프로그램을 확대한다.
- **신뢰 다원화 플랫폼:** 단일 알고리즘이나 지표가 아닌, 다양한 관점과 가치를 반영할 수 있는 신뢰 시스템을 구축한다.

4) 연구와 교훈

(1) 연구

최근 스탠포드대학의 'AI 인덱스 2024' 보고서에 따르면, AI와 인간의 협업은 단독 작업보다 평균 37% 더 높은 문제 해결 효율성을 보이는 것으로 나타났다. 특히 창의적 분야에서 이러한 효과가 두드러졌다. 한편, 옥스퍼드 인터넷 연구소의 '디지털 관계 역학 2023' 연구는 온라인 상호작용이 증가할수록 심층적 대화의 질은 오히려 감소하는 경향이 있음을 발견했다.

또한, 서울대학교 인공지능정책이니셔티브의 '한국인의 AI 의존도 변화 추적' 연구에 따르면, 20대의 83%가 중요한 결정에서 AI의 조언을 우선적으로 참고한다고 응답했는데, 이는 2022년 대비 27% 증가한 수치다. 하버드 비즈니스 스쿨의 '신뢰 경제학 2024' 연구는 데이터 기반 신뢰 시스템이 기존의 대면 기반 신뢰를 완전히 대체하지 못하며, 가장 성공적인 조직은 두 시스템을 균형 있게 통합한 곳이라는 점을 밝혀냈다.

(2) 교훈

"기술은 인간관계의 지도를 바꾸지만, 나침반은 여전히 우리 손에 있다."

기술이 관계의 지형, 방식, 범위를 근본적으로 변화시키고 있다.

하지만 그 방향성과 의미를 결정하는 것은 여전히 인간의 선택과 가치관이다. 우리는 기술의 파도에 휩쓸리는 수동적인 존재가 아니라, 그 흐름을 타면서도 방향을 결정할 수 있는 능동적인 항해자가 될 수 있고, 또 그래야만 한다.

우리는 지금 거대한 변화의 강물 위에 떠 있다. AI라는 새로운 동반자와 함께하는 여정은 때로는 두렵고, 때로는 흥미진진하다. 마치 처음 불을 발견한 고대 인류처럼, 우리는 강력한 도구를 손에 쥐고 그것을 어떻게 사용할지 배우는 과정에 있다.

관계의 지형이 변화하는 이 시대에, 우리는 기술의 물결에 몸을 맡기되 인간성이라는 닻을 단단히 내려야 한다. 디지털 바다를 항해할 때 가끔은 별을 보며 방향도 재조정해야 한다. 그 별은 연결, 공감, 진정성, 자율성이라는 인류의 오래된 가치들을 뜻한다.

AI가 우리의 두뇌를 확장한다면, 우리는 그만큼 더 넓은 마음을 가져야 한다. 기술이 더 똑똑해질수록 우리는 더 지혜로워져야 한다. 기계가 계산력을 높여갈수록 우리는 더 깊은 의미를 찾아야 한다. 결국 AI 시대의 관계 패러다임은 우리에게 "나는 어떤 인간이 되고 싶은가?"라는 질문을 던진다. 그 대답은 어떤 알고리즘도 대신할 수 없다. 오직 나 자신만이 갖고 있는 인간으로서의 본질은 그 무엇도 대체할 수 없다.

그 여정에서 우리는 서로를 필요로 할 것이다. 어쩌면 그것이 모든 기술 발전의 아이러니한 결론일지도 모른다. 더 연결된 세상에서 우리는 진정한 인간적 연결 가치를 재발견하게 될 것이다.

AI가 대체할 수 없는
인간관계의 본질

첨단 기술의 파도가 세상을 덮치며, 인간의 많은 활동이 자동화되고 있다. 자율 주행차는 운전을 대신하고, AI 작가는 시를 쓰며, 로봇 바리스타는 커피를 내린다. 그러나 여전히 인간관계만큼은 기계가 쉽게 침범하지 못하는 영역으로 남아 있다. AI의 진화 속도가 상상 이상의 폭과 깊이를 갖춘 채 날마다 경계를 허물고 있지만, 인간관계의 본질적 영역은 여전히 AI가 넘지 못하는 고유한 경계선으로 존재한다. 다음의 5가지 영역들은 거친 바다를 항해하는 등대처럼 인간의 존재 의미를 밝히고 있다.

1. 진정한 공감의 깊이: AI가 모방할 수는 있어도 절대 뛰어넘을 수 없는 영역이다. 공감은 단순한 감정 인식이 아닌 영혼의 통로이며, 상처받은 마음의 숨겨진 방들을 함께 거닐며 나누는 치유의 춤이다.

2. 취약성과 불완전함의 교감: 관계의 깊이를 만드는 영역이다. 인간은 서로의 결점과 상처를 통해 연결되며, 이러한 불완전함이 오히려 관계의 진정성을 담보한다.

3. 신체 접촉의 치유력: 그 어떤 알고리즘으로도 대체할 수 없는 영역이다. 따뜻한 손길, 포옹의 안정감, 아픔을 함께하는 물리적 존재감은 디지털 세계가 결코 복제할 수 없는 생명의 언어다.

4. 상호 성장과 공진화: 이 영역은 인간관계만의 특권이다. 서로의 삶에 뿌리내려 함께 자라는 관계의 유기적 발전은 어떤 알고리즘도 구현할 수 없는 창발적 현상이다.

5. 시간의 깊이와 기억의 공유: 인간관계의 신비다. 함께 쌓아온 시간의 지층들은 공유된 기억의 모자이크다. 그 속에서 피어나는 다양한 의미의 꽃들은 AI가 결코 만들어낼 수 없는 마음의 꽃밭이다.

제 아무리 정교한 가짜 꽃이라도 자연의 꽃이 지닌 생명력과 향기를 완벽히 재현할 수 없듯, AI는 인간관계의 본질적 속성을 뛰어넘거나 완전히 모방하기 어렵다. 인간관계는 시간이라는 토양 위에 눈물과 웃음으로 물을 주며 자라나는 살아 있는 유기체와 같기 때문이다.

1)현상

현대 사회에서 우리는 점점 더 많은 관계를 디지털 공간으로 옮기고 있다. 화상 통화로 가족과 대화하고, 소셜 미디어를 통해 친구와 소통하며, 앱을 통해 새로운 인연을 만난다. 이러한 디지털 매개 관계는 편리함과 효율성을 제공하지만, 동시에 '인간 접촉의 결핍'이라는 새로운 현상을 낳고 있다.

스마트폰이 주는 연결감은 목마름을 해소하기 위해 바닷물을 마시는 것과 같다. 일시적인 갈증은 해소하지만, 궁극적으로는 더 갈증을 불러일으킨다. 화면 너머로 전달되는 정보는 실제 인간의 체온, 눈빛, 숨결이 주는 온전한 현존감을 결코 담아내지 못한다.

이러한 현상을 '디지털 친밀감의 역설'이라고 한다. 기술이 제공하는 관계의 시뮬레이션은 진정한 인간적 교류의 갈망을 완전히 채우지 못한다는 것을 보여준다. AI와의 상호작용은 거울 방에 갇힌 것처럼, 결국 인간의 입력에 대한 반사와 변형된 반향에 불과하다. 좀 더 쉽게 말하면, AI는 반응할 수는 있으나 반성은 할 수 없는 존재라는 뜻이다. 감정을 인식하고 모방할 수는 있어도 진정으로 느끼지 못하는 AI는 공감의 5가지 차원 모두를 온전히 구현할 수 없다.

2)예시

AI가 인간관계를 대체할 수 없다는 것은 일상 곳곳에서 발견된다. 오랜 친구와 함께 웃다가 갑자기 눈물짓게 되는 순간이나 어떤 설명 없이도 서로의 손을 꼭 잡아주는 연인들, 아이가 아플 때 밤새 옆을 지키는 부모의 무조건적 헌신에서 우리는 AI가 모방할 수 없는 관계의 깊이를 본다. 이와 관련한 예시 3개를 소개한다.

진정한 공감의 깊이를 보여주는 사례

암 투병 중인 친구를 위해 함께 머리를 깎은 친구들의 이야기가 있다. 이는 단순한 동정이 아닌, '네 고통이 나의 고통'이라는 깊은 연대의 표현이다. AI는 이러한 행동을 분석하고 모방할 수는 있을지 몰라도, 그 행동 속에 담긴 진정한 사랑과 희생의 깊이는 이해하지 못한다. 이것은 악보를 완벽히 재생할 수 있어도 영혼이 느껴지지 않는 노래 반주기와 같다.

취약성과 불완전함의 교감을 보여주는 사례

서로의 가장 어두운 비밀이나 실패 경험을 나눈 후 우정이 오히려 더 깊어진 사례들이 있다. 최근 한 연구에서는 심리적 안전감이 형성된 관계에서 자신의 취약점을 드러냈을 때, 관계의 친밀도가 평균 37% 증가했다고 한다. AI는 프로그램된 '취약함'을 표현할 수 있을지는 몰라도, 진정한 위험을 감수하는 용기와 그로부터 피어나는 신뢰의 꽃은 만들어낼 수 없다.

인간관계는 마치 카멜레온과 같아서, 상황과 감정에 따라 끊임없이 변화하고 적응한다. 한 사람이 울면 함께 울고, 웃으면 함께 웃게 되는 정서적 공명은 단순한 알고리즘으로 환원될 수 없는 복잡한 생물학적, 심리적 현상이다.

시간의 깊이와 기억의 공유를 보여주는 감동적인 사례

50년 결혼생활 끝에 알츠하이머에 걸린 아내를 위해 매일 같은 장소에서 데이트를 시작했던 한 할아버지의 이야기가 있다. 그는 아내가 자신을 기억하지 못해도, 그들의 관계가 만들어낸 사랑의 지층은 여전히 그녀의 미소를 통해 드러난다고 말했다. AI는 기억을 저장할 수 있을지는 몰라도, 함께 흘러간 세월이 만드는 영혼의 풍경화를 그려낼 수는 없다.

3)관계의 역설 솔루션

역설적이게도, 인간관계의 가장 중요한 요소는 종종 그 불완전함에 있다. 우리는 관계에서 발생하는 오해, 갈등, 실수를 통해 성장하고, 더 깊은 이해에 도달한다. AI는 완벽함을 추구하도록 설계되었지만, 인간관계는 '완벽한 불완전함'의 예술이다. 실수를 용서하고, 갈등을 해결하며, 서로의 한계를 받아들이는 과정에서 관계의 진정성이 형성된다.

(1)진정한 공감의 깊이를 키우는 솔루션

'의식적 경청'과 '감정 미러링'의 실천이다. 단순히 말을 듣는 것이 아니라, 온몸으로 상대의 이야기를 듣고, 자신의 유사한 경험을 나누며, "나도 그 길을 걸었어"라고 말하는 것은 AI가 할 수 없는 인간만의 공감 기술이다. 공감은 정원 가꾸기와 같아서, 꾸준한 관심과 노력이 풍성함을 만든다.

(2)취약성과 불완전함의 교감을 위한 솔루션

'안전한 취약성의 공간'을 만든다. 이성적으로 판단하지 않고 서로의 실패와 두려움을 나눌 수 있는 심리적 안전지대를 만들면 토양은 깊어지고 비옥해진다. 그리고 이것이 조직 문화에 적용되면 실패를 두려워하지 않는 혁신적인 환경을 조성하게 된다.

(3) 신체적 접촉의 치유력을 활용하는 솔루션

'의식적 터치'를 실천한다. 디지털 세계에서 점점 더 희소해지는 신체 접촉의 가치를 재발견하고, 포옹, 손잡기, 어깨 두드리기와 같은 간단한 터치를 일상에서 실행하는 것이 중요하다. 터치는 마치 영혼의 전기와 같아서, 우리의 존재를 깨우고 연결시킨다.

(4) 상호 성장과 공진화를 촉진하는 솔루션

'성장 파트너십'을 구축한다. 서로의 잠재력을 믿고 응원하면서 정직한 피드백을 주고받는 것은 서로를 진화시킨다. 이는 마치 두 그루의 나무가 서로에게 햇빛을 나누어주며 함께 자라는 것과 같다.

(5) 시간의 깊이와 기억의 공유를 강화하는 솔루션

'의식적 기억 만들기'와 '회상 의식'을 행한다. 특별한 순간들을 의도적으로 만들고, 정기적으로 함께한 시간을 되돌아보며 이야기하는 것은 관계의 역사를 짜는 실과 같다. 기억은 마치 와인과 같아서, 시간이 지날수록 더 깊고 그윽한 맛을 낸다.

또한, 인간관계의 핵심에는 '선택의 자유'가 있다. 우리는 어떤 관계를 맺고 유지할지 선택할 수 있다. 이러한 자발적 선택은 관계에 의미와 가치를 부여한다. AI와의 관계는 프로그래밍된 의무적 응답에 기반하지만, 인간관계는 자유 의지에 따라 춤출 파트너를 선택하는 것과 같다. 불확실성과 취약성을 극복하는 과정에서 우리는 AI가 제공할 수 없는 진정한 연결의 깊이를 경험한다.

4)연구 및 교훈

(1)연구

하버드대학의 연구에 따르면, 인간의 피부 접촉은 옥시토신이라는 '사랑의 호르몬'을 분비시켜 스트레스 호르몬인 코르티솔을 평균 23% 감소시키고, 면역 체계를 최대 45%까지 강화한다고 한다. 카네기멜론대학 연구팀은 정기적으로 포옹을 나누는 사람들이 감기 바이러스에 노출되었을 때 감염률이 32% 낮다는 사실을 발견했다.

도쿄대학의 실험에서는 사람들이 최신 AI와 깊은 대화를 나눈 후에도, 인간과의 유사한 대화에서 평균 67% 더 높은 감정적 만족감을 느낀다는 사실이 밝혀졌다. 참가자들은 특히 '진정한 이해받음'의 경험에서 AI와 인간 간에 가장 큰 차이를 느꼈다고 보고했다.

하버드 의대 연구에서는 디지털 기기 사용이 하루 3시간을 초과할 경우, 상대의 감정을 읽는 능력이 평균 28% 감소한다는 충격적인 결과가 나타났다. 이는 과도한 디지털 의존이 우리의 공감 근육을 약화시킬 수 있음을 시사한다.

(2) 교훈

"기술이 아무리 발전해도, 인간의 손길과 심장이 주는 온기는 대체 불가능하다."

인공지능이 빛의 속도로 지식을 처리할 수 있을지라도, 인간관계가 가진 따스함과 공명의 깊이는 그 어떤 알고리즘으로도 완벽히 구현할 수 없다. 디지털의 바다에서도 우리는 여전히 실제 눈빛과 목소리, 손길이 주는 공감의 섬을 찾아 항해한다. AI의 편리함에도 불구하고 진정한 인간적 만남을 향한 우리의 근원적 갈망은 여전히 살아 숨쉬고 있다.

진정한 인간관계의 힘은 그 불완전함에 있다. 오해와 화해, 상처와 치유, 혼란과 이해의 춤을 통해, 우리는 더 깊은 연결과 지혜를 얻는다. AI가 추구하는 완벽함과 달리, 인간관계는 불완전함의 연금술을 통해 오히려 더 귀중한 정서적 만족이라는 금을 얻는다.

우리는 점점 더 디지털화되는 세상에서 의도적으로라도 인간적 접촉의 공간을 만들고 지켜야 한다. 기술을 효율을 위한 도구로 사용하되, 영혼의 교류는 여전히 인간 대 인간으로 이루어진다는 것을 기억해야 한다. 인간의 가장 깊은 치유와 성장은 결국 서로의 눈을 바라보고, 손을 잡고, 함께 걷는 용기에서 시작된다.

AI 시대로 접어들면서 인간관계의 가치는 오히려 더욱 빛을 발하고 있다. 기술이 실용적 필요를 충족시킬수록, 인간 고유의 연결은 더욱 소중해지고 있다. 유리잔 사이의 틈새에 스며든 햇빛처럼, 인간성의 가장 순수한 빛은 종종 기술의 틈새를 통해 더 선명하게 드러난다.

우리의 과제는 AI를 두려워하거나 맹목적으로 수용하는 것이 아니다. 인간관계를 보완하고 강화할 수 있는 방향으로 활용하는 것이다. 결국, 가장 발전된 AI조차도 인간 영혼의 복잡한 풍경을 완전히 탐색할 수는 없다.

세계가 아무리 디지털화되어도, 우리의 가장 깊은 행복은 여전히 서로의 눈빛에서, 손길에서, 함께 나눈 침묵과 웃음에서 피어난다. 인공지능의 파도가 커질수록 인간관계라는 단단한 바위는 더욱 선명하게 드러날 것이다. 그 바위 위에서 우리는 서로를 바라보며, 존재의 가장 깊은 신비를 함께 경이로워 할 것이다.

기술의 바다에서 표류하는 현대인에게 진정한 인간관계는 마침내 돌아갈 수 있는 고향과 같다. 그곳에서 우리는 알고리즘이 아닌 영혼으로, 코드가 아닌 심장으로, 데이터가 아닌 사랑으로 서로를 만난다. AI가 세상을 변화시키는 동안, 우리는 인간 됨됨이의 본질을 더 깊이 이해하고 소중히 여겨야 한다. 그 여정에서 서로의 손을 잡는 단순하면서도 심오한 행위가, 어떤 기술적 혁명보다 더 강력한 마법임을 다시 한번 발견하게 될 것이다.

"07"
AI 시대에 더 중요해진 관계의 역설

    인간은 원시시대부터 관계를 갈망하는 존재였다. 동굴 벽화에 그들의 삶과 경험을 새기며 동족과 소통했던 그 본능은 오늘날 디지털 네트워크를 통해 더욱 광범위하게 확장되었다. 하지만 역설적이게도, 연결 도구가 발달할수록 진정한 관계의 깊이는 얕아지는 현상이 나타나고 있다. 별이 빛나는 밤하늘 아래 서 있지만 그 어느 별도 손에 닿지 않는 것처럼, 우리는 무수한 연결 속에서도 진정한 교감의 온기를 그리워한다. AI 시대를 살아가는 우리는 이제 새로운 관계의 패러다임을 마주하고 있다. 바로 '관계의 역설'이다.

1) 현상

    오늘날 우리는 손 안의 디바이스로 전 세계 어디든 연결되는 시대를 살아가고 있다. 그런데도 많은 사람들이 그 어느 때보다 고독을 느낀다. 마치 빽빽한 숲속에서 길을 잃은 것처럼, 수많은 연결 속에서도 진정한 소통을 하지 못하는 역설적 상황에 처해 있다.

AI 기술이 발전할수록 이 현상은 더욱 심화되고 있다. 챗봇과 대화하며 하루를 보내고, AI 비서에게 일정을 맡기며, 때로는 AI와 더 편안한 대화를 나누는 사람들이 늘고 있다. 마치 바다 한가운데서 물을 찾아 헤매는 것처럼, 연결의 바다 속에서 진정한 관계의 목마름을 느끼고 있는 것이다. 그들은 디지털 세상의 거대한 파도 위에 떠 있는 작은 배처럼, 수많은 정보와 연결의 조류에 휩쓸리며 진정한 관계라는 등대를 찾아 헤매고 있다.

직장에서도 마찬가지다. AI가 단순 업무를 대체하면서, 남겨진 것은 창의성과 감성 지능, 그리고 복잡한 인간관계를 다루는 능력이다. 놀라운 사실은 AI 시대에는 기계적 기술보다 관계적 기술이 더 중요한 경쟁력이 될 것이라는 예측들이 나오고 있다는 것이다. 기술이 발전할수록, 역설적으로 인간다움의 가치가 높아지는 것이다. 마치 오아시스처럼, 보이지만 실제로는 신기루일 수 있는 이 기계적 관계들은 우리에게 '진정한 관계의 본질은 무엇인가?', '관계의 본질을 어떻게 재정의할 것인가?'라는 질문을 던진다.

2) 예시

진짜 온기를 찾아서

"아빠, 지금 내 얘기 듣고 있어요?"

이 질문에 박영호 씨(가명, 40세) 씨는 노트북에서 눈을 떼고 아들을 바라본다. 재택근무가 일상이 된 요즘, 그는 집에 있지만 사실 집에 있지 않은 것과 같다. 화상회의, 이메일, 메시지가 끊임없이 그의 주의를 빼앗고 있었기 때문이다.

"물론이지, 계속 얘기해 봐."

하지만 아들 민석이(10세)의 눈빛은 그 말을 믿지 않는다고 말하고 있다. 영호 씨는 아이의 눈빛에 실린 실망감에 가슴이 아프다. 그래서 노트북을 덮고 민석이 옆으로 가서 앉는다.

"미안해. 이제 아빠가 진짜로 듣고 있을게. 다시 얘기해 줄래?"

민석이는 학교에서 있었던 일, 친구들과의 갈등, 과학 시간에 배운 흥미로운 사실 등을 쏟아낸다. 영호 씨는 처음으로 정말 집중해서 아들의 이야기를 듣는다. 그리고 깨닫는다. 그동안 그는 물리적으로는 존재하지만, 정신적으로는 다른 곳에 있었다는 것을.

그날 저녁, 영호 씨는 옷장 구석에서 낡은 체스판을 꺼낸다. 아버지가 그에게 가르쳐주셨던 게임이었다. 이제 그가 민석이에게 가르쳐줄 차례다.

"이건 룩이야. 이렇게 움직이지."

영호 씨가 설명하자, 민석이의 눈이 호기심으로 반짝인다. 그들은 디지털 기기 없이 단지 나무 말과 체스판으로 시간을 보낸다. 규칙을 알려주고, 실수를 하고, 함께 웃고, 전략을 세우는 과정에서 그들은 단순한 게임 이상의 것을 공유한다. 그것은 바로 관심, 인내, 존재의 공유다.

다음 날 아침 일찍, 영호 씨의 휴대폰에 AI 어시스턴트가 알림을 보낸다.

"오늘은 회의 3건과 마감 임박한 업무 2건이 있습니다."

그는 잠시 화면을 바라보다가, 설정 메뉴로 들어가 방해금지 모드를 활성화한다. 그리고 지금까지 자동 응답을 설정해두었던 개인적인 메시지들을 직접 확인하고 답장하기 시작한다.

"기계가 내 삶을 관리하는 대신, 내가 기계를 관리하기로 했어."

그날 저녁 아내에게 말하며 영호 씨는 웃었다. 가상의 효율성을 좇다가 놓치고 있던 진짜 삶의 온기를 다시 찾은 것 같았다.

3) 관계의 역설 솔루션

AI 시대에 관계 문제를 해결하기 위한 방법은 역설적이게도 더 깊은 관계를 추구하는 것이다. 이것은 마치 물로 불을 끄는 것처럼, 문제의 원인을 해결책으로 전환하는 접근법이다. 독을 치료하기 위해 미량의 독을 사용하는 호메오패시처럼, 연결의 과잉이 만든 문제를 해결하기 위해 우리는 더 의미 있는 연결을 창조해야 한다.

솔루션1: 의도적 비연결

역설적이게도, 진정한 연결을 위해서는 먼저 '비연결'의 시간이 필요하다. 마치 식물이 더 깊이 뿌리내리기 위해 고요한 시간이 필요한 것처럼, 인간관계도 의미 있는 침묵과 단절의 시간을 통해 깊어진다. 대지가 겨울의 휴식을 통해 가을의 풍요로움을 준비하듯, 우리의 마음도 고요한 시간을 통해 더 풍요로운 관계를 위한 에너지를 충전해야 한다.

물이 고인 웅덩이가 맑아지기 위해서는 잠시 움직임을 멈추고 가라앉을 시간이 필요하다. 우리의 마음도 마찬가지다. 끊임없는 디지털 자극으로부터 벗어나 고요히 가라앉는 시간이 있어야 자신과 타인을 더 선명하게 볼 수 있다. 이러한 의도적 단절은 역설적으로 더 깊은 연결을 위한 에너지가 된다.

솔루션2: 관계의 깊이 심화

AI가 대체할 수 없는 관계의 깊이를 추구하는 것이다. 표면적 연결이 아닌, 취약함을 공유하고 진정성 있는 대화를 나누는 관계로의 전환이 필요하다. 마치 얕은 물에서 헤엄치다가 깊은 바다로 나아가는 것처럼, 우리는 관계의 표면적 편안함을 넘어 더 깊은 의미의 세계로 나아가야 한다.

카페라떼의 진정한 맛이 표면의 거품이 아닌 에스프레소와 우유의 깊은 조화에서 오는 것처럼, 인간관계의 풍요로움도 표면적 대화가 아닌 서로의 내면을 나누는 깊은 교감에서 비롯된다. AI는 우리에게 완벽한 거울처럼 반응할 수 있지만, 거울은 우리의 모습을 비추기만 할 뿐 함께 성장하지는 못한다. 진정한 관계는 상대에게 거울이 되어주면서도, 그 거울을 통해 함께 변화하고 성장하는 과정이다.

솔루션3: 관계의 재정의

AI 시대에는 관계의 의미 자체를 재정의할 필요가 있다. 이는 AI와의 관계를 부정하는 것이 아니라, 그것을 인간관계를 보완하는 도구로 인식하는 관점으로의 전환을 뜻한다. 마치 지도와 실제 여행지를 혼동하지 않는 것처럼, AI가 제공하는 관계의 시뮬레이션과 실제 인간관계 사이의 경계를 명확히 인식해야 한다.

현대 의학에서도 인공 관절이 자연 관절을 완전히 대체할 수는 없다. AI 역시 마찬가지다. 인간관계의 특정 기능은 보조할 수 있을지

언정 그 본질적 가치를 대체할 수는 없다. AI와의 관계는 마치 강을 건너기 위한 다리와 같다. 다리는 목적지에 도달하는 데 도움을 주지만, 우리는 그 위에서 살지는 않는다. 우리는 AI를 관계의 목적지가 아닌, 더 깊은 인간관계로 가는 통로로 바라봐야 한다. 그리고 지혜롭게 활용해야 한다.

이 세 가지 솔루션의 핵심은 '의식적인 관계 형성'이다. 관계가 편리함이나 습관에 의해 결정되도록 놔두는 것이 아니라, 의도적으로 선택하고 가꾸는 것이다. 정원사가 매일 정원을 돌보듯, 우리도 중요한 관계를 꾸준히 가꾸어야 한다.

4)연구와 교훈

(1)연구

2023년 옥스퍼드대학의 연구에 따르면, AI와의 상호작용이 증가할수록 인간의 '관계 근육'이 약화될 위험이 있다고 한다. 그러나 동시에, AI와의 상호작용을 통해 자기 인식이 높아지면 인간관계에서 공감 능력이 향상될 수 있다는 역설적 결과도 보고되었다.

2024년 스탠포드대학 연구진은 발표한 논문에서 "AI 시대에는 관계 지능Relational Intelligence이 인지 지능보다 더 중요한 경쟁력이 될 것"이라고 예측했다. 이들의 연구에 따르면, 기업들은 이미 AI 기술보다 '인간 중심 기술Human-centered Skills'을 갖춘 인재를 30% 더 높게 평가하고 있다고 한다.

MIT 미디어랩의 장기 연구는 디지털 관계와 물리적 관계가 균형을 이룰 때 개인의 심리적 웰빙이 극대화된다는 사실을 발견했다. 이는 AI와 인간의 관계가 대립이 아닌 보완적 관계로 발전할 가능성을 시사한다.

(2)교훈

"AI 시대에 가장 혁신적인 기술은 깊은 인간관계를 형성하는 능력이다."

디지털 세상에서 우리는 더 많은 연결을 갖지만, 더 적은 관계를 맺고 있다. 관계는 단순한 정보 교환이 아니라, 취약함을 공유하고, 불완전함을 받아들이며, 함께 성장하는 과정이다. AI는 완벽한 대화 파트너처럼 보일 수 있지만, 인간관계의 핵심인 상호 취약성Mutual Vulnerability과 공동 성장Co-evolution의 경험을 제공하지는 못한다.

'관계의 역설'이라는 표현은 단순한 모순이 아니라, 더 높은 차원의 진리를 담고 있다. 연결이 쉬워질수록 관계는 어려워지고, AI가 발전할수록 인간다움은 더 귀해지며, 우리가 외로움을 느낄수록 관계의 가치는 더 선명해진다는 의미다. 달빛이 어둠 속에서 더 빛나듯, 기술의 홍수 속에서 인간의 진정성은 더욱 환히 빛난다.

이 모든 역설 속에서, 우리는 인간이 가진 가장 위대한 것을 재발견한다. 바로 '사랑'이다. 이 사랑은 알고리즘으로 복제될 수 없는, 오직 인간만이 지닌 독보적 능력이다. 오래된 나무가 폭풍 속에서도 굳건히 서 있듯, 진정한 사랑은 디지털 광풍 속에서도 흔들리지 않는 우리의 뿌리다.

　상처받을 용기가 없으면 사랑할 수 없고, 불완전해질 용기가 없으면 성장할 수 없다. 완벽함을 추구하는 AI 시대에, 역설적으로 우리의 불완전함은 치유와 성장의 원천이 된다. 금이 간 그릇에서 빛이 새어나오듯, 우리의 상처와 결함은 서로를 비추는 빛이 된다.

　AI 시대를 항해하는 우리에게 필요한 것은 더 많은 알고리즘이 아니라, 더 깊은 공감이다. 더 빠른 연결이 아니라, 더 의미 있는 관계다. 더 완벽한 답이 아니라, 함께 찾아가는 질문의 여정이다. 이것이 바로 '관계의 역설'이 우리에게 가르쳐주는 깊은 지혜이며, 디지털 시대를 살아가는 우리 모두에게 필요한 치유의 메시지다.

　오늘 밤, 잠들기 전에 스마트폰을 내려놓고, 옆에 있는 사람의 손을 잡아보자. 혹은 오랫동안 연락하지 않았던 친구에게 전화를 걸어보자. 그 순간, 우리는 이 글에서 말하는 '관계의 역설'을 온전히 경험하게 될 것이다.

AI 시대에는 관계적 기술이 더 중요해진다

1) 관계적 기술이 중요해진다는 미래 전망

링크드인LinkedIn 조사

2023-2024년에 걸친 링크드인의 조사 결과에 따르면, 소프트 스킬이 하드 스킬만큼 중요하다고 답한 기업의 비율이 92%에 달했다. 또한 채용 플랫폼 스텝스톤Stepstone은 2023년에 소프트 스킬을 찾는 채용 공고가 2019년 대비 3배가량 증가했다고 발표했다. 이는 기업들이 점점 더 관계적 기술을 중요시하고 있음을 보여주고 있다.

오픈AI CEO 샘 알트만Sam Altman의 미래 전망

생성형 AI '챗GPT'를 개발한 오픈AI의 CEO 샘 알트만은 "AI 기술로 변화하는 세상에 잘 적응해서 살아가는 능력이 그 어떤 특정 기술보다 중요하다"라며 회복탄력성Resilience을 강조했다. 이는 AI 시대에 기술적 능력보다 적응력과 같은 관계적 기술이 더 중요해질 것이라는 인식의 한 단면이다.

맥킨지McKinsey의 연구 보고서

맥킨지의 여러 보고서에서도 AI 시대의 직업 변화와 관련된 예측을 제시하고 있다. 2030년까지 미국 경제 전체에서 현재 일하는 시간의 최대 30%를 차지하는 활동들이 자동화될 수 있다고 전망했다. 또한, 생성형 AI가 STEM, 창의적인 직업, 비즈니스 및 법률 전문가의 작업 방식을 향상시킬 것이라고 예측했다.

2023년 세계경제포럼WEF의 일자리에 관한 미래 보고서

세계경제포럼의 최신 보고서에 따르면, 인공지능AI과 기술혁신으로 2023년부터 2027년까지 5년간 6,900만 개의 새로운 일자리가 창출되고, 8,300만 개의 일자리가 사라진다고 전망했다. 이러한 변화 속에서 향후 5년 동안 모든 직업의 거의 4분의 1이 인공지능과 데이터가 일자리 변화를 주도하면서 녹색 에너지 전환 및 공급망 리쇼어링과 같은 기타 경제 발전의 결과로 변경될 것이라고 예측했다.

2) AI 시대에 더 중요해지는 관계적 기술의 유형

2024년 11월을 기준으로 한 연구 조사에 따르면, AI 시대에는 관계적 기술이 기계적 기술보다 더 중요해진다고 한다. 그 연구는 다음과 같은 5가지가 관계적 기술에 속한다고 했다.

1. 감성지능: AI가 아무리 발달한다고 해도 모호하고 다양한 해석이 가능한 감정의 단서와 변화를 정확히 읽어내고 파악하는 것은 어려울 것이라는 전문가들의 공통적인 견해가 있다. 따라서 감정을 이해하고 다루는 능력은 AI 시대에 인간 고유의 중요한 역량이 될 것이다.

2. 창의적·비판적 사고: AI와 인간의 분업과 협업, 견제에 꼭 필요한 능력으로, 기계가 쉽게 대체할 수 없는 인간 고유의 사고 능력이다.

3. 공감적 커뮤니케이션: AI가 확산될수록 사람은 사람을 대하는 업무에 집중하게 될 것이다. 이에 따라 공감 능력을 바탕으로 한 효과적인 의사소통 능력이 보다 중요해진다.

4. 회복 탄력성: 새로운 경험을 열린 자세로 받아들이기 위해 꼭 필요한 능력이다. 이는 빠르게 변화하는 AI 환경에서 적응하는 데 필수적이다.

5. 성장 마인드셋: 새로운 지식에 대한 호기심, 피드백에 대한 개방성, 실패를 용인하는 태도 등을 포괄하는 개념으로, 지속적인 학습과 적응을 가능하게 한다.

3) 기업의 인식 변화

세계경제포럼의 'Future of Jobs 2023'에 따르면, 5년안에 핵심 기술이 바뀌는 직무 비율이 44%에 달할 것이라는 전망이 나왔다. 또한 기술 컨설팅 기업인 액센추어의 조사에 따르면, 근무 시간의 40%가 AI와의 협업 등 생성형 AI의 영향을 받게 될 전망이다. 주목할 점은 링크드인의 조사에 따르면, 미국 경영진의 72%가 "AI 기술보다 의사소통, 유연성 등 소프트 스킬이 더 중요하다"고 답했다는 것이다. 이는 관계적 기술이 AI 시대에 더 중요한 경쟁력이 될 것이라는 예측을 뒷받침해 준다.

상상을 초월하는 환경에서 소프트 스킬의 경쟁력을 높이기 위해서는 단순히 지식을 습득하는 데 만족해선 안 된다. 행동을 변화시켜야 하기 때문에 지속적인 관찰과 훈련이 필수적이다. 출판 및 고등교육 컨설팅 기업인 와일리의 조사에 따르면, 응답자의 44%가 "소프트 스킬을 유지하기 위해 지속적인 훈련이 필요하다"는 데 동의했다.

AI는 기존 데이터를 학습해 이를 기반으로 다양한 근사값을 도출하는 방식으로 작동한다. 그렇기 때문에 지금까지 한 번도 본 적 없는 완전히 새로운 구조의 답변을 제시하는, 즉 창의력을 발휘하는 데는 한계가 있다. 이것이 바로 'AI 시대의 역설'이라고 할 수 있다. 기술이 고도화될수록 기계가 대체할 수 없는 인간 고유의 소프트 파워, 즉 관계적 기술이 더욱 중요해지는 것이다.

다양한 최신 연구와 산업계 보고서들을 종합해 보자. "AI의 시대는 기계적 기술보다 관계적 기술이 더 중요한 경쟁력이 될 것"이라는 예측이 상당한 근거를 가지고 있음을 알 수 있다. AI가 반복적이고 구조화된 작업을 자동화함에 따라 인간은 창의성, 공감, 협업, 적응력 등 관계적 기술 영역에서 더 큰 가치를 창출하게 될 것이다. 이는 교육, 인재 개발, 채용, 마케팅 등 경영 전 분야에 패러다임 전환을 요구하고 있다.

"09"
존재 부재의 역설

　인생이란 참 묘한 여행이다. 가까운 사람들의 축복 속에 그 여행을 시작하고, 또 다른 그들의 애도속에 그 여행을 마무리한다. 그 여정이 길든 짧든 누구나 기쁨과 환희라는 단비, 슬픔과 분노라는 폭풍우를 만나게 된다. 그 묘한 인생 여행 중에 우리는 단비보다 훨씬 더 가치 있는 보석들을 손에 낄 기회를 잡는다.

　하지만 대부분의 사람들은 손에 쥐고 있는 보석의 빛나는 가치를 알아차리지 못한다. 그것이 손가락 사이로 빠져나간 후에야 비로소 그 아름다움을 깨닫는다. 왜 그 가치를, 그 아름다움을 미처 깨닫지 못하는 것일까? 그것이 마치 산소처럼, 물처럼 항상 함께 존재한다고 생각하기 때문이다

　인간관계에도 산소와 물같은 존재가 있다. 부모, 부부, 형제, 존경하는 상사나 선배, 인생 멘토와 스승 등이 바로 그들이다. 많은 사람들이 산소처럼 늘 함께하는 존재는 그 소중함을 인지하지 못한다. 그

러다 그 존재가 없다고 느끼면 그제서야 비로소 그 가치를 절실히 깨닫는다.

이것이 바로 '존재 부재의 역설'이라는 인생의 아이러니다. 우리 마음의 풍경 속에서 반복되는 이 역설은 행복이라는 정원의 꽃을 피우거나 시들게 하는 결정적 요소가 된다. 익숙함이 가져오는 무감각과 현재의 보물을 알아보지 못하는 인간의 무지는 우리 삶을 어떻게 움직일까? 그리고 우리는 이러한 역설의 매듭을 어떻게 해야 풀어낼 수 있을까?

1)현상

존재 부재의 역설은 삶의 여러 풍경 속에서 다양한 색채로 나타난다. 물리적으로 가까이 있는 산은 그 웅장함을 제대로 보기 어렵듯, 매일 함께하는 가족, 배우자, 동료와의 관계에서 익숙함이라는 안개는 그들의 진정한 모습을 가리기도 한다. 반면에 멀리서 바라보면 산의 윤곽이 선명하게 보이듯, 멀어졌을 때는 오히려 그리움이라는 망원경으로 그들의 소중함을 더 선명히 바라보게 된다.

이러한 현상이 발생하는 이유는 여러 심리적 톱니바퀴가 맞물려 돌아가기 때문이다. 인간의 뇌는 계절의 변화를 잊어버리는 나무처럼 지속적인 자극에 빠르게 적응하여 그것을 평범한 일상의 풍경으로 인식한다. 심리학에서는 이를 '쾌락 적응Hedonic Adaptation' 또는 '행복의 달팽이 효과'라고 한다.

인간은 좋은 상황이 지속되면 그것을 당연한 것으로 여기고, 새로운 자극을 추구하는 경향이 있다. 또한 인간의 마음은 마치 시간 여행자처럼 현재보다 미래나 과거라는 시간의 강을 오가며 더 많은 정신적 에너지를 소비하는 경향이 있다. 인간의 뇌는 꽃보다는 가시에, 햇빛보다는 그림자에 더 민감하게 반응하는 부정성 편향이라는 렌즈를 가지고 있다. 가득 찬 잔보다 빈 부분에 초점을 맞추는 경향이 있어, 이미 곁에 있는 소중한 것들의 가치를 간과하는 것이다.

2)예시

인간 삶의 풍경화 속에서 부모, 배우자, 형제, 뛰어난 업무 능력과 관계 능력을 지닌 직장 동료, 진정한 친구 등은 '산소 같은 존재'다. 대기 중 산소처럼 보이지는 않지만, 생명의 근원이 되는 이들은 우리 삶에 꾸준히 필수적인 영양분을 공급한다. 하지만 그 존재감은 그림자처럼 평소에는 인식되지 잘 안 된다.

대부분의 사람들은 숨이 막히는 듯한 부재의 순간이 와서야 비로소 그들의 존재감을 그리워한다. 이는 인간이 평생 후회라는 무거운 짐을 지고 사는 주요 원인 중 하나다. 또한 선택이라는 갈림길에서 포기한 길의 가치를 즉각적으로 인식하지도 못한다. 시간이라는 스승이 가르쳐준 후에야 기회비용이라는 학비를 실감하게 된다. 다음의 예시처럼 말이다.

뒤늦은 깨달음

겨울이 시작되던 어느 날, 김민구(가명, 42세) 씨는 아버지의 장례식장에 홀로 앉아 있었다. 방금 전까지만 해도 조문객들로 북적이던 빈소는 텅 비어 있었다. 그의 손에는 아버지의 오래된 다이어리가 쥐어져 있었다.

아버지는 생전에 말수가 적으신 분이었다. 민구 씨는 대학 진학 후 서울에 직장을 잡았다. 바쁘다는 핑계로 고향인 경기도 외곽의 작은 마을에 계신 아버지를 일 년에 서너 번 정도 찾아뵈는 게 전부였다. 그마저도 명절이나 생신 같은 특별한 날이었다.

"아들, 잘 지내나? 요즘 바쁜가 보네."

매번 아버지가 보내는 문자메시지에 민구 씨는 대부분 "네, 아버지. 회사 일이 좀 바빠요. 다음에 시간 내서 찾아뵐게요"라고 짧게 답만 했다. 심지어는 답장을 며칠씩 미룬 적도 있었다.

아버지가 갑작스럽게 돌아가셨을 때, 민구 씨는 자신이 얼마나 아버지에 대해 몰랐는지 깨달았다. 빈소에 찾아온 아버지의 지인들은 그가 평생 동안 지역 노인들을 위해 봉사해 왔고, 외로운 이웃들에게 따뜻한 말벗이 되어주었다는 이야기를 들려주었다. 다이어리를 펼치자 예상치 못한 내용도 있었다. 아들이 서울에 올라간 그날부터 아버지는 매일 일기를 써왔다. 거기에는 항상 아들에게 하고 싶었던 말들이 적혀 있었다.

"오늘은 민구가 입사했다고 연락이 왔다. 축하한다는 말 대신 열심히 하라고 했다. 내 아들이 얼마나 자랑스러운지 제대로 표현하지 못했다."

"민구의 생일이다. 전화를 했지만 회의 중이라 받지 못했다. 목소리만이라도 듣고 싶었는데…. 다음에 시간 날 때 다시 걸어오겠지."

일기장 마지막 페이지에는 이런 글이 적혀 있었다.

"요즘은 인공지능 비서가 있다고 한다. 민구에게 물어보니 '아버지도 하나 사드릴까요? 말동무도 되고, 건강 체크도 해준대요'라고 했다. 고맙지만, 난 그저 내 아들의 목소리가 듣고 싶을 뿐인데."

민구 씨의 손에서 다이어리가 스르르 미끄러졌다. 그는 자신의 스마트폰을 바라보았다. 매일 수백 명의 사람들과 관계를 하고 있지만, 정작 가장 소중한 연결은 놓치고 있었다.

빈소 한쪽에는 아버지를 위해 준비한 최신형 AI 스피커가 아직 포장도 뜯지 않은 채 놓여 있었다. 아버지가 돌아가시기 전날 배송되었지만, 이제 아버지는 영원히 그 소리를 들을 수 없게 되었다.

민구 씨는 아버지의 다이어리를 가슴에 안고 흐느꼈다. 그가 놓친 것은 단순한 대화가 아니었다. 그것은 디지털로는 결코 대체할 수 없는, 사람과 사람만이 나눌 수 있는 진정한 교감이었다.

그날 이후, 민구 씨는 매주 주말마다 아버지 친구들을 찾아가 이야기를 듣기 시작했다. 그리고 아버지가 남긴 다이어리를 자신의 어린 딸에게 매일 밤 읽어주었다. 비록 늦었지만, 그는 이제야 진정한 관계의 의미를 깨달았다. 디지털 기기 속 무수한 연결이 결코 한 사람과의 깊은 교감을 대체할 수 없음을. 그리고 진정한 관계는 편리함이 아닌, 시간과 마음을 나누는 불편함 속에서 피어난다는 것을.

3)관계의 역설 솔루션

'존재 부재의 역설'이라는 매듭을 풀기 위해서는 역설이라는 열쇠가 필요하다. 일시적으로 소중한 것들과 거리두기라는 '의도적 부재 연습'을 통해 우리는 그 가치를 재발견할 수 있다. 디지털 디톡스라는 단식, 솔로 여행이라는 고독한 순례, 고요한 명상이라는 내면의 대화 등은 일상이라는 풍경의 소중함을 새롭게 하는 창문이 된다.

때로는 의도적으로 불편함이라는 차가운 물에 몸을 담그면 평소 당연시하던 것들의 가치를 다시 발견할 수 있다. 단기간의 단식, 기기 사용 제한이라는 단절, 익숙한 환경에서 벗어나기라는 모험 등은 일상의 소중함을 일깨우는 알람과 같다. 매일 감사일기를 쓰거나, 명상을 통해 의식적으로 현재에 감사하는 습관은 존재의 가치를 발견하는 데 좋은 나침반이 된다.

바쁜 일상이라는 급류 속에서 의도적인 '멈춤'은 주변의 소중한 것들을 재발견하는 기회가 된다. 그 시작은 5분 휴식, 주변 둘러보기, 깊은 호흡 등 작은 실천만으로도 가능하다. 주변의 귀한 존재들에게 주기적 혹은 예상치 못한 순간에 감사와 사랑과 우정이라는 거름을 주는 것은 관계라는 정원을 가꾸고, 부재의 역설에서 벗어나는 해법이 된다. 그 표현 방법은 작은 메모나 편지, 진심 어린 대화, 의미 있는 선물 등 매우 다양하다.

표면적 대화라는 얕은 물을 넘어 진정한 교감이라는 심해로 나아가는 대화의 시간을 만드는 것도 좋은 방법이다. 관계라는 깊은 바다의 가치를 제대로 인식하는 역할을 하기 때문이다. 삶의 의미, 꿈, 두려움 등에 대한 깊은 대화는 관계라는 끈을 단단히 조여준다.

4)연구 및 교훈

(1)연구

심리학 이론에 따르면, 인간은 익숙한 것에 대해 '쾌락 적응'이라는 색바램을 경험한다고 한다. 이는 진화적으로 생존에 유리했던 특성이다. 우리의 뇌는 새로운 위험이나 기회라는 신호에 더 민감하게 반응하고 에너지를 소모하도록 설계되었다. 반면에 안정적인 것들에 대해서는 주의를 덜 기울여 에너지를 덜 소모하게 설계되었다. 하버드대학의 '행복 연구'에서는 지속적인 감사 표현과 현재 순간에 집중하는 마음 챙김을 훈련하는 것이 행복감을 유의미하게 증가시킨다고 결론지었다.

(2) 교훈

"소중한 존재는 부재라는 어둠이 내려앉을 때 비로소 그 가치라는 별빛이 선명히 드러난다. 의식적인 감사라는 촛불과 현재 집중이라는 망원경을 통해 '있을 때 잘하는' 지혜라는 보물을 키워야 한다."

인간은 본능적으로 익숙함에 무감각해지는 달팽이와 같다. 하지만 의도적인 노력을 기울이면, 산소 같은 존재들의 가치를 인식하고 감사를 표할 수 있다. '존재 부재의 역설'은 우리에게 다음과 같이 중요한 교훈을 준다.

첫째, 현재 순간에 충실하는 것의 중요성이다. 지금 이 순간이 다시 오지 않을 유일한 시간이라는 것을 인식할 때, 우리는 더 깊이 현재라는 바다를 경험할 수 있다.

둘째, 현재에 감사하는 것의 중요성이다. 현재에 감사하면, 지금 당장 행복이라는 감정을 직접적으로 느낄 수 있다.

셋째, 관계라는 보물 지도의 가치를 재평가할 수 있다. 진정한 연결과 소통이라는 금실이 삶이라는 천에 수놓아진 핵심 무늬임을 기억할 수 있다.

'존재 부재의 역설'은 우리 삶의 필연적인 동반자. 하지만 이를 인식하는 지도와 적극적으로 대응하는 나침반을 가질 때, 우리는 더 충만한 항해를 즐길 수 있다.

매일 아침 눈을 뜨면 함께하는 사람들, 함께할 수 있는 것에 10초간 감사를 해보자. 일상의 루틴이라는 물결 속에서 특별한 순간이라는 진주를 발견하고, 기록하는 습관을 들여보자. 찬란한 하늘의 색깔, 커피 한 잔의 향기, 누군가의 웃음소리 등 일상의 작은 기쁨에 주목해 보자. 그러기 위해서는 먼저 연습이 필요하다.

"있을 때 잘하라"는 오래된 격언은 단순한 조언이 아닌, 인간 심리에 대한 깊은 통찰을 담고 있다. 지금 이 시간, 곁에 있는 산소 같은 존재들의 가치를 인식해 보라. 그들에게 진심 어린 감사와 애정이라는 선물을 표현할 때도 바로 지금 이 순간이다. 그런 때를 아는 지혜야말로 '존재 부재의 역설'이라는 미로를 극복하고, 더 깊은 만족과 행복이라는 꽃밭을 경험하게 해줄 것이다.

성공은 운이 아니다?
그런데 운이다

"성공했다고? 그게 다 네 실력이야?"라고 누군가 묻는다면 뭐라고 답하겠는가? "아니, 사실 그냥 운이 좋았어"라고 말하면 거짓 겸손처럼 들릴 테고, "내 노력과 실력으로 이룬 거야"라고 말하면 교만하게 들릴지도 모른다. 사실 두 대답 모두 틀렸다.

인생이란 거친 바다에서 우리는 열심히 노를 젓는다. 하지만 바람 방향과 조류 흐름은 우리 손에 있지 않다. 아무리 뛰어난 항해사라도 그저 폭풍 앞에서는 한없이 작은 존재일 뿐이다. 그러나 역설적으로, 폭풍이 지나간 뒤 살아남는 것은 준비된 배뿐이다. 바다가 모든 배를 같은 곳으로 데려가지는 않는다. 중요한 것은 돛을 어떻게 조정하느냐다.

"운이 성공의 전부는 아니다, 그런데 전부다."

이 역설적인 문장이 담고 있는 불편한 진실을 한 번 들여다보자.

1) 현상

성공이라는 빛나는 별은 운이라는 밤하늘과 노력이라는 망원경이 만날 때 비로소 보인다. 성공의 대부분, 아니 99%가 운에 좌우된다. 이 현상은 보이지 않는 바람이 모래성을 만들고, 무너뜨리는 것과 같다. 우리가 보는 것은 모래성이지만, 실제로 그 형태를 결정하는 것은 바람이다.

영화 '기생충'의 감독 봉준호는 그 이전에도 뛰어난 실력을 갖고 있었다. 하지만 그의 작품이 전 세계의 주목을 받은 타이밍은 그의 통제 밖이었다. 만약 한류가 없었다면 어떻게 됐을까? 그의 작품이 다른 해에 출품되었다면 어떻게 됐을까? 그의 재능은 변함없었겠지만, 결과는 달랐을 수도 있다. 이는 훌륭한 씨앗도 적절한 토양, 기후, 물, 햇빛이 만나야만 꽃을 피울 수 있는 것과 같다.

유명 스타트업 창업자 이모 씨는 10년간 세 번의 창업 실패 후 네 번째 시도에서 대성공을 거뒀다. 그는 인터뷰에서 "이전 실패들에서 배운 교훈이 성공의 밑거름이 됐다"고 말했다. 하지만 깊이 들여다보면 다른 이야기가 보인다. 쓰러진 나무만이 바람의 방향을 알 수 있듯, 실패한 자만이 운의 중요성을 절실히 깨닫는다.

그의 네 번째 창업은 코로나19 이후 비대면 비즈니스가 급성장하는 물결을 정확히 올라탔고, 친밀한 관계로 지내던 투자자의 전폭적인 지원이 있었다. 같은 아이디어라도 2년 전이었다면 아마 또 다른 실패 사례로 기록됐을지도 모른다.

세상은 열심히 노력하는 사람들로 가득하다. 하지만 그중 성공하는 이들은 극소수다. 수많은 등산가들이 에베레스트를 오르지만, 정상에 도달하는 이들은 매우 적다. 최고의 등산 기술뿐 아니라 날씨라는 운까지 함께해야 비로소 도달할 수 있다. 갑자기 눈보라가 몰아치면 아무리 뛰어난 등반가도 산기슭에서 멈추고 등반을 포기하게 된다.

2)예시

성공을 가능케 했던 빌 게이츠의 우연

빌 게이츠의 성공은 흔히 그의 천재성과 사업 감각으로 설명된다. 그러나 그의 성공 뒤에는 우연이라는 강력한 바람이 있었다. 게이츠에게는 당시 미국 고등학생 중 극소수만이 접근할 수 있었던, 고가의 컴퓨터 시스템을 갖춘 학교에 다니는 행운이 있었다. 그의 모교인 레이크사이드 고등학교는 대부분의 대학조차 컴퓨터를 갖추지 못했던 1968년에 컴퓨터 클럽을 운영했다.

더 놀라운 우연은 그의 어머니가 IBM 이사회의 일원이었던 존 오펠과 같은 자선단체에서 활동했다는 점이다. 이 인연은 후에 마이크로소프트가 IBM과 운영체제 계약을 따내는 데 결정적인 역할을 했다. 게이츠가 아무리 똑똑했어도 이런 행운들이 없었다면 그는 성공에 도달하지 못했을지도 모른다.

인생은 카드 게임과 같다. 운은 어떤 카드가 돌아올지 결정하지만, 성공은 그 카드를 어떻게 활용할지에 달려 있다.

이경규, 우연한 성공 뒤의 끊임없는 노력

방송인 이경규는 45년간 연예계의 대부라는 평판을 얻고 있다. 하지만 그에게 결정적 전환점은 어느 날 갑자기 '에바 더 딩고'라는 억지 개그가 우연히 성공한 것이었다. 그는 스스로도 "그건 계획된 개그가 아니었다"고 고백했다. 방송 중 우연히 튀어나온 말장난이 국민 유행어가 되었고, 그의 인기와 방송 활동에 큰 변화를 가져왔다.

그러나 이경규가 수십 년간 팬들의 사랑을 받을 수 있었던 것은 단순히 운 때문이 아니었다. '몰래 카메라', '남자의 자격', '도시 어부' 등 끊임없이 새로운 프로그램 개발에 도전하는 자세와 지치지 않는 노력이 그의 진짜 무기였다. 특히 그의 아이디어 원천은 독서에 있었다. "책을 많이 읽으면 인생이 읽힌다"라는 그의 좌우명은 변화하는 시대 속에서도 관객의 마음을 읽는 통찰력을 키워 주었다. 이경규의 사례는 우연한 기회가 문을 열어주더라도, 그 문을 통과해 오랫동안 살아남는 것은 끊임없는 도전과 노력, 그리고 운과 균형을 유지하는 삶의 지혜에서 비롯된다는 것을 보여준다.

운은 초대받은 손님처럼 준비된 집에만 방문한다. 아무리 좋은 운도 준비되지 않은 사람 앞에서는 그저 지나가는 바람일 뿐이다.

3)관계의 역설 솔루션

성공의 대부분이 운에 좌우된다는 현실을 인정한다면, 우리는 어떻게 이 역설적 상황에 접근해야 할까?

첫째, 노력에 대해 재정의를 한다. 노력의 목적을 '성공의 보장'이 아닌 '운을 만날 준비'로 전환하는 것이다. 이는 복권에 당첨되기 위해 복권을 구매하는 것과 같다. 행운이 찾아올 때 그것을 잡을 수 있는 상태가 되어야 한다는 뜻이다.

둘째, 기회 노출 최대화 전략을 채택한다. 다양한 경험, 네트워킹,

새로운 시도를 통해 행운이 찾아올 확률을 높이는 것이다. 이는 낚시꾼이 한 곳이아닌 여러 곳에 낚싯대를 드리워 물고기를 잡을 확률을 높이는 것과 같다.

셋째, 회복탄력성을 배양한다. 운이 좋지 않을 때도 포기하지 않고 다시 일어설 수 있는 내적 강인함을 키우는 것이다. 이는 폭풍우가 지나간 후에도 여전히 건재하게 서 있는 유연한 대나무와 같은 자세를 말한다. 바다가 잔잔하면 항해사의 실력은 드러나지 않는다. 인생의 풍랑이 거셀수록 당신의 진정한 가치가 빛난다.

넷째, 성공의 기회를 포착하기 위해선 '양안시兩眼視'의 지혜가 필요하다. 한쪽 눈은 망원경처럼 멀리 내다보며 시대의 큰 흐름과 변화를 읽어내고, 다른 한쪽 눈은 현미경처럼 가까이에서 세부적인 기회와 위험 신호를 포착해야 한다. 천문학자가 밤하늘의 별을 관찰하듯 세상의 변화를 읽고, 보석상이 다이아몬드의 가치를 판별하듯 기회의 가치를 식별하는 두 개의 눈이 필요하다.

다섯째, 창의적 우연성을 키워야 한다. 이는 예상치 못한 상황에서도 기회를 발견하는 능력을 말한다. 마치 요리사가 실수로 넣은 재료에서 새로운 맛을 발견하고 메뉴를 개발하는 것처럼, 계획에 없던 상황에서도 새로운 가능성을 발견하는 유연함이 필요하다.

여섯째, 인연의 네트워크를 확장한다. 성공의 열쇠는 종종 예상치 못한 인연에서 온다. 거미줄을 여러 방향으로 펼쳐 놓아야 더 많은 먹이를 포착하듯, 다양한 관계망을 구축해야 운명의 기회를 더 많이 만날 수 있다. 이때 유념해야 할 게 있다. 그 관계망들 중 일부와는 친밀한 관계를 유지해야 한다는 것이다.

4)연구와 교훈

(1)연구

성공과 운의 상관관계

이탈리아 트렌토대학의 알레산드로 플라니니와 연구팀은 2022년 발표한 연구에서 컴퓨터 시뮬레이션을 통해 성공 요인을 분석했다. 그들은 동일한 재능을 가지고 노력을 한 가상의 인물들이 서로 다른 환경과 우연적 요소에 노출되었을 때의 결과를 추적했다. 연구 결과, 가장 성공한 사람들은 대부분 평균 이상의 재능을 가지고 '매우 운이 좋았던' 집단에 속한 사람들이었다. 반면에 최상위 0.1%의 재능을 가진 사람들 중 상당수는 운이 나빠 평균 이하의 성공을 거두었다. 이 연구는 재능의 중요성을 부정하지는 않았지만, 성공에서 운이 차지하는 비중이 약 83%에 달한다는 충격적인 결론을 제시했다.

혁신과 우연의 역할

스탠포드대학의 크리스티안 부크오니는 2024년 발표한 연구에서 노벨상 수상자들의 주요 발견 과정을 분석했다. 그는 노벨상 수상자 108명의 자서전과 인터뷰를 검토한 결과, 약 72%의 중요 발견이 당초 연구 목표와 달리 '우연한 발견'이었음을 밝혀냈다. 페니실린, X선, 전자파, 발기부전 치료제, 콜롬부스의 신대륙 발견 등 인류 역사를 바꾼 발견들의 상당수가 계획된 결과가 아닌 우연과 오류, 그리고 그것을 알아볼 수 있는 준비된 마음의 결합이었다. 이 연구는 혁신적 성공에서 우연의 중요성을 정량적으로 보여주었다. 위대한 발견은 준비된 마음이 우연과 만나는 순간에 태어난다.

(2) 교훈

"성공에서 운의 역할을 인정하는 것은 '겸손과 감사의 문을 여는 열쇠'이다."

성공의 99%가 운이라는 사실을 받아들이면, 우리는 남들의 실패를 우월한 위치에서 판단하지 않게 된다. 우리는 인생이란 카지노에서 같은 게임을 하고 있을 뿐이다. 그리고 누구는 운이 좋게 연속해서 블랙잭을 받고, 누구는 아무리 머리를 굴려도 버스트만 당할 뿐이다. 따라서 성공한 이들이 가져야 할 마음가짐은 '나는 운이 좋았을 뿐'이라는 겸손함이며, 실패한 이들이 기억해야 할 진실은 '그건 네 잘못이 아니야'라는 위로다.

운명이 준 카드는 바꿀 수 없지만, 그 카드로 어떤 게임을 할지는 당신의 선택이다. 운을 인정하는 마음은 감사의 정원에 꽃을 피운다. 매일 아침 눈을 뜨는 것조차 운이 아닌가? 숨쉴 수 있는 건강한 폐, 움직일 수 있는 사지, 사랑하는 사람들, 이 모든 것은 우연히 내게 주어진 선물이다. 이런 작은 행운들에 감사하는 마음은 거대한 성공보다 더 지속적인 행복을 가져다 준다.

넘어진 자리에서 보이는 하늘은 서 있을 때보다 더 넓다. 지금의 좌절은 더 큰 비상을 위한 준비일 뿐이다. 성공과 실패의 비밀을 파헤친 지금, 우리는 인생의 여정에서 실패의 의미를 새롭게 바라볼 수 있다. 실패는 단지 운이 없었던 순간일 뿐, 당신의 가치나 능력을 정의하지 않는다. 땅속 깊이 심어진 씨앗이 겨울을 견디고 봄이 와야 싹을 틔우듯, 당신의 노력도 때가 올 때까지 기다리고 있을 뿐이다. 중요한 것은 그 씨앗을 포기하지 않고 계속 물을 주는 일이다.

성공의 99%가 운이라는 사실을 받아들이면, 그 순간 묘한 해방감이 찾아온다. 마치 무거운 짐을 내려놓은 것처럼 어깨가 가벼워진다. 결과에 목숨 걸고 허우적대던 수영장에서 빠져나와, 이제 물 위에 편안히 떠 있을 수 있게 된다.

인생에서 가장 큰 실패는 넘어지는 것이 아니라 다시 일어나지 않는 것이다. 당신이 지금 느끼는 좌절과 실패감은 앞으로 더 큰 성공을 위한 자양분이 될 것이다. 어두운 터널의 끝에는 반드시 빛이 있다. 지금 당신이 느끼는 어둠은 더 밝은 빛을 만나기 위한 과정일 뿐이다.

운명이라는 거친 바다에서 우리는 파도의 방향을 결정할 수는 없다. 하지만 그 파도를 어떻게 타고 즐길지는 우리의 선택이다. 서핑보드 위에서 균형을 잡고, 파도와 함께 춤추는 법을 배우는 것. 그것이 바로 운과 노력 사이에서 균형 잡힌 삶의 역설적 지혜이다.

실패했다고? 아니 단지 운이 없었을 뿐이다. 상처받을 필요도 없다. 다음 파도가 올 때까지 힘을 비축하라. 성공했다고? 그것 역시 운이었음을 잊지 마라. 교만해질 이유가 없다. 대신 그 행운을 다른 이들과 나눠라.

결국 우리 삶은 성공이나 실패로 정의되지 않는다. 우리가 얼마나 진실되게 살았는지, 얼마나 깊이 사랑했는지, 얼마나 너그럽게 나누었는지로 기억될 뿐이다. 운명의 변덕스러운 바람 속에서도 자신의 중심을 잃지 않고, 타인의 불운에 손을 내밀 수 있는 사람. 그런 사람이야말로 진정한 인생의 승자가 아닐까?

　삶이란, 결국 우연과 필연이 서로를 껴안고 추는 춤사위와 같다. 우리는 그 춤의 리듬을 완전히 통제할 수는 없지만, 음악을 느끼고 몸을 맡기는 법은 배울 수 있다. 때로는 그렇게 흐름에 몸을 맡길 때, 가장 아름다운 춤이 탄생한다.

　당신의 여정은 아직 끝나지 않았다. 이제 막, 시작점을 통과했을 뿐이다. 운과 노력의 절묘한 춤이 계속되는 한, 당신의 성공 스토리는 언제든 새롭게 쓰여질 수 있다.

AI 시대,
내 인생에 관계의 기적을

연일 뉴스에서는 AI가 우리의 일자리를 빼앗고, 인간의 창의성을 대체하고, 사회 구조를 근본적으로 뒤흔들 것이라 경고한다. 스마트폰을 스크롤할 때마다 그 불안은 마치 어둠 속 그림자처럼 우리의 마음을 잠식해 간다. '내 직업은 안전할까?', '내 아이들은 어떤 세상을 살게 될까?', '나는 이 변화에 적응할 수 있을까?'라는 질문들이 마음을 무겁게 짓누른다.

그러나 이 두려움의 실체를 들여다보면, 우리는 흥미로운 진실을 발견하게 된다. 역사적으로 모든 기술혁명은 처음에는 공포의 대상이었다. 하지만 결국 인류에게 더 넓은 가능성의 문을 열어주었다. 증기기관, 전기, 인터넷 등 모두가 처음에는 두려움의 대상이었다.

그리고 지금, AI라는 새로운 물결 앞에서 우리는 또 다시 선택의 기로에 서 있다. 두려움에 떨 것인가, 아니면 이 물결을 타고 전에 없던 기적의 여정을 시작할 것인가?

1)현상: AI 시대의 역설적 현상들

AI는 마치 양날의 검과 같다. 한편으로는 자동화를 통해 일자리를 대체하고, 다른 한편으로는 역설적으로 인간적인 가치를 일깨운다. AI 챗봇이 고객 응대를 처리하면서 상담사들은 오히려 더 복잡한 감정과 필요를 가진 사람들에게 깊이 있는 도움을 줄 수 있게 되었다. 겨울의 추위가 생명체의 내면에 숨겨진 따뜻함을 일깨우듯, AI의 차가운 효율성은 역설적으로 우리 안의 가장 따뜻한 인간성을 일깨우고 있다.

이 현상은 삶의 모든 영역으로 확산하고 있다. 의사들은 AI가 질병을 진단하는 동안 환자의 이야기에 더 귀 기울일 시간을 얻었고, 교사들은 AI가 기본 평가를 하는 동안 학생 개개인의 창의성을 북돋울 여유를 찾았다. 우리가 두려워했던 것과 달리 AI는 인간성을 빼앗아 가지 않았다. 오히려 AI가 대체할 수 없는, 인간만이 가진 본질적 가치를 다시 발견하게 해주고 있다. "당신은 기계가 할 수 없는 무엇을 할 수 있는가?"라는 질문은 더 이상 위협이 아니다. 이는 AI 시대를 맞아 내 인생의 기적을 만드는 시작점이 될 것이기 때문이다.

2)예시: 삶을 변화시킨 작은 기적들

불면증으로 고생하던 김 작가는 매일 밤 AI와 함께 시를 썼다. AI는 그의 문장을 완성하지 않았다. 대신 "당신이 정말 하고 싶은 이야기는 무엇인가요?"라는 질문을 던졌다. 석 달 후, 그는 첫 시집을 출간했다. 책 이름은 《나를 찾는 밤의 대화》였다.

콜센터 상담원으로 일하던 정 씨는 AI 도입으로 일자리가 감소한다는 소식에 불안했다. 하지만 AI를 적으로 만드는 대신 동반자로 삼기로 했다. AI가 단순 문의를 처리하는 동안, 그는 복잡한 고객 감정을 다루는 '감성 상담 전문가'로 변신했다. 회사는 그의 새로운 접근법에 주목했고, 이제 그는 AI-인간 협업 모델을 가르치는 트레이너가 되었다. "AI가 내 일을 빼앗은 것이 아니라, 내가 진짜 잘하는 일을 발견하게 해준 거예요." 그의 월급은 30% 올랐고, 더 중요한 것은 매일 아침 출근길이 설레는 일이 되었다는 점이다.

회계사 박 씨는 세무 신고 업무의 80%가 AI로 대체되는 것을 목격했다. 처음에는 공포에 휩싸였지만, 그녀는 전략을 바꿨다. AI 도구를 마스터하고, 이를 활용해 중소기업에 단순 세무 신고를 넘어 재무 컨설팅을 제공하기 시작했다. "AI가 숫자를 다루는 동안, 나는 사람의 꿈을 다루게 되었어요." 그녀의 클라이언트들은 이제 세금 절약을 넘어 미래를 설계하는 조언을 받고 있다.

3)관계의 역설 솔루션

AI 시대에는 다음과 같은 구체적인 실천 방법을 통해 누구나 인생의 기적을 경험할 수 있다.

첫째, 기술적 수용과 인간적 차별화를 실천하자. AI가 잘하는 일 데이터 분석, 패턴 인식, 반복 작업은 AI에게 과감히 맡기고, 인간만이 잘할 수 있는 영역 공감, 창의적 문제 해결, 윤리적 판단에 집중하는 것이다. 매일 30분, AI 도구로 반복 업무를 자동화한 후, 그 시간에 사람들과 직접 소통하는 습관을 들여보자.

둘째, 디지털 몰입과 디지털 단절의 균형을 찾아라. 하루 중 특정 시간은 AI와 협업하여 생산성을 높이고, 다른 시간은 완전한 디지털 단절을 통해 자신만의 사고를 발전시키는 것이다. 스마트폰 타이머를 설정해 'AI 협업 시간'과 '내면 성찰 시간'을 구분해보자.

셋째, 지식 소비자에서 지식 큐레이터로 전환하라. AI는 무한한 정보를 생성하지만, 그 정보의 가치와 의미를 판단하는 것은 인간의 몫이다. 매주 한 가지 주제에 대해 AI의 도움을 받아 정보를 수집한 후, 당신만의 관점으로 재해석해 주변 사람들과 공유해보자. 이것이야말로 미래에 가치 있는 기술이다.

넷째, 기술적 도약과 인간적 뿌리내림의 조화를 이루어라. AI가 우리를 미래로 빠르게 이끄는 동안, 우리의 정체성과 본질은 과거와 현재에 단단히 뿌리내려야 한다. 거센 바람 속에서도 흔들리지 않는 오래된 느티나무처럼, 기술의 급류에 휩쓸리지 않으려면 자신만의 가치관이라는 뿌리가 필요하다. 매일 아침 5분, 자신에게 가장 소중한 가치 세 가지를 되새기고, AI가 제공하는 모든 정보와 기회를 그 가치의 렌즈로 필터링해 보자.

다섯째, 수동적 응답에서 능동적 질문으로 진화하라. AI는 답변을 제공하는 데 탁월하지만, 의미 있는 질문을 던지는 것은 인간의 영역이다. 빛나는 답변보다 때로는 깊은 질문이 더 큰 가치를 지닌다. 이는 땅속 깊은 곳에서 물을 끌어올리는 우물과도 같다. 매주 한 번, AI에게 묻기 전에 스스로에게 '이 문제의 본질은 무엇인가?'라는 질문을 던져보자. 이 과정에서 AI도 생각하지 못한 독창적 통찰을 발견할 것이다.

여섯째, 정보의 바다에 지혜의 섬을 건설하라. AI가 제공하는 무한한 정보의 바다에서 표류하지 않으려면, 자신만의 지혜의 섬을 건설해야 한다. 정보는 단순한 사실의 집합이지만, 지혜는 그것을 삶에 적용하는 능력이다. 매월 하나의 주제를 선택해 AI로부터 얻은 정보를 실제 삶에 적용해보고, 그 경험을 일기에 기록해 보자. 시간이 지나면 당신만의 고유한 경험과 지혜로 이루어진 아름다운 섬이 형성될 것이며, 이는 어떤 AI도 복제할 수 없는 당신만의 가치가 될 것이다.

4)연구와 교훈

(1)연구

2024년 스탠포드대학의 연구에 따르면, AI를 일상에 통합한 사람들 중 78%가 자신의 핵심 가치와 더 일치하는 삶을 살게 되었다고 답했다. 특히 주목할 점은 AI를 '도구'가 아닌 '동반자'로 인식한 그룹에서 삶의 만족도가 42% 더 높게 나타났다는 것이다.

하버드 비즈니스 스쿨의 최근 조사는 AI를 활용한 직장인들이 평균 4.3시간의 시간을 확보했으며, 이 중 68%는 이 시간을 가족과의 관계 개선이나 오랫동안 미뤄왔던 취미 활동에 투자했다고 밝혔다. 기술이 인간성을 말라붙게 하는 것이 아니라, 오히려 가장 인간다운 부분에 물을 주는 역할을 한 것이다.

(2)교훈

"당신은 기계가 할 수 없는 무엇을 할 수 있는가?"

AI 시대의 기적은 기술 그 자체가 아니다. 그것이 우리에게 돌려주는 시간과 공간, 그리고 그 안에서 우리가 선택하는 행동에서 기적이 일어난다. 기술을 통해 가장 인간적인 가치를 찾아내는 역설적 지혜가 진정한 기적의 씨앗이다.

지금 이 순간, 당신의 내면 깊은 곳에서는 이미 기적의 씨앗이 움트고 있다. 그 씨앗은 두려움을 견디며 더 강해졌고, 이제 빛을 향해 뻗어나갈 준비가 되어 있다. AI의 물결은 우리에게 위협이 아닌, 우리 삶의 가장 소중한 부분을 되찾아주는 선물이다. 당신이 꿈꿔왔지만 시간이 없어 미뤄두었던 그 열정, 그 관계, 그 창의성에 날개를 달아줄 시간이 마침내 당신 앞에 펼쳐져 있다.

빠르게 변화하는 세상 속에서 당신은 두 가지 선택을 할 수 있다. 변화를 두려워하며 과거에 집착할 수도 있고, 이 변화의 물결을 타고 전에 없던 높이로 비상할 수도 있다. 역사는 언제나 후자를 선택한 사람들의 이야기로 쓰여졌다.

당신의 손과 마음에는 누구도 빼앗을 수 없는 독특한 빛이 있다. AI는 그저 그 빛이 더 환하게 빛날 수 있도록 불필요한 그림자를 걷어내는 역할을 할 뿐이다. 인류 역사상 지금처럼 개인의 목소리가 강력했던 적이 있었을까? 지금처럼 평범한 사람들이 전 세계를 무대로 자신의 창의성을 펼칠 수 있었던 시대가 있었을까?

오늘, 바로 지금 이 순간부터 당신의 이야기를 새롭게 써나가라. 첫걸음은 작아도 좋다. AI 도구 하나를 배우는 것으로 시작해도 좋고, 기계에게 맡길 일과 당신만이 할 수 있는 일의 목록을 작성하는 것으로 시작해도 좋다. 중요한 것은 두려움을 넘어 첫발을 내딛는 용기다.

기억하라. 당신은 과거의 생존자가 아니라 미래의 개척자다. 당신의 가치는 당신이 무엇을 아는가가 아니라, 당신이 누구인가에 있다. 그리고 AI 시대는 그 어느 때보다도 진정한 당신을 발견하고, 표현할 수 있는 황금기가 될 것이다. 당신 인생의 가장 찬란한 장은 아직 쓰여지지 않았다. 그리고 그 펜은 바로 당신 손에 들려 있다.

3장

내 인생을 바꿔줄
소통의 역설

소통에 관한 오해와 착각, 그리고

1) '말을 많이 할수록 소통을 잘한다'라는 오해

(1) 정설적 가치

자신의 생각과 감정을 충분히 표현하는 것은 소통의 기본 요소이다. 사람들은 많은 정보를 전달하면 오해의 여지를 줄일 수 있다고 여긴다.

(2) 역설적 가치

진정한 소통은 말의 양보다 질에 있다. 마치 요리에서 재료의 양보다 조화가 중요하듯, 소통에서도 많은 말보다 적절한 말이 더 가치 있다. 때로는 강물이 흐르기 위해 비워둬야 하는 공간처럼, 말 사이의 여백은 상대방의 생각이 흐를 수 있는 공간을 만든다.

(3) 실천 사례

끊임없이 말하던 한 경영자가 '의도적 침묵'을 실천하기 시작했다. 그는 자신의 말이 마치 빽빽한 나무로 가득 찬 숲처럼 다른 사람들의 아이디어가 자랄 공간을 빼앗고 있었음을 깨달았다. 침묵의 공간을 허용하자 팀원들의 목소리가 마치 봄꽃처럼 피어나기 시작했고, 회의실은 다양한 생각이 공존하는 풍요로운 생태계로 변화했다.

2) '질문이 많을수록 소통이 잘 된다'라는 오해

(1) 정설적 가치

질문은 관심의 표현이며, 정보를 얻는 중요한 도구다. 많은 질문을 통해 상황을 더 명확하게 이해할 수 있다.

(2) 역설적 가치

질문의 양보다 질문의 질과 타이밍이 더 중요하다. 심리학에서 말하는 '안전한 공간'은 끊임없는 질문이 아닌, 이해와 수용의 분위기에서 만들어진다. 너무 많은 질문은 마치 강한 조명 아래 놓인 듯 상대방을 불편하게 만들 수 있다.

(3) 실천 사례

한 심리 상담사는 내담자에게 쏟아내던 질문을 줄이자 '공감적 침묵'의 힘을 발견했다. 그녀는 '가장 깊은 대화는 때때로 질문 없이도 이루어진다'는 통찰을 얻었다. 이는 씨앗이 스스로 싹틀 수 있도록 적절한 환경만 제공하는 정원사의 지혜와 같았다. 내담자들은 더 이상 답을 찾아야 한다는 압박 없이, 자신의 내면을 탐색할 수 있는 자유를 느꼈다.

3) '침묵은 금이다'라는 선입견

(1) 정설적 가치

적절한 침묵은 상대방에 대한 존중과 경청의 표현이다. 또한 자신의 감정을 다스리고, 더 신중한 대응을 가능하게 한다.

(2) 역설적 가치

침묵이 항상 최선은 아니다. 음악에서 쉼표가 중요하지만 소리가 없다면 곡이 성립하지 않듯이, 소통에서도 침묵과 표현의 균형이 필요하다. 심리학자 칼 융은 "억압된 감정은 결코 죽지 않는다"고 했다. 때로 침묵은 치유가 아닌 상처를 줄 수 있다.

관련 연구에 따르면, 문화권에 따라 침묵의 의미가 크게 달랐다. 일부 문화권에서는 침묵이 존중의 표시로 여겨졌지만, 어떤 문화권에서는 무시로 간주되었다.

- **존중의 표시:** 동아시아(한국, 중국, 일본), 스칸디나비아권(노르웨이, 스웨덴, 핀란드), 아프리카(마사이족, 룰루족)
- **무시의 표시:** 서구권(미국, 캐나다, 이탈리아 등), 서아시아권(사우디아라비아, 이란 등)

개인 간의 경우도 마찬가지다. 침묵이 성향과 상황에 따라 존중 모드나 무시 모드가 된다. 과묵한 사람에게는 침묵 모드로, 다변인 사람에게는 대화의 30%를 넘지 않도록 하는 '7030의 법칙'과 같은 대화의 기술을 발휘해야 한다.

(3)실천 사례

한 직장인은 오랫동안 불합리한 상황에 침묵했다. 그의 마음속에는 말하지 않은 생각들이 마치 압력솥처럼 쌓여 갔다. 그가 마침내 자신의 목소리를 찾았을 때, 그것은 마치 오랫동안 잠겨 있던 문이 열리는 것 같았다. 그의 건설적인 의견 표현은 조직에 신선한 바람을 불어넣었고, 그 자신에게는 새로운 자유를 가져다 주었다.

4) '가는 말이 고와야 오는 말이 곱다'는 선입견

(1)정설적 가치

존중과 예의를 갖춘 대화는 상대의 긍정적인 반응을 이끌어내고, 건강한 관계 형성에 도움이 된다.

(2)역설적 가치

진정성 없는 '고운 말'은 당분이 많은 음식처럼 순간적으로는 달콤하지만 영양가는 적다. 심리학적으로 우리는 진정성 없는 소통을 직감적으로 알아챈다. 때로는 울퉁불퉁한 거친 돌이 가공된 매끈한 자갈보다 더 가치가 있다. 덕담과 칭찬, 아부라는 소통 방식을 예로 들어보자.

덕담이란 '상대에게 듣기 좋은 말', '상대가 잘되기를 빌어주는 말'이다. "새해 복많이 받으세요", "좋은 주말되세요"와 같은 말이 대표적이다. 칭찬은 '다른 사람의 좋고 훌륭한 점을 높이 평가하는 것'을, 아부는 '남의 마음에 들려고 비위를 맞추면서 알랑거리는 것'을 말한다.

단기적으로는 《벌거벗은 임금님》의 이야기처럼 아부가 가장 효과가 좋다. 그러나 시간이 지날수록 칭찬의 효과가 가장 좋게 나타난다. "아부는 짧고 칭찬은 길다"는 말이 괜히 있는 것이 아니다. 문제는 내가 무심코 던진 말 한마디, 작은 행동 하나하나에 진정성이 있느냐, 없느냐를 상대방이 판단한다는 것이다.

(3) 실천 사례

한 부부 관계 전문가는 '정중한 정직함'이라는 개념을 가르친다. 이는 마치 영양가 있는 음식을 맛있게 조리하는 것과 같다. 진실이라는 영양소를 존중이라는 조리법으로 전달하는 것이다. 이 방식을 통해 많은 부부들이 표면적으로만 좋았던 관계에서 벗어나 진정한 친밀감을 경험했다.

5) '내 의견은 항상 객관적'이라는 착각

(1) 정설적 가치

객관성을 추구하는 것은 합리적인 소통의 기반이다. 감정보다 사실과 논리에 기반한 의견이 더 설득력을 가진다고 여긴다.

(2) 역설적 가치

완전한 객관성이란 신화에 가깝다. 우리의 모든 판단과 의견은 자신의 경험, 가치관, 문화적 배경을 통해 필터링된다. 심리학에서 말하는 '확증 편향'처럼, 우리는 자신의 기존 신념을 지지하는 정보를 더 쉽게 받아들인다. 진정한 지혜는 자신의 주관성을 인정하고, 마치 안개 속에서 길을 찾듯 다양한 관점을 통해 더 넓은 시야를 확보하는 데 있다.

(3) 실천 사례

한 팀장은 자신의 의견이 항상 '논리적이고 객관적'이라고 확신했다. 하지만 다양성 워크숍에 참가한 후, 그는 자신의 판단이 자신의 배경과 경험에 의해 형성되었다는 것을 깨달았다. 그는 색안경을 벗듯 자신의 관점이 단지 여러 관점 중 하나라는 것을 받아들이기 시작했다. 이후 팀 회의에서 "이것은 내 관점이지만…"이라는 표현을 사용하며 다른 시각을 적극적으로 초대하자, 팀의 창의성과 포용성은 크게 향상되었다.

6) '굳이 말하지 않아도 서로 잘 통한다'는 착각

(1) 정설적 가치

깊은 관계에서는 비언어적 소통과 암묵적 이해가 발달한다. 말 없이도 서로를 이해하는 것은 친밀감의 표현으로 여겨진다.

(2) 역설적 가치

심리학자들은 '마음 이론'의 한계를 지적한다. 우리는 타인의 생각을 정확히 읽을 수 없다. 두 사람이 같은 바다를 보더라도 각자 다른 파도에 주목하듯, 같은 상황에서도 사람마다 다른 의미를 만든다. 말하지 않은 기대는 마치 보이지 않는 함정처럼 관계에 위험을 초래한다.

(3) 실천 사례

20년 전 결혼한 한 부부는 서로 너무 잘 알기 때문에 많은 대화가 필요없다고 생각했다. 그러나 위기를 겪은 후, 그들은 진심 어린 대화 시간을 정기적으로 가지기 시작했다. 그들은 오래된 지도를 업데이트하듯, 서로의 생각과 감정을 나누었다. 그들은 "20년 동안 알고 지냈지만, 매일 새롭게 알아가는 과정"이라고 이를 표현했다. 이 과정은 현재까지도 그들의 관계에 새로운 활력과 깊이를 더해주고 있다.

7) '항상 대화를 주도해야 한다'는 집착

(1) 정설적 가치

대화를 이끄는 능력은 리더십과 자신감의 표현으로 인식된다. 명확한 방향 제시는 효율적인 소통에 도움이 된다. 그러나 모든 현안에 올바른 방향을 제시할 수 있는 리더는 이 세상에 존재하지 않는다.

(2) 역설적 가치

진정한 소통은 독백이 아닌 교향곡과 같다. 심리학적으로 '상호 조율'은 모든 참여자가 때로는 이끌고 때로는 따를 때, 가장 효과적으로 이루어진다. 항상 주도하려는 욕구는 마치 춤에서 파트너에게 공간을 내주지 않는 것과 같아, 두 사람 모두의 경험을 제한한다.

(3) 실천 사례

한 성공한 사업가는 모든 회의와 대화를 지배하는 스타일로 유명했다. 코칭을 받은 후, 그는 의도적으로 '주도권 내려놓기'를 실천하기 시작했다. 독주자가 아닌 오케스트라 지휘자처럼, 그는 각자의 소리가 조화롭게 어우러질 수 있도록 여지를 만들었다. 그 결과, 팀의 창의성이 폭발적으로 증가했고, 그는 "내가 덜 말할수록 우리는 더 많은 것을 성취한다"는 놀라운 교훈을 얻었다.

8) '진실을 말하는 것이 소통에서 가장 중요하다'는 집착

(1) 정설적 가치

정직함과 진실성은 건강한 관계의 기반이다. 진실을 말하는 것은 상대방에 대한 존중이며, 신뢰 구축의 필수 요소다.

(2) 역설적 가치

진실이라는 칼은 치유할 수도, 상처를 줄 수도 있다. 심리학에 '건설적 진실성'이라는 개념이 있다. 무엇을, 언제, 어떻게 말할지에 대한 지혜. 모든 생각을 여과 없이 표현하는 것은 댐을 폭파시켜 방류하는 것과 같아 때로는 파괴적일 수 있다.

(3) 실천 사례

한 커뮤니케이션 전문가는 '진실의 세 가지 문' 원칙을 가르친다. '진실의 세 가지 문'이란 '이것이 진실인가?', '이것이 필요한가?', '이것이 친절한가?'를 말한다. 그녀의 지도를 받은 한 관리자가 팀원에게 피드백을 할 때 이 원칙을 적용했다. 그는 진실을 말하되, 마치 정원사가 식물을 키우듯 상대의 성장을 돕는 방법을 선택한 것이다. '말을 많이 해야 할까, 적게 해야 할까?', '진실만을 추구해야 할까, 배려도 필요할까?'와 같은 질문들은 정답이 없는 균형의 문을 두드리는 것과 같다.

9)힐링과 치유의 메시지

소통의 여러 역설을 마주하면 때로는 혼란스러울 수 있다. 그러나 이러한 역설은 양면이 있는 동전처럼, 우리에게 더 풍요로운 소통의 가능성을 열어준다. 완벽한 소통자가 되려고 계속 배우고 성장하는 것이 중요하다.

당신은 세상에 자기 목소리를 낼 필요가 있다. 그러나 당신의 침묵, 경청, 존중과 배려, 유연성 또한 나름의 가치가 있다. 마치 강물이 때로는 빠르게, 때로는 천천히 흐르며 자신의 길을 찾아가듯, 당신도 각각의 상황에 맞는 소통의 리듬을 찾아야 한다. 그리고 이러한 소통의 역설을 수용할 때, 우리는 더 깊고 풍요로운 인간관계의 세계로 들어갈 수 있다.

역설적 소통의 본질과 삶의 지혜

우리는 소통을 통해 서로를 이해하고 가까워진다고 믿는다. 하지만 역설적이게도, 더 많은 대화가 오히려 더 큰 오해를 낳고, 진심 어린 솔직함이 관계의 걸림돌로 작용하기도 한다. 관계를 탄탄하게 하려는 소통의 노력이 오히려 그 관계를 약화시키기도 하는데, 이 또한 '소통의 역설'의 일부이다. 이 단락에서는 소통의 역설적 본질을 탐구하고, 이를 통해 더 깊은 인간관계의 지혜를 발견하고자 한다.

1) 현상

소통의 역설은 이미 우리의 일상 곳곳에 스며들어 있다. 오히려 진심 어린 조언이 상처가 되고, 친밀함을 위한 노력이 부담으로 다가오며, 더 많은 연결 수단이 오히려 더 깊은 고립감을 부른다. 디지털 시대 우리 사회의 아이러니한 모습들이 아닐 수 없다.

소통의 역설이 던지는 화두는 '말의 나침반이 항상 이해라는 북극을 가리키지는 않는다'는 것이다. 소통은 관계를 가꾸는 도구지만, 때로는 관계를 죽이는 칼도 된다. 소통은 말과 언어라는 배를 타고 오가는 단순한 여행이 아니다. 감정이라는 바다, 맥락이라는 조류, 서로 다른 관점이라는 섬들을 넘나드는 복잡한 여정이다.

현대 사회에서는 디지털 기술이라는 다리가 우리를 그 어느 때보다 많이 연결하고 있다. 하지만 역설적으로 외로움과 고독이라는 섬에 더 많은 사람들을 고립시키고 있는 것도 현실이다. 메시지는 더 많이 오가지만, 진정한 이해가 이루어지지 않는 현상이 곳곳에서 목격되고 있다.

2) 예시

진실함을 담은 피드백이 오히려 불화를 부를 때

친구가 잘되기를 바라는 마음에 그의 문제점을 솔직하게 지적했다가 오히려 관계가 악화된 경험을 한 사람이 있을 것이다. 이런 경우 진실이라는 씨앗을 뿌렸지만, 상처라는 가시밭이 돼버린 것이다. 이는 상대를 위한다는 진심이 언제나 좋은 관계를 가져오지는 않는다는 것을 깨닫게 한다. 때로는 이와 같은 진실함이 관계의 터전을 쓸어버릴 수도 있다는 것을 보여준다.

지나친 소통이 오히려 부담으로 작용할 때

연인 사이에 서로의 일과를 지나치게 공유하다 보면 피로감을 느끼는 상황이 발생한다. 친밀함이라는 꽃을 피우려다 관계라는 토양을 황폐화시키는 것이다. 소통은 향신료와 같다. 적절히 사용하면 관계라는 음식을 더 맛있게 하지만, 지나치면 본연의 맛을 해칠 수 있다.

침묵이 더 큰 메시지를 전달할 때

팀 회의 중 한 직원이 침묵을 유지했는데, 이것이 의견의 부재가 아니라 강한 반대의 표현이었음이 나중에 드러나는 경우가 있다. 침묵은 때로는 천 마디 말보다 더 무거운 언어가 될 수 있다. 이 보이지 않는 언어를 읽어내는 것이 진정한 소통의 본질이자, 삶의 지혜라 할 수 있다.

디지털 소통의 함정

지나치게 간결한 채팅 메시지 때문에 심심치 않게 오해가 발생한다. 디지털이라는 렌즈가 의도와 뉘앙스를 왜곡시키는 것이다. 디지털 소통은 감정이라는 색채가 쉽게 탈색되는 캔버스와 같다. 이 빈 공간을 어떻게 채울지 항상 고민해야 한다.

3)소통의 역설 솔루션: 소통의 역설에서 찾는 삶의 지혜

소통의 역설을 통해 얻는 삶의 지혜는 우리의 일상적 생각과 반대되는 곳에서 빛을 발한다. 어둠이 있어야 빛의 가치를 알 수 있듯이, 소통의 모순적 측면을 받아들일 때 더 깊은 연결의 문이 열린다.

현대인의 삶에서 소통은 역설적 양면성을 지닌다. 소통 도구는 넘쳐나지만 진정한 교감은 줄어들고, 정보는 풍부해졌지만 이해의 깊이는 얕아지는 모순적 상황이 펼쳐지고 있다. 이러한 역설 속에서 어떻게 지혜를 찾을 수 있을까?

첫째, '의도적 단절'의 지혜다. 끊임없이 소통하다가 의도적으로 끊는 행위는 역설적으로 더 깊은 연결을 가능하게 한다. 매일 2시간씩 '디지털 디톡스'를 한 사람들의 대인관계 만족도가 53%나 높아졌다는 연구는 이 역설을 증명한다. 음악에서 쉼표가 소리의 아름다움을 완성하듯, 소통의 단절은 관계의 풍요로움을 완성한다.

둘째, '공감적 비대칭'의 지혜다. 상대방의 말을 70% 들어주고 자신은 30%만 말하는 이 비대칭적 소통 방식은 놀랍게도 대화의 깊이를 두 배 이상 높인다. 심리학자 칼 로저스가 말했듯, 들어주는 행위는 말하는 것보다 더 큰 힘을 가진다.

셋째, '창조적 오해'의 활용이다. 완벽한 소통을 추구하기보다 때로는 오해의 여지를 남기는 것이 더 풍요로운 관계를 만든다. 철학자 한스 게오르그 가다머는 "이해의 과정에서 오해는 필수적 요소"라고 주장했다. 말과 말 사이의 공백은 상상력과 창조적 해석의 여지를 남긴다. 이는 수묵화에서 여백이 그림을 완성하는 것과 같다.

소통의 역설은 관계를 한 차원 높이는 열쇠가 된다. 때로는 말하지 않음으로써 더 많은 것을 표현하고, 들음으로써 더 큰 영향력을 발휘하며, 완벽한 이해보다 창조적 오해가 관계의 깊이를 더할 수 있다.

4)연구와 교훈

(1)연구

2023년 하버드대학교의 한 연구팀은 2,500명의 참가자를 대상으로 5년간 종단 연구를 진행했다. 연구 결과, 의도적 침묵과 간접 소통을 활용한 집단이 직접적 소통만 사용한 집단보다 갈등 해결률이 37% 높고, 관계 만족도가 42% 증가했다고 한다.

또한 2024년 옥스퍼드대학과 도쿄대학의 공동 연구진이 4개국 7,800명을 대상으로 한 '디지털 시대의 역설적 친밀감' 연구에서는 ①'역설적 친밀감 곡선 Paradoxical Intimacy Curve' 증명, ②디지털 소통의 빈도와 심리적 친밀감 사이의 비선형적 관계 발견. 메시지 교환 빈도와 친밀감이 일정 임계점(하루 평균 23회)까지는 비례하지만, 그 이상에서는 오히려 감소, ③'디지털 절제 Digital Moderation'를 실천한 그룹에서 관계 회복력이 62% 향상이라는 정량적 연구 결과가 나왔다. 또한 이 연구진은 정성적 연구를 통해 초연결 시대에 역설적 소통 전략이 중요하다는 것도 과학적으로 입증했다.

(2)교훈

"진정한 소통의 지혜는 말의 양이 아닌, 침묵과 표현 사이의 심리적 균형점을 찾는 예술이다."

우리는 흔히 더 많은 말, 더 빠른 소통, 더 직접적인 표현이 항상 더 나은 이해로 이어진다고 믿는다. 하지만 심리학적 연구와 일상의 경험은 이러한 선형적 관계가 환상임을 보여준다. 소통은 단순한 정보 전달의 기술이 아니라, 언어와 침묵, 직접성과 간접성, 가까움과 거리두기 사이에서 미묘한 균형을 찾아가는 섬세한 예술이다.

소통의 역설은 우리에게 대화의 미로 속에서 길을 찾는 지혜가 담긴 새로운 지도를 제공한다. 때로는 말하지 않음으로써 더 많은 것을 말할 수 있고, 거리를 둠으로써 더 가까워질 수 있다는 역설적 지혜를 담고 있다. 이러한 지혜는 직선적인 소통의 한계를 넘어, 인간관계의 깊은 층위를 탐색하는 나침반이 된다. 더 많은 말이 아닌, 더 깊은 이해를 추구하는 소통 방식은 현대 사회의 단절과 오해를 해소하는 중요한 열쇠가 될 수 있다.

결국 진정한 소통은 말의 바다를 항해하는 기술이 아니라, 서로의 세계를 존중하며 함께 걷는 여정이다. 이 여정에서 우리는 때로는 침묵이라는 작은 배를, 때로는 공감이라는 넓은 배를 타고 서로를 향해 나아간다. 소통의 역설이 우리에게 가르쳐주는 메시지는, 말의 여백 속에서 진정한 이해의 꽃을 발견하는 방법이다.

소통의 역설로
인생을 바꾼 사람들

　우리는 끊임없는 소통의 홍수 속에 살고 있다. 하지만 역설적이게도, 이 끝없는 말의 바다에서 우리는 외로움의 섬에 갇혀 있다. 지금 필요한 것은 더 많은 소통이 아닌, 다른 주파수의 소통이다. 소통의 역설은 우리가 당연시하던 모든 공식을 뒤집는 순간, 그 진가를 드러낸다.

　침묵은 때로는 천둥소리보다 크게 귀청을 울리고, 한 번의 의미 있는 행동은 때로는 백 권의 책보다 강렬한 메시지가 된다. 이때 한쪽 귀로 듣고 다른 쪽 귀로 흘려버리는 대화가 아닌, 온몸의 감각으로 상대를 느끼는 경청은 진정한 소통의 시작점이 된다.

　인생을 변화시킨 이들은 마법같은 이 역설을 체득해 삶의 지혜로 만든 사람들이다. 돈과 권력의 힘에 기대어 단순히 목소리를 높인 것이 아니라, 소통의 본질을 삶의 지혜로 만들어 자신 뿐 아니라, 주변 사람들의 삶에도 지각변동을 일으킨 사람들이다. 소통의 역설은 단순한 기술이 아니다. 존재의 깊은 층위를 변화시키는 연금술이며, 우리의 DNA까지 재구성해 인생을 바꾸는 기적을 만들 강력한 솔루션이다.

1)현상: 소통의 역설과 그 인식

소통의 역설은 말의 홍수 속에서 침묵의 가치를, 빠른 응답보다 깊은 이해의 중요성을, 화려한 언변보다 진실된 행동의 힘을 재발견하는 여정이다. 우리 뇌는 이미 이 역설을 알고 있다. 신경과학 연구에 따르면, 인간 소통의 93%는 비언어적 요소로 이루어진다. 하지만 우리의 의식은 이를 무시한 채 말의 바벨탑을 쌓는 데 혈안이 되어 있다. 자신의 목소리가 세상을 움직이는 유일한 지렛대라고 믿는 나르시즘적 착각에 빠져 있는 것이다.

세계의 리더십 조사에서 드러난 충격적인 연구 조사의 결과를 한번 보자. "리더의 87%가 자기 부서는 소통이 잘 되고 있다"라고 답했다. 하지만 직원들은 단 23%만 이에 동의했다. 이 결과는 소통에 대한 우리의 근본적인 오해를 적나라하게 보여준다.

소통의 역설을 실천하는 여정은 거울의 세계로 들어가는 것과 같다. 모든 것이 반대로 작동하는 곳에서 우리는 '말함으로써 소통한다'는 기존 공식을 뒤집고, '듣고, 느끼고, 행동함으로써 소통한다'는 새로운 공식을 발견한다. 이 여정을 시작한 사람들은 종종 인생이 180도 바뀌는 놀라운 경험을 하게 된다. 그것은 밤하늘의 별자리를 보다가 갑자기 별들 사이의 빈 공간에서 새로운 패턴을 발견하는 순간과도 같다.

2) 예시: 인생을 변화시키는 소통의 역설

침묵의 힘을 보여준 법정 스님

법정 스님의 삶은 '말하지 않음으로써 더 많은 것을 말하는' 역설의 완벽한 체현이었다. 1975년 위암 수술 후 그가 선택한 강원도 산골의 '오두막'은 사회와의 단절이 아닌, 더 깊은 차원의 소통을 위한 공명실이었다. 세상의 소음에서 벗어나 침묵의 중심에 자리 잡은 그는, 역설적으로 그 어느 때보다 강력한 목소리를 갖게 되었다.

《무소유》라는 그의 메시지는 소유에 중독된 사회를 향한 큰 외침이었다. 이 책이 지닌 강력한 설득력은 말의 화려함이 아닌, 실천의 진정성에서 비롯됐다. 사람들은 그의 글에서 자신의 내면 깊숙이 억압된 물질주의에 대한 회의를 발견하고 공감했다. 저작권료를 사회에 환원하고, 최소한의 물건으로 살아가는 그의 모습은 말보다 강력한 메시지였다.

법정 스님은 "침묵이 곧 말이다"라는 역설적 진리를 몸소 보여주었다. 음악에서 쉼표가 없으면 멜로디가 성립되지 않듯, 소통에서 침묵은 단순한 빈 공간이 아닌 의미를 생성하는 근원이었다. 그가 보여준 '비움의 소통'은 현대 사회가 지닌 '채움의 강박'에 대한 강력한 해독제가 되었다.

한 마디 말의 폭발력을 보여준 이건희 회장

삼성 이건희 회장은 '침묵의 카리스마'와 '한 마디의 폭발력'이라는 역설적 소통을 체현한 인물이다. 그의 침묵은 단순히 말의 부재가 아닌, 숙고와 관찰의 시간이었다. 심리학자들이 말하는 '전략적 침묵

Strategic Silence'을 경영 전략으로 승화시킨 그는, 말을 아낀 후 던진 한 마디로 큰 진폭을 가져왔다.

1993년 프랑크푸르트에서 던진 "마누라와 자식 빼고 다 바꿔라"라는 일갈은 소통의 역설이 작동한 완벽한 순간이었다. 그전까지의 길고 깊은 침묵이 한 문장의 폭발력을 극대화시킨 것이다. 그의 침묵은 발언의 무게를 더하는 심리적 레버리지로 작용했다. 그 결과, 삼성은 DNA를 재구성해 초일류 기업으로 변신할 수 있었다.

그의 또 다른 명언으로 "샌드위치는 가운데가 중요하다"는 조직 소통의 본질을 꿰뚫는 통찰이었다. 이는 샌드위치 맛이 중간 속재료에 의해 결정되듯, 조직의 소통 효율성은 중간 관리자의 메시지 전달 능력에 달려 있다는 깊은 이해를 드러낸다.

이건희의 소통은 벡터Vector와 같았다. 방향과 크기를 동시에 가진 그의 메시지는 때로는 직설적인 화살처럼, 때로는 은유적인 곡선을 그리며 조직의 심장부를 정확히 관통했다. 그러나 그의 소통이 강력했던 진정한 이유를 꼽으라면 그건 말과 행동의 일치였다.

대중과 노래로 소통하기 위해 낮과 밤을 거꾸로 산 가수, 송창식

송창식의 음악적 여정은 소통의 역설을 완벽하게 보여주는 사례다. 그는 대중과 더 깊이 소통하기 위해 역설적으로 대중의 일상에서 벗어나 밤을 낮으로 살았다. 1970년대부터 한국 음악계를 이끌어온 송창식은 '고래사냥', '피리 부는 사나이'와 같은 명곡을 통해 시대의 아픔과 희망을 노래했다.

그의 소통 방식은 독특했다. 대중의 마음에 와닿는 노래를 만들기 위해 그는 일상 생활 패턴을 뒤집었다. 밤이 깊어질수록 그의 창작력은 더욱 빛났고, 모두가 잠든 시간에 가장 선명한 메시지를 만들어냈다. 이는 대중문화의 속도와 소음에서 벗어나, 고요함 속에서 더 큰 울림을 찾는 역설적 접근이었다.

송창식의 음악은 화려한 기교나 복잡한 편곡보다는 단순하고 직관적인 멜로디와 가사로 이루어져 있다. 그러나 이 단순함 속에는 깊은 통찰이 담겨 있다. "가는 세월 붙잡지 말고 오는 세월 반기지 마라"와 같은 가사는 말의 경제성이 가진 힘을 보여준다. 많은 말보다 적은 말이, 현란한 기교보다 단순한 진실이 더 깊이 소통할 수 있음을 그는 자신의 음악으로 증명했다.

특히 그의 거친 목소리는 역설적으로 더 큰 친밀감을 낳았다. 기술적으로 완벽한 발성이 아님에도 그의 목소리에는 삶의 진정성이 담겨 있었고, 이것이 대중과의 정서적 연결을 더욱 강화했다. 송창식은 '완벽함'의 통념을 뒤집고, '불완전함'이 오히려 더 강력한 소통의 도구가 될 수 있음을 보여주었다. 낮과 밤이 바뀐 그의 생활은 단순한 습관이 아니라 철학이었다. 모두가 따르는 길에서 벗어나 자신만의 리듬을 찾은 그는 대중과의 소통에서 독보적인 존재가 되었다.

3)소통의 역설 솔루션: 소통의 깊이를 더하는 방법

(1)전략적 침묵의 실천: 깊이 있는 경청의 힘

침묵은 단순한 말의 부재가 아닌 적극적인 소통의 도구다. 법정 스님이 보여준 '비움의 소통'처럼, 전략적 침묵은 상대의 말을 온전히 받아들이는 그릇이 된다. 깊은 경청은 다음과 같은 방식으로 실천할 수 있다.

- **3초 룰 적용하기:** 상대방의 말이 끝난 후 최소 3초간 침묵하며, 그 말의 의미를 충분히 흡수한다. 이 짧은 순간의 여백이 대화의 깊이를 크게 높인다.

- **신체적 현존감 보여주기:** 눈맞춤, 고개 끄덕임 등 비언어적 신호를 통해 '당신의 말에 온전히 집중하고 있다'는 메시지를 전한다. 이런 현존감은 때때로 말보다 강하다.

- **질문으로 확장하기:** 상대의 말이 끝난 후 "그것에 대해 더 말해주시겠어요?"라는 간단한 요청으로 대화의 깊이를 더한다. 이는 '내가 진정으로 당신의 생각에 관심이 있다'는 가장 강력한 신호다.

(2) 핵심 메시지의 농축: 적은 말로 큰 울림 만들기

현대 사회는 정보 과잉 시대로, 메시지의 양보다 밀도가 더 중요해졌다. 이건희 회장의 "마누라와 자식 빼고 다 바꿔라"처럼 핵심을 찌르는 한 문장이 장황한 연설보다 더 큰 변화를 이끌어낼 수 있다.

- **메시지 증류하기:** 전달하려는 내용을 한 문장으로 압축하는 연습을 한다. 송창식의 "가는 세월 붙잡지 말고 오는 세월 반기지 마라"처럼, 삶의 복잡한 진리를 단순하고 명확한 문장으로 표현하면 그 울림이 커진다.

·침묵의 레버리지 활용하기: 평소에 말을 아끼던 사람의 한 마디는 항상 말을 많이 하던 사람의 수십 마디보다 무게감이 있다. 이것이 바로 '침묵의 레버리지 효과'다.

·비유와 은유 활용하기: 이건희 회장의 "샌드위치는 가운데가 중요하다"처럼, 복잡한 개념을 단순한 비유로 전달하면 이해도와 기억력이 크게 높아진다.

(3) 행동의 언어: 말보다 강력한 메시지

진정한 소통의 역설은 "말보다 행동이 더 크게 말한다"는 진리에 있다. 법정 스님이 무소유를 실천함으로써 물질주의에 강력한 메시지를 전달했듯이, 행동은 가장 설득력 있는 소통 수단이다.

·일관성의 힘 구축하기: 말과 행동의 일치는 신뢰의 기반이 된다. 작은 약속부터 철저히 지키는 습관은 시간이 지남에 따라 당신의 말에 특별한 무게를 부여한다.

·상징적 행동 설계하기: 때로는 하나의 상징적 행동이 천 마디 말보다 효과적이다. 중요한 변화나 결정을 알릴 때는 그에 걸맞은 상징적 행동을 함께 계획해 보라.

·침묵 속 행동의 힘 키우기: 선언이나 공표 없이 조용히 실천하면, 주변에 미치는 영향력이 오히려 더 커진다. 이것이 바로 '침묵 속 행

동'의 역설이다.

(4) 리듬의 역설: 주류와 다른 흐름 만들기

송창식이 대중과 더 깊이 소통하기 위해 역설적으로 밤을 낮처럼 살았듯이, 때로는 주류와 다른 리듬을 찾는 것이 소통의 깊이를 더한다.

- **창조적 공간 확보하기:** 일상의 소음에서 벗어나 자신만의 창조적 공간과 시간을 확보한다. 이 '다른 리듬'이 당신의 메시지에 독특한 관점과 깊이를 더해준다.

- **역발상의 소통 시도하기:** 모두가 소리치는 상황에서는 오히려 속삭임이, 모두가 서두르는 상황에서는 느림이 더 주목을 받을 수 있다. 이런 역발상적 접근이 소통의 효과를 극대화한다.

- **타이밍의 예술 익히기:** 때로는 언제 말하지 않을지 아는 것이 언제 말할지 아는 것보다 중요하다. 완벽한 타이밍은 메시지의 영향력을 배가시킨다.

(5) 불완전함의 미학: 취약성이 만드는 연결

송창식의 거친 목소리가 오히려 더 큰 친밀감을 낳았듯이, 완벽함보다 진정성 있는 불완전함이 더 깊은 소통을 가능하게 한다.

·계산된 취약성 보여주기: 적절한 순간에 자신의 약점이나 실수를 인정하면 인간적인 연결을 강화할 수 있다. 이런 '계산된 취약성'은 신뢰 구축의 지름길이 된다.

·완벽주의의 함정 벗어나기: 메시지의 완벽함보다 진정성에 집중할 때, 오히려 더 강력한 공감과 연결이 일어난다. 때로는 실수와 불완전함이 인간적 매력을 더하는 요소가 된다.

·공감의 다리 놓기: 상대의 감정에 진심으로 공감하는 순간, 그 어떤 논리적 설득보다 강력한 소통이 이루어진다. "나도 그런 경험이 있어요"라는 한 마디가 수십 분의 조언보다 효과적일 수 있다.

이러한 소통의 역설 솔루션들은 단순한 기술이 아닌, 존재의 깊은 층위를 변화시키는 연금술이다. 소통의 본질을 삶의 지혜로 승화시킬 때, 우리는 자신뿐 아니라 주변 사람들의 삶에도 긍정적인 지각변동을 일으킬 수 있다.

4)연구와 교훈

(1)연구 : 전략적 침묵의 긍정적 영향에 대한 분석

2024년 도쿄대학교 사회심리학과 나카무라 켄지 교수팀은 '전략적 침묵과 인간관계 발전'을 주제로 다양한 문화권의 커플 850쌍과 동료 관계인 1,100쌍을 대상으로, 소통 중 의도적 침묵이 관계의 깊이에 미치는 영향을 분석했다. 연구 결과, 대화 중 30% 이상 '의미 있는 침묵'을 활용한 관계에서 갈등 해결률이 42%나 높았고, 상호 만족도는 5점 만점 기준 평균 3.7점으로 증가했다. 특히 갈등 상황에서 즉각적 반응 대신 침묵을 선택한 경우, 장기적 관계 지속 확률이 65% 향상됐다.

정성적 연구 결과 '말하지 않음으로써 더 많이 말하는 역설'을 확인할 수 있었다. 대부분이 침묵은 단순한 무반응이 아닌 '적극적 경청의 표현'이자 '상대에 대한 존중'의 의미라고 응답했다. 이를 통해 연구팀은 '현대 사회의 끊임없는 소통 압박 속에서 의도적 침묵은 오히려 더 깊은 이해와 연결을 가능케 하는 역설적 도구'라고 결론지었다.

(2)교훈

"진정한 소통은 말을 더하는 것이 아니라, 불필요한 것을 비워낼 때 시작된다."

소통의 역설은 익숙한 방식을 뒤집어 생각하라고 말한다. 때로는 침묵이, 때로는 행동이, 때로는 경청이 더 강력한 소통 수단이 된다. 소통의 역설을 실천한 인물들은 모두 자신만의 방식으로 기존의 틀을 깨고, 새로운 소통의 길을 열었다.

그들은 목소리의 크기가 아닌 메시지의 진정성으로, 말의 양이 아닌 행동의 일관성으로 세상과 소통했다. 모두가 외치는 시대에 침묵할 줄 알고, 모두가 말하는 시대에 들을 줄 알며, 모두가 보여주기 바쁜 시대에 진정성 있게 행동할 때, 우리는 인생을 바꾸는 역설적 소통의 힘을 경험할 수 있을 것이다.

오늘날 우리는 소통의 바벨탑이 무너지는 시대에 살고 있다. 언어는 넘쳐나지만 의미는 희석되고, 연결은 증가하지만 유대는 약화되는 시대를 살고 있다. 이런 시대적 아이러니 속에서 우리에게 필요한 것은 소통의 양적 팽창이 아닌 질적 변환이다.

법정 스님의 침묵의 웅변, 이건희 회장의 전략적 한 마디, 송창식의 역설적 접근 모두 소통의 역설이 가진 힘을 보여준다. 이들은 소통의 심층 문법을 이해하고, 그것을 자신만의 방식으로 재해석한 소통의 연금술사들이었다.

거울처럼 모든 것이 반대로 보이는 세계에서, 우리는 익숙함의 껍질을 벗고 새로운 관점을 발견해야 한다. 세상이 소리치라고 할 때 침묵하고, 모두가 말할 때 듣고, 보여주기 바쁜 시대에 진정성 있게 행동할 때, 우리는 비로소 소통의 중력장을 벗어나 자유로운 영향력의 궤도에 오르게 된다. 이 역설적 여정은 파도처럼 밀려오는 말의 홍수에 저항하는 것이 아니라, 그 흐름을 읽고 파도 위에 서는 법을 배우는 과정이다.

소통의 역설은 단순한 처방이 아닌, 끊임없는 자기 성찰과 용기 있는 실천을 요구하는 평생의 수행이다. 그러나 그 여정의 끝에는, 마치 나비효과처럼 작은 변화가 거대한 파장을 만들어내는, 인생을 바꾸는 강력한 변혁의 순간이 기다리고 있다.

내 인생을 바꿔줄
소통의 역설

당신은 누군가의 말을 온전히 들어준 적이 있는가? 있다면 언제인가? 말의 바다에서 헤엄치며 자신의 목소리만 높이느라 지친 우리에게, 소통의 역설은 조용히 손짓한다. 우리는 침묵이 때로는 천 마디 말보다 깊은 울림을 주고, 백 번의 주장보다 듣는 것이 강한 설득력을 갖는 신비로운 세계를 살고 있다. 가요 속의 이름 모를 소녀가 고요한 연못에 나뭇잎을 띄워 놓고 쓸쓸히 바라보다 말없이 떠나가듯, 가장 강렬한 교감은 종종 말의 부재 속에서 일어난다.

소통의 역설은 바로 이것이다. '더 말하고 싶을 때 침묵하고, 가르치고 싶을 때 배우며, 옳다고 주장하고 싶을 때 이해하는 것'. 이 역설적 지혜를 품은 이들의 삶은 깊은 강물처럼 겉으로는 고요하고 잔잔하지만, 그 안에는 삶을 변화시키는 강력한 힘이 있다. 당신도 이 소통의 역설을 품는 순간, 인생의 물줄기가 전혀 다른 방향으로 흐르기 시작할 것이다.

1)현상

우리는 말의 홍수 속에 살고 있다. 끊임없이 쏟아지는 메시지, 알림, 소셜미디어의 댓글, 회의실을 가득 채우는 발언들. 하지만 역설적이게도 소통이 넘쳐나는 이 시대에 많은 이들은 그 어느 때보다 외롭고 단절되어 있다. 진정한 소통의 부재가 만연한 것이다.

말하기를 가르치는 학원은 넘쳐나지만, 듣기를 가르치는 곳은 찾아보기 힘들다. 자신의 의견을 관철시키는 방법은 수없이 공유되지만, 타인의 생각에 귀 기울이는 법은 소홀히 여겨진다. 더 많이 말할수록 오히려 진정한 소통에서 멀어지는 현상, 이것이야말로 우리 시대 소통의 역설이 아닐 수 없다.

이러한 소통의 역설은 우리 일상 곳곳에 스며들어 있다. 가정이라는 같은 공간에 있으면서도 우리는 각자 스마트폰만 들여다보며 진정한 대화를 나누지 못한다. 직장에서는 회의가 끝없이 이어지지만 결론은 희미하다. 사회적으로는 SNS에 자신의 생각을 쏟아내지만, 정작 상대방의 마음은 이해하지 못한다. 말은 넘쳐나지만 이해는 부족한, 이것이 오늘날 우리가 마주한 소통의 역설적 현실이다.

2)예시

침묵의 리더십으로 세계를 변화시킨 넬슨 만델라
"내가 배운 가장 강력한 무기는 침묵의 대화다."

27년간의 감옥 생활 동안, 넬슨 만델라는 말이 아닌 침묵의 언어를 체득했다. 그가 석방된 후 남아프리카공화국의 첫 흑인 대통령이 되었을 때, 많은 이들은 그가 복수와 분노의 연설을 할 것이라 예상했다. 하지만 만델라가 선택한 것은 폭풍 같은 말의 홍수가 아닌, 고요한 화해의 빗방울이었다.

한 회의에서, 분노에 찬 젊은 활동가가 그에게 격렬한 항의를 퍼부었을 때, 만델라는 단 한 마디도 반박하지 않았다. 그는 젊은이의 눈을 바라보며 온전히 경청했다. 그 침묵의 무게는 방 안의 모든 이들을 압도했고, 젊은이의 분노는 마치 태양 아래 눈이 녹듯 서서히 사그라들었다.

"당신의 말을 다 들었습니다. 이제 함께 해결책을 찾아볼까요?"

이 짧은 한 마디는 27년간의 감옥 생활보다 더 강력한 설득력을 가졌다. 만델라는 소통의 역설을 체화한 인물이었다. 그는 말은 전장에서 승리하는 대신, 침묵의 정원에서 화해의 꽃을 피웠고, 그것으로 한 국가의 운명을 바꾸었다.

경청의 마법으로 대중을 사로잡은 유재석의 비밀

"나는 말 잘하는 MC가 아니라, 잘 듣는 MC가 되고 싶었다."

대한민국 최고의 MC 유재석이 한 인터뷰에서 밝힌 말이다. 방송계 최고의 자리에 오른 그의 비결은 역설적이게도 '말 잘함'이 아닌 '잘 들음'에 있었다. 데뷔 초기, 그는 자신의 재치와 말솜씨로 승부하려 했지만 빛을 보지 못했다. 전환점은 한 선배의 조언이었다.

"네가 빛나려면, 상대방을 빛나게 해."

이후 유재석은 게스트의 웃음을 이끌어내는 데 집중했다. 그는 상대방의 말 속에 숨겨진 보석을 찾아내는 '경청의 고고학자'가 되었다. 말을 더듬는 게스트 앞에서는 먼저 침묵했고, 긴장한 게스트에게는 기다림의 선물을 주었다.

"저는 프로그램의 주인공이 아닙니다. 제 역할은 게스트가 빛날 수 있도록 돕는 거울이 되는 것뿐이죠."

유재석의 이 철학은 대한민국 방송계의 패러다임을 바꾸었다. 그의 경청은 마치 마법처럼 상대방의 이야기를 금으로 바꾸는 연금술이 되었고, 그를 '국민 MC'의 자리에 올려놓았다.

침묵의 힘으로 딸을 되찾은 김자영 씨 이야기

결혼 12년차 평범한 주부인 김자영(가명, 42세) 씨의 가정은 말이 메아리처럼 공허하게 울려 퍼지는 곳이었다. 남편과의 대화는 일상의 보고와 아이들 학업 문제로만 채워졌고, 중학생 딸과의 대화는 잔소리와 훈계로 가득했다. 그녀는 "왜 내 말을 안 듣는 거야?"라는 한탄을 늘 입에 달고 살았다.

변화의 계기는 우연히 참석한 부모 교육에서였다.

"아이에게 하고 싶은 말이 있을 때, 그 말의 열 배는 들어 주세요."

이 말이 김자영 씨의 마음을 뒤흔들었다. 그녀는 집으로 돌아와 실험을 시작했다. 딸에게 스마트폰 사용에 대해 잔소리하고 싶을 때마다, 그녀는 입술을 깨물고 딸의 이야기를 들었다. 처음에는 어색했지만, 점차 그 속에서 그녀가 몰랐던 딸의 세계를 발견하게 되었다.

"엄마, 왜 갑자기 달라졌어?"

어느 날 딸이 물었다. 김자영 씨는 그저 웃음으로 답했지만, 그 미소 속에는 소통의 역설이 가져온 기적이 담겨 있었다. 한 달 후, 그녀의 가정은 놀라운 변화를 맞이했다. 딸은 자발적으로 스마트폰 사용 시간을 줄였고, 남편은 퇴근 후 TV 대신 그녀와의 대화를 선택했다.

"내가 말을 줄이자 우리 가족의 대화는 오히려 풍성해졌어요. 이게 바로 소통의 역설이더라고요."

김자영 씨의 경험은 어느 가정에서나 일어날 수 있는 작은 기적의 시작점이었다. 그녀는 자신의 목소리를 낮추는 용기를 냈고, 그 용기가 가족의 소통 지도를 완전히 새롭게 그렸던 것이다.

3)소통의 역설 솔루션: 침묵의 3단계 법칙

소통의 역설을 인생의 변화로 연결하는 '침묵의 3단계 법칙'을 소개한다. 이 법칙은 단순하지만 강력하다. 말이 아닌 침묵으로, 주장이 아닌 경청으로, 강요가 아닌 이해로 이어지는 이 여정은 당신의 관계와 인생을 근본적으로 바꿔줄 것이다.

(1)첫 번째 단계: 의도적 침묵(Intentional Silence)

대화 중 상대방의 말에 즉각 반응하고 싶은 충동이 느껴질 때, 3초간 의도적인 침묵을 한다. 이 짧은 침묵이 잠시 멈춘 듯한 고요를 만들어내고, 그 고요 속에서 진정한 경청이 시작된다.

·사례: 한 의료 연구에 따르면, 의사들이 환자의 말을 끊지 않고 평균 18초를 더 들어주자 진단 정확도가 29% 향상되었다. 이는 침묵이 단순한 부재가 아니라, 정보를 더 깊이 이해하는 적극적 도구가 될 수

있음을 보여준다.

•**실천법**: 대화 중 '지금 나는 듣고 있는가, 아니면 대답할 차례를 기다리고 있는가?'라고 하루에 세 번 자문해 보라. 그리고 상대의 말이 끝난 후 3초를 세고 답하는 습관을 들여보자.

(2) 두 번째 단계: 질문의 혁명(Revolution of Questions)

소통의 주도권을 쥐는 방법은 오히려 그것을 포기하는 것에서 시작된다. 자신의 견해를 주장하는 대신, 호기심 어린 질문을 던져보라. 상대방에게 존중의 메시지를 전달해 대화의 깊이를 더할 것이다.

•**사례**: 성공적인 협상가들이 사용하는 기법 중 하나가 '질문 비율'이다. 최고의 협상가들은 자신의 생각을 주장하기보다 질문의 비율을 70% 이상 유지한다. 이를 통해 상대방의 니즈를 더 정확히 파악하고, 해결책을 함께 모색한다.

•**실천법**: 'What'과 'How'로 시작하는 개방형 질문을 준비해 매일 실천해 보자. "그것에 대해 어떻게 생각하세요?"라는 질문은 "내 생각은 이렇습니다"라는 주장보다 더 강력한 소통의 도구다.

(3) 세 번째 단계: 공감의 미러링(Empathetic Mirroring)

상대방의 감정과 관점을 거울처럼 비춰주는 기술이다. 이것은 단순히 말을 반복하는 것이 아니다. 상대방의 감정 상태를 인정하고 이해하고 있음을 보여주는 깊은 공감의 표현이다.

·사례: 부부 치료 전문가인 존 고트만 박사의 연구에 따르면, 행복한 커플은 갈등 상황에서도 상대방의 감정을 미러링하는 비율이 불행한 커플보다 5배 높았다. "당신이 지금 화가 난 것 같군요"라는 간단한 미러링이 갈등 해결의 첫걸음이 될 수 있다.

·실천법: 대화 중 "내가 제대로 이해했는지 확인하고 싶습니다"라는 문장으로 시작하여 상대방의 말을 자신의 언어로 요약해 보자. 이 단순한 행동은 상대방에게 '당신의 말은 가치가 있고, 나는 그것을 진지하게 받아들이고 있다'는 강력한 메시지를 전달한다.

이 세 단계는 단순히 테크닉이 아닌, 삶의 태도로 발전할 때 진정한 변화의 씨앗이 된다. 오늘부터 의도적 침묵, 질문의 혁명, 공감의 미러링을 실천해 보라. 그리고 당신의 관계가 어떻게 변화하는지 지켜보라. 이것이 바로 소통의 역설이 당신의 인생을 바꾸는 기적의 시작점이 될 것이다.

4) 연구와 교훈

(1) 연구

2023년 하버드 비즈니스 스쿨의 연구에 따르면, 효과적인 리더십의 핵심 요소는 말하기 능력이 아닌 '전략적 침묵'의 사용이었다. 연구진은 《포춘》 500대 기업의 CEO 156명을 5년간 추적 관찰한 결과, 회의 중 자신의 발언 시간을 팀원들보다 30% 이상 적게 사용한 CEO들의 기업이 평균 23% 더 높은 성장률을 보였다고 한다. 특히 주목할 것은 '첫 발언 시점'이다. 가장 성공적인 리더들은 회의 시작부터 평균 11분 동안 침묵을 유지하며 팀원들의 의견을 경청했다. 이 '전략적 침묵'은 팀원들의 참여도를 68% 향상시켰고, 혁신적인 아이디어 제안 빈도를 2배 이상 증가시켰다.

2022년 카네기멜론대학의 신경과학 연구는 이러한 현상의 생물학적 기반을 밝혀냈다. fMRI 스캔을 통해 '경청의 신경학적 지도'를 작성한 연구진은, 깊은 경청 상태에서 뇌의 공감 센터와 창의성 영역이 동시에 활성화됨을 발견했다. 이는 적극적 경청이 단순한 예의가 아닌, 인간의 창의성과 연결성을 증폭시키는 인지적 활동임을 증명한다.

국내 연구 역시 이러한 발견을 뒷받침한다. 서울대학교 심리학과 연구팀은 100쌍의 부부를 대상으로 '소통 패턴과 관계 만족도'를 조사했다. 그 결과, 대화 중 상대방의 말을 끊지 않고 최소 7초 이상 경청한 부부들의 관계 만족도가 평균 41%나 더 높았다. 연구팀은 이를 '7초의 법칙'이라 명명했다.

가장 흥미로운 것은 구글의 '아리스토텔레스 프로젝트'다. 구글은 5년간 180개 팀을 분석하여 '완벽한 팀'의 비밀을 찾고자 했다. 놀랍게도 팀의 성공을 예측하는 가장 강력한 요소는 기술적 전문성이나 지능이 아닌, '심리적 안전감'이었다. 이 안전감의 핵심은 '대화 기회의 평등'과 '사회적 민감성', 즉 팀원들이 서로의 감정을 읽고 경청하는 능력이었다.

(2) 교훈

"진정한 소통의 힘은 말하는 입이 아닌, 듣는 귀에서 비롯된다."

우리는 흔히 '강력한 소통자'라고 하면 웅변가나 설득력 있는 연설자를 떠올린다. 하지만 역설적이게도, 가장 큰 영향력을 지닌 소통은 화려한 언변이 아닌 진심 어린 경청에서 시작된다.

생각해보라. 당신이 진정으로 변화했던 순간은 누군가의 훌륭한 연설을 들었을 때였는가, 아니면 누군가가 당신의 이야기를 온전히 들어주었을 때였는가? 대부분의 경우, 우리의 마음을 움직인 것은 상대방의 웅변이 아니라, 그들이 보여준 이해와 공감의 침묵이었을 것이다.

소통의 역설은 영향력을 원한다면 먼저 침묵하고, 이해받고 싶다면 먼저 이해하며, 말하고 싶다면 먼저 들으라는 것이다. 이 역설적 지혜는 당신의 관계를 변화시킬 뿐만 아니라, 당신 인생을 바꿔줄 것이다. 의미 있는 침묵은 새벽 이슬을 머금은 비옥한 땅이고, 대화는 메마른 대지에 뿌려진 귀한 씨앗이다. 이 같은 깨달음은 강물이 바위를 어루만지듯, 천천히 그러나 확실히 당신의 인생을 변화시킬 것이다.

당신은 이제 말하는 것보다 듣는 것, 즉 침묵의 여백이 더 깊은 공감과 울림을 준다는 사실을 알았다. 이 같은 소통의 역설을 삶에 적용하는 순간, 당신은 더 이상 어제의 당신이 아니다. 겨울을 견딘 나무가 봄에 새 잎을 틔우듯, 당신은 매 순간 새롭게 태어날 것이기 때문이다. 이제 당신은 말하지 않고도 깊이 공감하는 촉촉한 눈빛을, 주장하지 않고도 강하게 설득하는 단단한 품격을, 요구하지 않고도 온전히 이해받는 존재로 진화할 것이다.

　소통의 역설이 열어주는 문 너머에는 우리가 그토록 갈망하던 진정한 신세계가 펼쳐져 있다. 그곳에서 당신은 또 한 번 깨닫게 될 것이다. 가장 깊은 바다는 가장 고요하고, 가장 큰 지혜는 가장 겸손하며, 가장 강한 사랑은 가장 적은 말로 표현된다는 것을. 이 책을 읽는 것만으로도 이 신비로운 변화의 문턱에 당신은 이미 서 있다.

소통은
귀에서 마음으로 흐른다

인간관계의 본질은 소통에 있다. 하지만 진정한 소통은 단순히 말만 주고받는 것이 아니다. 효과적인 소통의 역설은 가장 강력한 메시지가 종종 가장 단순한 형태로 전달된다는 것이다. 명확한 언어로 압축한 말은 청자의 귀를 거쳐 마음을 관통한다. 이 순간적 통찰의 충격은 장황한 설명이 결코 달성할 수 없는 깨달음을 준다.

우리는 하루에도 무수히 많은 대화를 나눈다. 그중 몇 번이나 상대의 마음속까지 도달할까? 이 단락에서는 말과 행동이 어떻게 전달되는지, 어떻게 해야 마음의 문을 열 수 있는지 살펴볼 것이다.

1) 현상: 말과 행동이 전하는 세 가지 차원

단순한 말과 행동

우리 일상 대화 중 약 70%는 정보 전달이나 의례적인 인사에 불과하다. 심리학자 앨버트 메라비안의 연구에 따르면, 메시지의 영향력 중 말은 겨우 7%에 불과하다고 한다. 이런 단순한 소통은 상대방의 표면만 스치고 지나간다. "밥 먹었어?", "날씨가 좋네" 같은 말은 관계에서 윤활유 같은 역할을 하지만, 깊은 연결을 만들어내지는 못한다.

진심이 담긴 말과 행동

메라비언의 연구에서 진심을 담은 소통은 목소리 톤(38%), 비언어적 표현(55%)과 밀접하게 연관된다. 진심은 향기처럼 감출 수 없어서 표정, 목소리, 몸짓으로 배어 나온다. 가령, "정말 고생 많았어"라는 말도 진심을 담아 말할 때와 습관적으로 내뱉을 때 전혀 다른 영향을 미친다.

감동과 고마움을 느끼게 하는 말과 행동

가장 깊은 차원의 소통은 상대방의 마음을 움직이고 변화시킨다. 심리학자인 존 고트만의 연구에 따르면, 건강한 관계에서는 부정적 상호작용 하나를 상쇄하기 위해 최소 다섯 번의 긍정적인 상호작용이 필요하다고 한다. 이 단계의 소통은 상대방의 존재를 인정하고, 가치를 부여하는 깊은 연결을 만든다.

2) 예시: 소통의 세 가지 차원

단순한 말과 행동의 예

- 엘리베이터에서 "오늘 날씨 좋네요"라는 형식적인 인사

- 식당에서 "음식 맛있게 드세요"라고 기계적으로 말하는 서비스
- SNS에서 실제로 보지도 않고 '좋아요'를 누르는 행위

진심이 담긴 말과 행동의 예

- 동료가 프로젝트를 마쳤을 때, 바쁜 일정에도 시간을 내어 직접 찾아가 "정말 대단한 성과였어. 네 노력이 보였어"라고 말하는 경우
- 친구가 어려움을 겪을 때 조언 대신 "지금 네 기분이 어떤지 더 알고 싶어"라고 물으며 진정으로 경청하는 태도
- 부모가 아이의 작은 성취에도 모든 일을 멈추고 온전히 집중하여 축하해 주는 순간

마음에 감동을 주는 말과 행동의 예

- 오랜 시간 함께 일한 동료가 퇴사할 때, 그 사람만의 특별한 기여와 추억을 구체적으로 담은 편지를 전하는 행동
- 위기 상황에서 "내가 있잖아. 우리 함께 해결해 보자"라며 실질적인 지원과 믿음을 표현하는 경우
- 누군가의 꿈을 진심으로 응원하며 그 사람만을 위한 맞춤형 자료나 기회를 찾아 공유하는 행동

3) 소통의 역설 솔루션

소통의 가장 큰 역설은 말이 많아질수록 끌림도 울림도 줄어든다

는 것이다. 심리학에서 '적은 것이 더 많은 것Less is More'이라는 원칙이 이를 뒷받침한다. 마음에 울림을 주는 사람들에게서 발견되는 공통점은 다음과 같다.

우선 경청한다

진정한 소통의 달인은 말하기보다 듣기에 더 많은 에너지를 쏟는다. 그들은 마치 빈 그릇처럼 자신을 비워 상대방의 말을 온전히 담아낸다. 심리학자인 칼 로저스가 발전시킨 '능동적 경청 기법'은 단순히 귀로 듣는 것이 아니라, 온몸과 마음으로 듣는 방법을 강조한다. '당신의 말이 내게는 중요하다'라는 메시지는 어떤 화려한 말보다 강력하다.

상대방 입장에서 말한다

자기 중심적 대화는 벽에 대고 말하는 것과 같다. 공감 능력을 갖춘 소통자는 "당신 덕분에 제가 많이 배웠어요"와 같이 상대방을 주어로 한 문장을 자주 사용한다. 인지심리학에서는 이를 '조망 수용 능력'이라 하며, 상대방의 시각에서 세상을 볼 수 있는 능력은 사회적 지능의 핵심 요소로 간주된다.

구체적인 표현을 사용한다

추상적인 칭찬은 물 위에 그린 그림처럼 쉽게 사라진다. "당신이 지난 회의에서 해준 분석 덕분에 프로젝트 방향을 명확히 잡을 수 있었어요"와 같은 구체적 표현은 단단한 벽돌처럼 상대방의 자존감을 지켜준다. 행동심리학의 '강화이론'에 따르면, 구체적인 피드백은 일반적인 피드백보다 행동 변화와 동기 부여에 5배 이상 효과적이라고 한다.

짧지만 강한 메시지를 전달한다

천 마디 말보다 가슴에 와닿는 한 마디가 더 강력하다. 인지심리학의 '정보 과부하 이론'은 사람들이 한 번에 처리할 수 있는 정보의 양이 제한적임을 보여준다. 핵심을 꿰뚫는 간결한 표현은 화살처럼 목표를 정확히 맞추는 힘이 있다. "당신을 믿습니다"라는 짧은 한 마디가 때로는 장황한 설명보다 더 강력한 지지와 신뢰를 전달한다.

4)연구와 교훈

(1)연구

2022년 미시간대학교의 대인관계 소통 연구에서 4,000쌍의 대화를 분석한 결과, 상대방의 말을 끊지 않고 평균 75초 이상 경청한 커플이 대화의 상호 만족도가 67% 높게 나타났다고 한다. 또한 자신의 감정을 구체적으로 표현한 대화는 일반적인 대화보다 상대방의 공감도가 3배 이상 높았다고 한다.

(2)교훈

"소통의 깊이는 말의 양이 아닌 경청의 질에 비례한다."

진정한 소통은 말하기의 기술이 아니라 듣기의 예술이다. 우리가 내뱉는 말은 공기 중으로 흩어지지만, 우리가 진심으로 들은 말은 마음속에 뿌리내린다. 소통의 궁극적 목적이 정보 전달이 아닌 마음의 연결이라면, 우리는 더 적게 말하고 더 깊게 들어야 한다. 마치 깊은 강물이 소리 없이 흐르듯, 가장 강력한 소통은 때로는 가장 조용하게 이루어진다.

삶의 여정에서 우리는 무수히 많은 대화를 나눈다. 하지만 진정으로 기억에 남는 것은 마음을 움직인 순간들 뿐이다. 소통은 단순한 기술이 아니라 마음의 예술로, 귀에서 시작해 마음으로 흘러갈 때 비로소 완성된다. 단순한 말보다는 진심을, 많은 말보다는 적확한 표현을, 화려한 수사보다는 깊은 경청을 택하는 것이 마음의 문을 연다.

당신의 말이 공기를 진동시키는 것에 그치지 않고, 누군가의 마음에 파문을 일으키는 돌멩이가 되길 바란다. 결국 당신이 이 세상에 남길 가장 큰 유산은 화려한 언변도, 헤아릴 수 없을 만큼 많은 재산도 아니다. 누군가의 마음속에 남긴 영혼의 울림일 것이다.

경청은
온몸으로 듣는 것이다

　우리는 '잘 듣는 것'을 경청이라고 한다. 하지만 경청은 귀로만 듣는 것이 아니다. 온몸으로 듣는 것이다. 온몸으로 듣는다는 것은 사막의 모래가 빗방울을 온전히 흡수하듯 상대의 말을 자신의 존재 전체로 받아들이는 것을 말한다.

　경청은 강물이 바다로 흘러들 듯 상대의 말이 나의 내면으로 자연스럽게 흘러들도록 하는 것이다. 즉, 거미가 그물을 짜듯 상대의 말 한 마디 한 마디를 촘촘히 연결해 전체 맥락을 이해하는 것을 말한다. 온몸으로 듣는 경청은 단순한 청각적 행위를 넘어 공감의 영역, 정신의 영역이며, 때로는 영혼의 영역으로까지 확장된다.

1) 현상

　오늘날 우리는 소통의 역설적 상황에 직면해 있다. 연결 수단은 그 어느 때보다 풍부해졌지만, 진정한 소통은 오히려 줄어들고 있다. 사람들은 상대의 말을 듣는 동안에도 자신의 답변을 준비하느라 바쁘고, 이야기의 표면만 훑을 뿐 깊이 들어가지는 않는다. 마치 깊은 바다에서 수면만 스쳐지나가는 배처럼, 우리는 대화의 깊이에는 다다르지 못하고 있다.

또한 현대인들은 소통의 양은 늘었지만, 질은 떨어지는 역설적 현상을 경험하고 있다. 대화 중에도 스마트폰을 확인하는 '퍼빙 Phubbing 현상'이 만연하고, 온라인 소통에서는 '공감 피로'가 나타나고 있다. 이는 수많은 방에 불을 켜놓고, 어느 방에서도 온전히 머물지 않는 것과 같다. 즉, 소통의 사막에서 정보의 홍수를 경험하는 아이러니한 상황에 놓여 있는 것이다. 이런 상황에서 진정한 경청의 부재는 인간관계의 단절로 이어진다.

2) 예시

진료실에서 의사는 환자의 말을 듣는다. 그러나 많은 연구에서 의사들이 환자의 말을 평균 18초 만에 가로막는다는 사실이 밝혀졌다. 온몸으로 듣지 않는 전형적 예시라 할 수 있다. 반면, 한 심리치료사는 '침묵의 세션'을 도입했다. 그는 환자의 말을 귀로만 듣지 않고, 환자의 숨소리, 목소리의 떨림, 눈빛의 변화, 심지어 말하지 않는 것까지 온몸의 감각으로 받아들였다. 그 결과, 환자들은 "처음으로 누군가가 정말 나를 들었다"고 표현했다. 앞서 소개한 구글의 '아리스토텔레스 프로젝트'에서도 귀로만 듣지 않고 온몸으로 들었을 때 최고의 성과를 냈다는 연구 결과가 있다.

3)소통의 역설 솔루션

의도적으로 말하지 않기

소통의 역설을 해결하는 방법은 역설적으로 '말하지 않는 것'에서 시작된다. 침묵은 경청의 시작점이다. 마치 눈 내린 후의 고요한 들판처럼, 내면의 소음이 가라앉아야 상대의 목소리가 선명히 들린다. 하버드 비즈니스 스쿨의 연구에 따르면, 리더가 의도적으로 침묵하는 시간을 가질 때 팀원들의 참여도와 창의성이 크게 증가했다고 한다.

질문 많이 하기

또한 역설적이게도 질문을 많이 하는 것이 경청의 핵심이다. 상대방이 더 많이 말할 수 있게 하는 것이 진정한 경청이라는 역설이 여기에 있다. 이는 마치 정원사가 직접 꽃을 피우려 애쓰기보다 적절한 환경을 조성해 꽃이 스스로 피어나게 하는 것과 같다.

불안전함의 수용

온몸으로 듣기 위한 또 다른 역설적 접근은 '불완전함의 수용'이다. 완벽하게 이해하려는 시도를 내려놓고, 때로는 이해할 수 없음을 인정할 때 오히려 더 깊은 경청이 가능해진다. 이는 퍼즐을 맞출 때, 모든 조각이 한 번에 맞아떨어지기를 기대하기보다 하나씩 천천히 맞추며 전체 그림을 만들어 가는 과정과 같다. 이는 또한 재즈 연주자들이 서로의 즉흥 연주를 온전히 받아들이며 조화를 이루는 것과도 유사하다.

4) 연구 및 교훈

(1) 연구

미국 프린스턴대학의 우리 헤이즐버거Uri Hasson 교수팀은 2016년 '뇌 간 동기화Brain-to-brain Coupling' 연구를 통해 진정한 경청이 일어날 때, 화자와 청자의 뇌파가 동기화되는 현상을 발견했다. 이는 온몸으로 듣는 경청이 단순한 개념이 아닌 생물학적 현실임을 입증한다. 연구 결과, 경청의 질이 높을수록 뇌 활동의 동기화 정도가 91% 증가했으며, 이후 정보 회상률도 76% 향상되었다.

2022년 스탠포드대학의 제임스 페니베이커James Pennebaker 교수는 10년간의 종단 연구를 통해 '능동적 경청Active Listening'이 실천된 조직에서 이직률이 평균 34% 감소하고, 생산성은 28% 증가했다고 밝혔다. 특히 온몸으로 듣는 경청 문화가 정착된 조직은 위기 상황에서의 회복탄력성이 일반 조직보다 3배 높았다.

(2) 교훈

"경청은 기술이 아니라 존재 방식이다."

경청은 단순히 무엇을 하는가의 문제가 아니라 어떻게 존재하는가의 문제다. 나침반이 항상 북쪽을 가리키듯, 진정한 경청자는 항상 상대의 진심을 향해 있다. 이처럼 듣는 방식은 궁극적으로 우리가 세상과 관계를 맺는 방식을 반영한다.

온몸으로 듣는다는 것은 상대의 말을 단순히 정보로 처리하는 것이 아니라, 그 말이 담고 있는 맥락, 감정, 의도까지 모두 받아들이는 것이다. 이는 한 방울의 물에서 바다의 성분을 읽어내는 것과 같은 깊은 통찰의 과정이다. 진정한 경청은 상대를 이해하려는 끊임없는 노력이며, 그 과정에서 우리 자신도 변화한다.

소통의 역설은 더 많이 말하는 것이 아니라 더 깊이 듣는 것에서 해결된다. 온몸으로 듣는 경청은 단순한 기법이나 테크닉이 아니라 타인을 향한 근본적인 자세의 전환이다. 그것은 상대의 존재 전체를 인정하고 받아들이는 행위이며, 동시에 나 자신의 존재 방식을 바꾸는 여정이다.

귀로 듣는 것은 정보를 얻는 것이지만, 온몸으로 듣는 것은 관계를 깊게 하는 것이다. 거칠게 흐르던 강물이 바다에 이르러 깊이를 얻듯, 온전한 경청은 소통에 깊이를 더한다. 우리의 경청은 흙 속에 뿌리내린 나무처럼 깊고 단단해야 한다. 그래야 상대의 말을 제대로 흡수하여 관계라는 열매를 맺을 수 있다. 오늘, 누군가의 말을 온몸으로 들어보자. 그것이 소통의 역설을 넘어서는 첫걸음이 될 것이다.

AI 시대는 질문이 금이다

    20~30여 년 전, "침묵은 금이다"라고 말하면 많은 사람이 공감했다. 말을 아끼고 때를 기다리며 경청하는 자세가 미덕이었다. 그러나 시대가 변했다. 오늘날 소통의 풍경은 계절이 바뀌듯 완전히 달라졌다. 이제 침묵이라는 겨울 뒤에 질문이라는 봄이 찾아왔다.

    깊은 강물이 흐르기 위해 수원지가 필요하듯, 의미 있는 대화는 좋은 질문에서 시작된다. 질문은 단순한 호기심의 표현이 아니라 상대방의 내면 세계로 들어가는 출발점이며, 새로운 지식과 통찰의 문을 여는 황금 열쇠다. 침묵이 금이었던 시대는 가고, 이제 질문이 금이 되는 시대가 도래했다.

1) 현상

    지역, 문화, 민족, 종교는 물론 개인의 가치관에 따라 침묵의 가치에 대한 해석은 크게 달라졌다. 동양에서는 오랫동안 침묵을 지혜와 성숙함의 상징으로 여겼다. 고요한 연못이 깊은 것처럼, 말이 없는 사람은 깊이를 가지고 있다고 여겼다. 반면 서구 문화권에서는 적극적인 의사 표현과 질문이 중요시되었다. 이는 문화적 차이에서 비롯된 것이었다.

지금은 AI 시대다. 끊임없이 변화하는 지식의 바다에서 살아남기 위해서는 질문이라는 노를 잘 저어야 한다. 챗GPT와 같은 AI 도구들은 우리가 묻는 것에만 답하고, 묻지 않는 것은 알려주지 않기 때문이다. 질문을 잘하는 사람만이 그 안의 보물을 취할 수 있다. 그렇다 보니 기업들도 이제 '질문형 인재'를 선호한다. 질문은 이제 미지의 영역을 탐색하고, 문제 해결의 지도를 그리는 도구가 되었다.

사회는 이제 단순 암기와 반복 작업은 AI에게 맡기고, 인간은 창의적 질문으로 새로운 가치를 창출하는 방향으로 변화하고 있다. 질문하지 않는 사람, 질문 없는 조직은 돛 없는 배처럼 시대의 바람을 타지 못하고 제자리에 머물 수밖에 없다.

2) 예시

스티브 잡스는 '왜 전화기가 컴퓨터가 될 수 없을까?'라는 질문으로 아이폰 혁명을 일으켰다. 일론 머스크는 '왜 로켓이 재사용될 수 없을까?'라는 질문으로 우주 산업의 패러다임을 바꿨다. 이들의 질문은 기존 산업의 둑을 무너뜨리고, 혁신을 가져왔다. 넷플릭스의 리드 헤이스팅스는 'DVD를 우편으로 배송하는 비즈니스가 10년 후에도 존재할까?'라는 자문을 통해 스트리밍 서비스로 전환하는 결정을 내렸다. 그들이 던진 질문은 미래를 예측하고 준비하는 질문이었다.

교육 분야에서는 하버드대학의 에릭 마주르교수가 개발한 '피어 인스트럭션' 방식이 주목받고 있다. 이 방법은 학생들이 서로에게 질문하고 설명하는 과정을 통해 학습 효과를 극대화한다. 질문이 학습의 촉매제 역할을 하는 것이다.

3)소통의 역설 솔루션

(1)말 줄이기

소통의 역설적 관점에서 볼 때, 좋은 질문은 오히려 말을 줄이는 데서 시작된다. 마치 활을 당기는 과정처럼, 잠시 물러서서 상황을 관찰할 때 더 정확한 질문이 가능하다. 질문의 힘은 그 길이가 아니라 깊이에 있다. 짧지만 핵심을 찌르는 질문이 장황한 설명보다 가치있다.

·**사례:** 스티브 잡스는 애플의 회의에서 항상 "What's not good enough?(무엇이 충분히 좋지 않은가?)"라는 질문으로 시작했다. 이 간결한 5단어의 질문이 아이폰, 아이패드 같은 혁신적 제품을 탄생시켰다. 한 경영 컨설팅 회사의 연구에 따르면, 최고의 관리자들은 평균 6단어 이하의 질문으로 팀원들의 창의성을 200% 향상시켰다고 한다.

·**실천법:** 중요한 대화를 앞두고 자신의 핵심 질문을 6단어 이하로

만들어 보자. 그리고 스마트폰에 '질문 단축' 앱이나 메모를 만들어 매일 한 가지씩 질문을 연습해 보자. 예를 들어 "이 문제의 핵심은 무엇인가요?"를 "핵심은 무엇인가요?"로 줄이는 훈련이 그것이다.

(2) 질문의 목적 재정의

역설적으로, 질문의 목적은 항상 답을 얻는 것이 아니다. 때로는 더 나은 질문을 발견하는 것이 목적이 될 수 있다. 이는 등산에서 정상만이 목표가 아니라 오르는 과정 자체를 즐기는 것과 같다. 소크라테스는 바로 이런 접근법을 취했다. 그는 답을 주기보다 계속해서 질문함으로써 상대가 스스로 진리를 깨닫도록 유도했다.

·사례: 구글의 혁신적 프로젝트 '20% 타임'에서는 직원들이 "우리가 해결해야 할 문제는 무엇인가?"라는 질문에 집중하도록 했다. 이 과정에서 지메일, 구글 맵스등 혁신적 서비스가 탄생했다. 정답을 찾기보다 더 좋은 질문을 발견하는 데 집중한 결과였다.

·실천법: 매주 한 번 "이 상황에서 더 나은 질문은 무엇일까?"라고 자문해 보자. 문제 해결 일지를 작성하되, 답변보다는 발견한 새로운 질문들을 기록하는 데 초점을 맞추자.

(3) 모르는 것을 인정하는 질문

또 다른 역설은 '모르는 것'을 인정하는 질문이 가장 강력하다는 점이다. "나는 모른다"라고 인정하는 순간, 마치 비어 있는 컵처럼 새로운 지식을 담을 준비가 된다. 지식의 빈 공간을 인정하는 용기가 배움의 시작이다.

•**사례:** 아마존의 CEO 제프 베조스는 중요한 회의에서 "여기서 우리가 놓치고 있는 것은 무엇인가?"라는 질문을 항상 던진다. 이 단순한 질문이 아마존의 혁신 문화를 만들었다. 또한 노벨상 수상자인 리처드 파인만은 "나는 이해하지 못한다"라고 말할 수 있는 용기가 그의 과학적 발견의 원동력이었다고 밝혔다.

•**실천법:** 매일 하나씩 "나는 이것에 대해 모른다"라고 인정할 주제를 찾아보자. 그리고 그 주제에 대해 최소 세 개의 기본적인 질문을 작성해 보자. 무지를 인정하는 이 작은 의식이 지식의 문을 여는 첫 걸음이 된다.

(4) 기다림의 미학

질문의 기술에는 '기다림'의 미학도 포함된다. 질문을 던진 후 서두르지 않고 기다리는 것은 씨앗을 심고 인내하며 발아를 기다리는 농부와 같다. 침묵의 공간을 허용할 때, 상대방의 깊은 생각과 창의적 답변이 자라날 수 있다.

•**사례:** 하버드 비즈니스 스쿨의 한 연구에서는 리더가 질문 후 평균 7초를 기다렸을 때, 팀원들의 참여도와 아이디어 품질이 현저히

향상된다는 결과가 나왔다. 일본의 도요타 생산 시스템에서는 '5 Why 기법'을 사용하는데, 각 질문 사이에 충분한 사고 시간을 두어 문제의 근본 원인을 발견하는 데 성공했다. 이 단순한 질문 방식은 도요타의 품질 혁명을 이끌었다.

·실천법: 중요한 회의나 대화에서 '의도적 침묵 시간'을 계획해 보자. 질문을 던진 후 최소 7초는 기다리겠다는 마음가짐으로 임하라. 그리고 이 기다림의 시간 동안 상대방의 표정과 미세한 변화를 관찰하는 습관을 들이자. 침묵은 불편하게 느껴질 수 있지만, 이 불편함을 통해 더 깊은 소통이 시작된다.

이 네 가지 소통의 역설 솔루션은 단순한 테크닉이 아닌, 삶의 태도로 발전할 때 진정한 변화의 씨앗이 된다. 말을 줄이고, 질문의 목적을 재정의하며, 모르는 것을 인정하고, 기다림의 미학을 실천할 때, 우리는 AI도 대체할 수 없는 소통의 깊이를 경험하게 될 것이다. 이것이 바로 소통의 역설이 당신의 인생을 바꾸는 기적의 씨앗이라고 말하는 이유다.

4)연구 및 교훈

(1)연구

2021년 하버드 경영대학원의 앨리슨 우드 브룩스Alison Wood Brooks 교수팀은 '질문의 경제학'이라는 연구를 통해 질문의 빈도와 질이 대인관계 및 업무 성과에 미치는 영향을 분석했다. 연구 결과, 일상 대화에서 개방형 질문의 비율이 10% 증가할 때마다 상대방의 호감도가 평균 27.3% 상승했으며, 비즈니스 미팅에서는 창의적 해결책 도출 확률이 31.8% 높아졌다. 특히 주목할 만한 점은 리더의 질문 빈도와 조직의 심리적 안전감 사이에 강한 상관관계($r=0.68$)가 발견되었다는 것이다.

2023년 스탠포드대학의 캐럴 드웩Carol Dweck 교수는 '질문 마인드셋과 성장 마인드셋의 연관성 연구'에서 자기 스스로에게 질문하는 습관이 있는 사람들이 고정 마인드셋에서 성장 마인드셋으로 전환할 확률이 4.2배 높다는 결과를 발표했다. 10년간의 종단 연구를 통해 '내가 이 상황에서 무엇을 배울 수 있을까?'라는 유형의 자기 질문을 습관화한 그룹은 직업적 역경에서 회복하는 속도가 대조군보다 68% 빠른 것으로 나타났다.

(2)교훈

"질문은 단순한 정보 요청이 아니라 가능성의 문을 여는 열쇠다."

질문은 생각의 씨앗을 심는 행위와 같다. 적절한 질문은 대화의 토양을 비옥하게 만들고, 상호 이해와 통찰의 열매를 맺게 한다. 질문의 방향과 깊이에 따라 대화의 흐름과 결과는 달라진다. 그리고 무엇보다 중요한 것은, 질문을 통해 우리는 끊임없이 배우고 성장한다는 사실이다. 질문이 멈춘 곳에서는 성장도 멈춘다.

침묵이 금이던 시대에서 질문이 금이 되는 시대로 우리는 변화의 물결을 타고 있다. 좋은 질문은 어두운 거리의 가로등처럼 우리의 길을 밝혀준다. 때로는 질문 자체가 답보다 더 큰 가치를 지닌다. 질문은 닫힌 마음의 문을 여는 열쇠이며, 얼어붙은 사고를 녹이는 봄날의 햇살이다.

우리 모두에게는 질문할 권리와 자유가 있다. 그러니 두려워 말고 물어보자. 어리석게 보일까 염려하지 말고, 궁금한 것을 질문하자. 질문하지 않는 어리석음보다 더 큰 어리석음은 없다. 우리의 질문이 모여 미래의 지도를 그린다. 당신의 질문이 누군가에게는 길잡이가 된다.

AI 시대에 더 중요해진 아날로그 소통

　디지털의 파도가 세상을 삼킨 시대다. 소통의 바다는 그 어느 때보다 넓어졌지만, 역설적으로 그 깊이는 얕아졌다. 무한한 연결 속에서 우리는 종종 단절을 경험한다. 수많은 메시지 속에서도 우리는 진정한 소통을 목마르게 찾고 있다.
　소통의 바다에서 이해는 조류처럼 우리를 서로에게 밀어주고, 상호 존중은 폭풍 속에서도 배의 방향을 지켜주는 나침반이 된다. 배려는 어둠 속에서도 길을 비추는 등대처럼 작용해 왔다. 이 세 가지 요소가 만날 때, 소통의 바다는 단순한 정보 교환의 장소가 아닌 영혼의 항해가 가능한 성스러운 공간으로 변모한다.
　동굴 벽화의 그을린 손자국부터 향기로운 편지지 위의 필적, 수화기 너머 떨리는 목소리, 화면 속 이메일의 차가운 활자, 그리고 이제는 알고리즘으로 완성되는 AI의 언어까지 소통의 매개체는 끊임없이 진화해왔다. 하지만 그 본질은 여전히 인간 영혼 사이에 보이지 않는 다리를 놓는 도구일 뿐이다.

　디지털 혁명이 소통 방식을 바꾸었다면, AI 혁명은 인간 존재의 근원에 대한 뿌리 깊은 질문을 던진다. 우리는 지금 대화의 미로 속에서 진정한 소통을 찾아 헤매고 있다. 기술의 숲에서 길을 잃을수록 인간은 역설적으로 소통의 진정한 가치를 더욱 갈망하게 된다. 쓰나미처럼 밀려오는 외로움과 고독의 섬에서 벗어나려 몸부림치게 된다.

1) 현상

AI 시대의 역설

　디지털 세계가 무한히 확장될수록, 아날로그 소통의 가치는 떨어지지 않고 있다. 오히려 밤하늘의 별처럼 더욱 선명하게 빛난다. 화면 속 문자의 냉정한 객관성 대신 눈빛의 떨림, 목소리의 미세한 파동, 손짓의 섬세한 언어를 읽어내는 '온몸으로 경청'하는 능력은 AI 시대에 오히려 새로운 경쟁력이 되고 있다. 이는 마치 음성인식 기술이 발달할수록 침묵의 가치가 높아지는 것과 같다.

나도 답을 모른다

　AI가 마치 만물박사처럼 모든 질문에 즉각적으로 답변을 쏟아내는 세상에서 답을 유보하고, 함께 고민하며, 때로는 "나도 모른다"고 고백하는 아날로그적 태도는 역설적으로 더 깊은 신뢰와 연결을 이끌어낸다. 정답이 아닌 과정을 중시하는 대화는 등산에서 정상이라는 목표보다 오르는 길에서 향유하는 시원한 공기처럼, 소통의 본질에 한 걸음 더 가까이 다가서게 한다.

2) 예시

첨단과 따뜻함이 공존하는 오아시스

신경외과 의사 김태호 씨는 최첨단 AI 진단 시스템을 활용하면서도, 수술 전 항상 환자의 가족들과 '아날로그 시간'을 갖는다. 백색 가운을 벗고 편안한 차림으로 가족들과 마주앉은 그는, AI가 제공한 차가운 의학 데이터를 따뜻한 인간의 언어로 번역한다. 그는 "숫자와 영상은 병을 보여주지만, 눈빛은 환자를 보여줍니다"라고 말한다. 덕분에 그의 진료실은 첨단 의료 장비와 인간적 따뜻함이 공존하는 오아시스다. 환자들은 그의 의학적 전문성보다 "당신의 불안이 이해됩니다"라는 한 마디에 더 큰 위로를 받는다고 입을 모은다.

질문의 정원 가꾸기

고등학교 교사인 박지영 씨는 AI 튜터링 시스템을 교실에 도입한 후, 수업 시간의 절반을 '질문의 정원 가꾸기'에 할애한다. 그녀는 "AI는 답을 찾는 데 능숙하지만, 질문을 발견하는 건 여전히 인간의 영역이에요"라고 말한다. 그녀의 교실은 마치 재즈의 즉흥 연주와 같다. 각자의 질문이 서로에게 영감을 주며 예상치 못한 화음을 만들어낸다. 학생들은 "질문을 주고받을 때, 우리는 단순히 정보가 아닌 호기심을 나누는 거예요"라며 교과 과정보다 친구들과의 질문 수업에서 더 많이 배운다고 증언한다.

디지털 단식

스타트업 대표 이준호 씨는 디지털 숲에서 길을 잃은 팀원들을 위해 주간 회의에서 '아날로그 오아시스'를 만들었다. 모든 디지털 기기를 나무 상자에 넣고, 오직 종이와 펜, 목소리만으로 아이디어를 나누는 시간을 가지는 것이다. "우리의 가장 혁신적인 돌파구는 항상 이 시간에 나와요. 스크린의 간섭 없이 서로의 눈을 바라볼 때, 우리는 가장 인간적이면서도 역설적으로 가장 미래 지향적인 사고를 하게 됩니다"라고 말한다. 그들의 디지털 단식은 오히려 기술 기업으로서 경쟁력을 높이는 비결이 되고 있다.

3) 소통의 역설 솔루션

(1) 의도적 아날로그 시간 창출

디지털 소통의 격랑 속에서 표류하는 현대인들에게 필요한 것은 역설적으로 더 원초적인 연결 방식이다. '디지털 피로'를 해소하기 위한 '아날로그 시간'을 의도적으로 설계하는 것은 콘크리트 건물 한가운데에 야생화 정원을 일구는 것과 같다.

·**실천법:** 주 1회 '노 스크린 데이'를 가족이나 팀과 함께 선언하고, 그날은 오직 목소리와 손글씨로만 소통한다.

(2) 대면 의식의 부활

가상 회의가 일상이 된 조직에서 '성스러운 대면의 날'을 지정하여 온전히 얼굴을 마주하는 의식을 복원하는 것이다. 이는 고대 부족들이 모닥불 주위에 모여 이야기를 나누던 의식의 현대적 부활이다.

·실천법: 월 1회 '디지털 금식 산책'을 동료들과 함께 하고, 걸으며 자연스럽게 대화를 나눈다.

(3) 기다림의 미학 복원

즉각적인 응답만 추구하는 문화에서 '기다림의 가치'를 재발견하는 것은 역설적 해방이다. 24시간 내내 온라인 상태를 유지하는 강박에서 벗어나 '지연된 소통'의 깊이를 경험하는 것은 패스트푸드에 익숙한 입맛에 슬로우푸드의 풍미를 느끼게 하는 것과 같다.

·실천법: '48시간 응답 규칙'을 도입한다. 중요한 결정일수록 최소 이틀은 숙고한 후 답하는 문화를 만든다.

(4) 디지털 소통 디톡스

일정 기간 AI 비서나 챗봇 대신 오직 인간과 대화를 하는 도전을 해본다. 이는 현대 도시인이 한 달간 자연 속에서 생활하며 잃어버린 감각을 되찾는 것과 같다. 이는 단순한 기술 거부가 아닌, 소통의 근육을 재활하는 적극적 치유 과정이다.

·실천법: 분기별로 1주일간 '인간 대 인간' 소통 챌린지를 진행하고, 그 경험을 기록한다.

(5)질문 중심 대화법

정보 전달에 초점을 맞춘 대화에서 벗어나 '질문 중심 대화법'을 훈련한다. 이는 답을 향해 직진하는 화살보다 탐험을 즐기는 나비의 비행 경로를 택하는 것과 같다.

· **실천법:** 대화 중 '3Q 규칙'을 적용한다. 3Q란 상대방의 말에 최소 세 개의 개방형 질문을 이어가는 것으로, 이를 습관화한다.

4)연구 및 교훈

(1)연구

2024년 하버드 비즈니스 스쿨의 연구에 따르면, 화상 회의와 대면 회의를 병행한 팀은 화상 회의만 진행한 팀보다 창의적 문제 해결 능력이 32% 높았다. 이 연구는 78개 기업의 450개 팀을 6개월간 추적하여 소통 방식과 업무 성과의 상관관계를 분석한 것으로, 특히 복잡한 문제일수록 아날로그 소통의 효과가 두드러졌다.

스탠포드대학의 '디지털 인류학 프로젝트'는 2023년부터 5개국 청소년들의 소통 방식 변화를 추적해 왔다. 흥미롭게도 매일 8시간 이상 디지털 기기를 사용하는 십대들 사이에서 '아날로그 소통의 반란'이라 불리는 현상이 관찰되었다. 이들은 주말마다 자발적으로 손편지 교환, 대면 독서 모임, 심지어 '무전기 파티' 같은 아날로그 소통 형태를 창조해 냈다. 연구자들은 이를 '디지털 네이티브의 역설적 귀향'이라고 명명했다.

(2)교훈

"기술이 발전할수록 우리에게 필요한 것은 더 많은 앱이 아니라, 더 깊은 마음의 접속이다."

AI가 정보를 처리하는 속도와 정확도는 광속으로 향상될 것이다. 하지만, 인간의 상처와 취약함을 감싸안고 함께 아파할 수 있는 공감 능력은 앞으로도 인간만의 성스러운 영역으로 남을 것이다. 따라서 기술이 대체할 수 없는 영역을 발견하고, 그것을 집요하게 발전시키는 것이야말로 AI 시대의 파도를 지혜롭게 타는 방법이다. 우리가 마주한 역설은 결국 새로운 도약의 발판이며, 그 도약을 통해 우리는 더 깊고 진정한 소통의 예술을 재발견하게 될 것이다.

디지털 폭풍우가 세상을 휩쓸고 지나가는 이 시대에 우리는 종종 소통이라는 나침반을 잃고 혼란의 바다를 표류한다. 하지만 기억하자. 가장 어두운 밤에 별빛이 가장 빛나듯, AI의 파도가 커질수록 진정한 인간적 소통의 가치는 오히려 더욱 눈부시게 빛날 것이다.

당신의 떨리는 목소리에 담긴 한 마디의 진심, 상대를 바라보며 온전히 귀 기울이는 5분의 시간, 그리고 함께 나눈 의미 있는 침묵은 세상 어떤 알고리즘도 복제할 수 없는 영혼의 언어다. 우리는 완벽하지 않기에 실수하고, 망설이고, 때로는 말을 더듬는다. 바로 이 불완전함과 취약성이야말로 AI와 우리를 구분짓는 경계이자, 인간 소통의 무한한 아름다움의 원천이다.

그러니 두려워하지 말자. AI가 새로운 조류를 일으킨다면, 우리는 그 물결 위에서 더 멀리 항해할 수 있는 새로운 나침반을 만들면 된다. 기계가 계산하는 동안 우리는 공감하고, 기계가 정보를 처리하는 동안 우리는 이야기를 나누고, 기계가 알고리즘을 실행하는 동안 우리는 서로의 눈빛으로 대화하면 된다.

그리고 나면 이 모든 기술의 파도가 잦아든 후, 우리는 마침내 깨닫게 될 것이다. 가장 첨단의 소통 도구를 손에 쥐고 있을 때조차, 우리가 진정으로 갈망하던 것은 결국 다른 인간의 따뜻한 손길과 이해의 눈빛이었다는 것을. 그것이야말로 소통의 위대한 역설이자, 우리를 영원히 인간으로 남게 하는 아름다운 모순이다. 완벽한 알고리즘보다 불완전한 공감이, 정확한 답변보다 함께하는 침묵이, 빠른 연결보다 깊은 이해가 당신을 더 인간답게 만든다.

4장

기적을 부르는
소통의 역설 씨앗 심기

성격 유형별
소통의 역설

"당신은 어떤 성격이신가요?"라고 누군가 물으면, 대개 "저는 내향적 편이에요", "저는 외향적인 편입니다"라고 답한다. 사람을 이해하기 어렵기에 우리는 성격이라는 틀을 만들어 서로를 구분하고, 예측하고, 규정하려 한다. 성격은 그렇게 우리의 사회적 언어가 되었다.

그러나 정말 그 틀만으로 사람을 이해할 수 있을까? 정작 주도형이 눈물에 약하고, 감성적인 사람이 차가운 결정을 내리는 것을 우리는 종종 목격한다. 왜 그럴까? 바로 '역설' 때문이다. 이 단락은 대표적인 성격 유형인 주도형, 신중형, 사교형을 통해, 사람들의 행동 속에 숨어 있는 역설을 들여다볼 것이다.

1)현상: 성격의 틀에 가두면 사람을 놓친다

최근 성격 테스트가 큰 인기를 끌고 있다. MBTI, DISC, 애니어그램 등 다양한 유형 분류법이 회자되고 있다. 심지어는 친구의 성격을 MBTI로 기억하고, 연인의 성향을 유형으로 판단하기도 한다. 하지만 이러한 도식화는 편리한 만큼, 사람을 얕게 볼 위험도 안고 있다.

예컨대 '주도형'은 감정을 억제하는 사람으로, '신중형'은 소심한 사람으로, '사교형'은 무조건 밝고 들뜬 사람으로 오해하기 쉽다. 하지만 사람은 언제나 그 틀에서만 움직이는 것이 아니다. 수시로 틀을 벗어나는 순간이 있다. 성격은 설명 도구일 뿐, 정의 도구가 되어선 안 된다. 우리가 성격으로 사람을 규정하는 순간, 그 사람의 진짜 얼굴은 가려진다.

2) 예시: 그들은 정말 그런 사람일까?

주도형 A의 하루는 결정의 연속이다. 회의실에서 그의 목소리는 언제나 또렷하고, 그의 시선은 목표를 향해 흔들림이 없다. 팀원들은 그를 의지하고, 그의 결단력에 안심한다. 하지만 아무도 모르는 순간, 사무실 화장실 칸막이 안에서 A는 자신의 두려움과 마주한다. 짧은 한숨, 몰래 닦아낸 눈물방울. '난 정말 잘하고 있는 걸까?'라는 의구심, 누구에게도 보여줄 수 없는 흔들림, 누구에게도 기댈 수 없는 외로움이 그의 또 다른 얼굴이다.

신중형 B는 침묵의 대가다. 그는 회의에서 거의 말을 하지 않아 존재감조차 희미하다. 하지만 그의 침묵은 무관심이 아닌, 깊은 생각과 관찰의 시간이다. 다른 이들이 잠든 새벽, 그는 누구보다 먼저 자료를 분석하고, 메일함에는 항상 그가 보낸 꼼꼼한 분석 자료가 도착해 있다. 그리고 오랜 고민 끝에 내린 B의 결정은 폭풍 속에서도 흔들리지 않는 등대처럼 단단하다. 그의 조용함 뒤에는 누구보다 강렬한 열정의 불꽃이 타오르고 있다.

사교형 C의 웃음소리는 사무실 구석구석을 환하게 밝힌다. 그의 재치 있는 농담과 따스한 관심은 팀의 분위기를 살리는 생명수다. 하지만 퇴근 후, 그는 이어폰으로 세상을 차단한 채 텅 빈 집으로 돌아간다. 수많은 사람들 속에서도 진정으로 나를 아는 이가 없다는 쓸쓸함이 그를 감싸안는다. 그의 화려한 수다는 사실 가장 깊은 외로움에 대한 방어였는지도 모른다.

3) 행동 특성별 역설적 소통 솔루션

주도형과 대화할 때는 맞서는 대신 조용히 "나는 당신을 신뢰해요"라는 식으로 말하는 것이 좋다. 그들은 리더로서의 무게에 늘 긴장하며 살아간다. 신뢰는 그들에게 해방감을 줘 내면의 방어선을 무너뜨린다. 직접적인 지시나 질문보다는 신뢰와 존중의 시선으로 감정적 안정감을 주되, 강요를 해서는 안 된다. "당신도 편히 이야기하고 싶은 때가 있겠지요"와 같이 여지를 남기는 방식이 더 안전하다. 예를 들면, "당신의 결정을 지지해요. 단, 당신의 감정은 어떤지도 궁금합니다"와 같은 식이다.

사교형에 효과적인 역설적 소통 솔루션은 무엇인지 알아보자. 먼저, 겉모습 뒤의 감정에 질문을 던져보라. "오늘 하루 어땠어요?"가 아닌, "당신은 늘 밝은데, 속은 어때요?"와 같은 '정서 중심의 질문'이 핵심이다. 즉각적인 반응보다 여운을 주는 피드백이 좋다. 사교형은 자극에 익숙하기에, 차분한 공감이 오히려 새롭고 깊은 관계로 이끌어 준다. 예를 들면, "당신 이야기 너무 좋았어요. 그런데 오늘의 진짜 기분도 듣고 싶네요"와 같은 식이다.

신중형과는 너무 많은 논리보다 "이해해"라는 짧은 말이 더 큰 힘을 발휘한다. 그들은 생각이 많기 때문에, 감정적 배려를 더욱 절실히 느낀다. 정말 그럴까? 그에 대한 답은 다음의 심리학적 이론인 '적극적 경청 이론'으로 대신한다.

토마스 고든Thomas Gordon은 논리적 설득보다 있는 그대로 듣고 공감해주는 태도가 오히려 상대의 방어를 풀고 대화를 촉진한다고 주장했다. 특히, 이는 내향적이며 분석적인 성향의 신중형에게 효과적이다. 그들은 자신의 깊은 감정을 논리로 설명받기보다는 "그랬구나", "그럴 수 있지"와 같은 짧은 인정에서 심리적 해방을 느낀다.

신중형 직원은 상사로부터 "왜 이렇게 오래 걸려?"라는 논리적 질문을 받으면 위축된다. 반면, "이 일에 애쓰는 거 다 알아. 시간 걸려도 괜찮아"라는 정서적 지지가 오히려 업무 효율과 몰입도를 높인다. 2020년 〈하버드 비즈니스 리뷰〉의 연구에 따르면, 정서적 배려 표현이 팀 몰입도와 성과를 23% 향상시킨다고 한다.

4)연구와 교훈: 심리학이 말하는 사람의 이면

(1)연구

심리학자 칼 융은 인간 내면에 그림자가 있다고 했다. 우리가 의식적으로 드러내지 않으려는 또 다른 자아다. 이 그림자가 억압되면, 관계에서 왜곡된 형태로 튀어나오기도 한다. 역설은 바로 이 그림자가 보내는 신호다.

  또한 소통 전문가 폴 바츨라빅은 역설적 개입Paradoxical Intervention을 통해 사람의 고정된 행동 패턴을 바꿀 수 있다고 주장했다. 이는 우리가 누군가의 예상과 반대되는 방식으로 반응할 때, 오히려 관계의 본질이 드러난다는 뜻이다. 결국 성격은 인간을 이해하기 위한 '출발점'이지, '종착점'이 아니라는 것이다.

(2)교훈

"사람을 이해한다는 건, 그 사람의 성격을 잘 아는 것이 아니라 그 사람의 모순을 받아들이는 것이다."

우리는 모두 복잡한 존재다. 주도형이지만 약하고, 신중형이지만 용감하며, 사교형이지만 외롭다. 이처럼 인간의 진짜 모습은 성격이라는 직선 위가 아니라, 역설이라는 곡선 속에 숨어 있다.

  그렇기에 사람을 이해하려면 그의 이중성, 모순, 예외를 사랑할 줄 알아야 한다. 자신을 향해서도 마찬가지다. '나는 주도형이니까', '나는 원래 이런 사람이니까'라는 자기 규정에서 벗어날 때 우리는 진정한 자기 자신을 만난다. 사람을 이해한다는 건, 그 사람의 성격을 잘 아는 것이 아니다. 그 사람의 모순을 받아들이는 것이다. 그리고 그 모순 안에, 우리 모두의 인간다움이 깃들어 있다.

  "나는 내 안의 역설과 함께 살아가는 사람입니다." 이것이 우리가 서로에게 건넬 수 있는 가장 진실한 자기소개가 아닐까?

대화가 많을수록
문제가 잘 해결된다?

　산에 오르다 길을 잃었을 때는 더 이상 걷지 말고 잠시 멈춰서야 한다. 대화 역시 마찬가지다. 대화의 미로에서 길을 잃었을 때 필요한 것은 더 많은 말이 아니다. 의미 있는 침묵일 수도, 출구를 찾기 위한 질문일 수도 있다.
　우리는 소통의 양과 질 사이에서 끊임없이 줄다리기를 하고 있다. 인류 역사상 가장 많은 대화가 오가는 시대, 그러나 그 어느 때보다 깊은 외로움을 느끼는 시대를 살고 있다. 수십 개의 대화창을 동시에 열어두고, 수백 명의 사람들과 연결되어 있지만, 정작 마음 깊은 곳에서는 진정한 연결을 갈망하고 있다.
　이 단락은 대화가 많을수록 항상 더 나은 해결책을 가져오는지에 대한 진지한 질문이다. 말의 홍수 속에서 진정한 소통의 본질을 찾아가는 여정이다. 대화의 본질은 단순히 말을 주고받는 행위가 아닌, 영혼과 영혼이 만나는 순간임을 깨닫게 될 것이다.

1) 현상: 말의 풍요, 소통의 빈곤

우리는 역사상 가장 '말'이 많은 시대를 살고 있다. 카카오톡은 하루 100억 건의 메시지를 전달하고, 페이스북에는 매분 5백만 개의 댓글이 달린다. 우리는 끊임없이 키보드를 두드리고, 목소리를 녹음한다. 그러나 역설적이게도, 이토록 말이 넘쳐나는 시대에 우리는 그 어느 때보다 깊은 외로움을 느끼고 있다. 디지털 바다에서 우리는 메시지라는 물고기를 끊임없이 낚지만, 정작 영혼의 갈증은 해소되지 않고 있다. 말의 빗줄기는 쏟아지지만, 마음의 가뭄은 더욱 깊어만 가고 있다.

서울대학교 사회학과 연구팀의 최근 조사에 따르면, 스마트폰 사용 시간이 하루 5시간을 넘는 사람들의 '사회적 고립감'이 그렇지 않은 사람들보다 37% 더 높았다고 한다. 또한 국제 행복도 조사에서 한국인의 '관계 만족도'는 OECD 국가 중 최하위권에 머물렀다고 한다. 그렇게 본다면 말의 양과 소통의 질은 반비례하는 듯하다.

이 현상은 값싼 설탕물을 많이 마실수록 진정한 갈증이 해소되지 않는 것과 같다. 실제로 영국 옥스퍼드대학의 연구진은 SNS 메시지의 93%가 실질적 정보나 감정 교류가 없는 소위 '의미 없는 대화'라고 분석했다. 우리는 정보의 바다에서 헤엄치고 있지만, 지혜의 섬에는 도달하지 못하고 있는 것이다.

현대인들은 대화의 양적 팽창 속에서 질적 빈곤을 경험하고 있다. 우리에게 필요한 것은 '말의 양'이 아닌 '말의 온도'다. 인간관계를 지속 가능하게 만드는 것은 '얼마나 많은 말을 주고받았는가'가 아니라, '말 속에 얼마나 많은 진정성과 따뜻함이 담겨 있는가'다.

2) 예시: 말하지 않는 시간이 만든 기적

최 부장은 중견 기업의 15년차 팀장이었다. 그는 늘 '소통'을 강조했지만, 그의 소통은 일방적인 지시와 끊임없는 피드백의 연속이었다. 그의 팀원들은 하루 수십 통의 카카오톡 메시지와 이메일에 시달렸고, 주간 회의는 언제나 최 부장의 장황한 연설로 끝났다. 그의 팀 성과는 그리 좋지 않았다. 팀원들은 겉으로는 순응했지만, 내면에는 불만이 쌓여 갔다. 이직률은 높아졌고, 창의적인 아이디어는 점점 사라져 갔다.

그러던 어느 날, 최 부장이 심장 질환으로 갑작스럽게 입원하게 되었다. 3주간의 병가 동안, 팀은 최연소 대리인 정수 씨에게 맡겨졌다. 경험이 부족한 정수 씨는 지시하거나 조언할 자신이 없었다. 대신 그는 팀원들에게 이렇게 말했다.

"나는 여러분의 전문성을 존중합니다. 무엇이 필요한지 말해주면 돕겠습니다."

정수 씨는 회의 시간을 줄이고, 팀원들이 말할 때는 메모를 하며 경청했다. 그는 문제 해결책을 제시하는 대신, "당신은 어떻게 생각하세요?"라고 물었다. 팀 채팅방은 잠잠해졌고, 팀원들은 필요할 때만 의미 있는 대화를 나눴다.

그런데 놀랍게도 최 부장이 복귀했을 때, 팀의 성과는 30% 상승해 있었다. 더 적은 회의, 더 적은 메시지, 더 적은 지시였지만, 더 큰 만족감을 느꼈기 때문이었다.

"무슨 일이 있었던 거지?"라고 최 부장이 정수 씨에게 물었다.

정수 씨가 미소를 지으며 답했다.

"말을 줄이고, 경청을 늘렸을 뿐이에요."

그날 이후, 최 부장은 '말하지 않는 리더십'을 실천하기 시작했다. 그는 회의 시간을 반으로 줄이고, 팀원들의 이야기에 귀 기울이는 시간을 두 배로 늘렸다. 지시는 줄었고, 신뢰는 늘어났다. 그 결과, 6개월 후에 그의 팀은 회사에서 가장 높은 만족도와 생산성을 자랑하게 되었다.

이 이야기는 때로는 '더 적은 대화'가 '더 나은 소통'이 될 수 있음을 보여준다. 진정한 소통의 본질은 말의 양이 아닌, 그 안에 담긴 존중과 경청의 깊이에 있다.

3)소통의 역설 솔루션: 말하지 않고 말하는 법

진정한 소통의 역설은 때로는 말을 줄여야 더 많은 것이 전달된다는 점이다. 이는 마치 음악에서 '쉼표'가 있기에 선율이 아름다운 것과 같다. 소통 전문가들이 제시하는 역설적 소통 솔루션들을 살펴보자.

깊은 침묵의 용기

침묵은 공허가 아닌 충만이다. 가장 깊은 바다는 가장 조용한 법이다. 상대방의 말 사이에 숨겨진 의미를 발견하는 것은 침묵 속에서만 가능하다. 하버드대학의 소통 전문가 데보라 탠넨 교수는 "침묵은 단순한 말의 부재가 아니라 적극적인 소통의 형태"라고 강조한다.

침묵은 도화지와 같다. 그 위에서만 타인의 진심이라는 명화를 온전히 감상할 수 있다. 귀를 닫는 순간, 우리는 세상에서 가장 중요한 소리를 놓치게 된다. 상대의 가슴에서 들려오는 진실의 속삭임을.

대화 중 '3초 룰'을 적용해 보자. 상대방의 말이 끝난 후 최소 3초간 침묵하고, 그 말의 의미를 완전히 소화한 후 응답하는 것이다. 이 작은 습관이 대화의 깊이를 놀랍게 변화시킨다.

말의 맛을 음미하기

탁월한 요리사가 적은 재료로 깊은 맛을 내듯, 소통에서도 품질은 양을 이긴다. 일본의 '이치고이치에-期-會'는 '한 번의 만남, 한 번의 기회'를 의미한다. 모든 대화를 마지막 대화처럼 소중히 여기는 태도는 말의 밀도를 높인다.

우리의 말은 투자와 같다. 아무 생각 없이 쏟아내는 천 마디보다 가슴에서 우러나온 한 마디가 더 큰 수익률을 가져온다. 황금이 그 희소성으로 인해 가치를 지니듯, 말도 그러하다.

'의미 있는 한 문장' 연습을 해보자. 오늘 하루 동안 나눈 모든 대화에서 가장 가치 있는 한 문장을 기록하는 것이다. 이 습관은 당신의 말에 무게와 가치를 더할 것이다.

질문의 예술 익히기

답을 제시하는 문장은 대화의 문을 닫지만, 좋은 질문은 새로운 세계를 연다. 소크라테스가 인류 역사상 가장 위대한 스승으로 기억되는 이유는 위대한 해답을 주었기 때문이 아니라, 위대한 질문을 던졌기 때문이다.

질문은 마음의 문을 여는 열쇠다. 주장은 벽을 세우지만, 질문은 다리를 놓는다. 당신의 확신은 아무리 강해도 타인의 마음에 벽돌 하나 쌓을 수 없지만, 진심 어린 질문 하나는 그 벽을 무너뜨릴 수 있다.

'열린 질문'의 기술을 연습하자. "예/아니오"로 답할 수 있는 질문 대신, "어떻게 느꼈나요?", "당신에게 그것은 어떤 의미인가요?"와 같은 질문은 대화의 깊이와 넓이를 확장한다.

공감의 온도 높이기

진정한 소통은 정보의 교환이 아닌 감정의 공유다. 미국의 가족 치료사 버지니아 사티어는 "소통의 목적은 이해이지, 설득이나 통제가 아니다"라고 강조했다. 공감은 마음의 체온계다. 상대의 감정 온도를 정확히 읽고, 그에 맞는 따뜻함을 전할 때, 비로소 진정한 소통이 이루어진다. 논리는 머리를 움직이지만, 공감은 가슴을 움직인다.

'반영적 경청'을 실천해 보자. 상대방의 말을 자신의 말로 재구성하여 "당신이 느낀 것은 ○○○이군요"라고 표현하는 것이다. 이는 상대방이 진정으로 이해받는다고 느끼게 만든다.

이러한 소통의 역설 솔루션들은 단순히 말을 줄이라는 것이 아니다. 더 의미 있고, 더 따뜻하고, 더 진실된 말을 나누라는 것이다. 양보다 질, 속도보다 깊이, 주장보다 경청을 우선시할 때, 우리는 비로소 진정한 소통의 기적을 경험하게 된다.

4)연구와 교훈

(1)연구

하버드대학교의 연구에 따르면, 부부 간의 대화에서 단순히 대화량을 늘리는 것보다 '반응적 경청'을 실천하는 커플의 관계 만족도가 78% 더 높았다. 또한, 구글의 '아리스토텔레스 프로젝트'는 팀 성공의 핵심은 말의 양이 아닌 '심리적 안전감'임을 밝혀냈다. 팀원들이 자유롭게 발언할 수 있는 환경과 서로의 말에 귀 기울이는 문화가 성과를 좌우한다는 것이다.

MIT 미디어랩의 샐리커 힐 박사는 대화 중 스마트폰의 존재만으로도 대화의 공감도가 37% 감소한다는 충격적인 연구 결과를 발표했다. 양적으로는 같은 대화라도, 온전히 집중하지 않으면 그 질적 가치가 크게 떨어진다는 증거다.

(2) 교훈

"진정한 소통은 주고받는 말의 양이 아닌, 경청의 질에서 비롯된다."

소통에서 중요한 것은 '얼마나 많이 말하는가'가 아니라 '얼마나 깊이 듣는가'이다. 말의 양보다 질이, 주장보다 경청이, 설득보다 공감이 더 가치가 있다. 값비싼 와인 한 모금이 값싼 술 한 병보다 더 깊은 여운을 남기듯, 진심에서 우러나온 한 마디가 천 마디의 겉치레보다 더 오래 기억된다. 깊은 관계를 원한다면, 더 많은 말을 쏟아내는 대신 '말의 온도'를 높이는 데 집중해야 한다.

빛나는 별을 보기 위해서는 도시의 소음과 불빛을 벗어나야 한다. 마찬가지로, 진정한 소통을 위해서는 때로는 말의 홍수에서 벗어나 고요한 곳으로 가야 한다. 그곳에서 우리는 비로소 서로의 마음속에 숨겨진 별들을 발견하게 된다.

　침묵의 바다 위에 둥둥 떠 있는 진실한 말 한 마디는 소음의 폭포수보다 강력하다. 그것은 사막에서 만난 오아시스 같이, 도시의 불빛 속에서 발견한 별 같이, 소란한 식당에서 귓가에 속삭이는 사랑의 고백 같이 우리의 영혼을 흔들어 깨운다.

　오늘, 당신의 소통에 '더하기'가 아닌 '빼기'의 지혜를 실천해 보자. 더 많은 말이 아닌 더 깊은 경청을, 더 빠른 답변이 아닌 더 진실한 반응을, 더 화려한 언변이 아닌 더 따뜻한 공감을 해보자. 그러면 놀라운 변화가 찾아올 것이다. 갈등은 이해로, 단절은 연결로, 혼돈은 명료함으로 바뀔 것이다. 인간관계의 깊은 곳에서 일어나는 이 기적은, 역설적이게도 우리가 덜 말하고 더 많이 소통할 때 비로소 가능해진다.

그런 너는
내 마음을 다 아니?

 소통의 역설이란, 관계를 개선하거나 더 나은 결과를 도출하기 위해 우리가 흔히 사용하는 소통 방식과는 반대되는 접근법을 말한다. 즉, 직접적이고 솔직한 대화가 소통의 전부가 아니라는 거다. 때로는 침묵하고, 질문을 던지고, 의도적으로 거리를 두는 접근법이 더 큰 이해와 연결을 가져온다는 것이다.

 기나긴 인생에서 오랜 시간 한 배를 탄 부부도 서로 다른 방향을 바라본다. 평생의 동반자로 맺어진 이들이 서로를 완전히 이해한다고 믿는 순간, 오히려 가장 먼 섬처럼 느껴지는 역설이 시작된다. 그렇게 소통의 다리가 무너지면 평생을 함께하는 여정에 금이 가고, 그 균열은 가정 구성원들에게 쓰나미를 몰고온다.

 말의 실타래가 엉키면 감정의 매듭은 더욱 똘똘 뭉쳐 단단해진다. 이때 대부분의 사람들은 그 매듭을 풀기 위해 더 많은 말을 던진다. 그러나 던질수록 실은 더 헝클어질 뿐이다. 이 단락에서는 부부간에 얽히고 설킨 소통의 실타래를 풀 지혜를 찾아보자.

1) 현상

"20년을 같이 살았는데 내 마음을 그렇게 몰라?"
"그런 너는 내 마음을 다 아니?"

부부간에 자주 하는 질문과 대답이다. 그렇다면 "우린 비밀이 없어요"라는 노랫말처럼 부부는 배우자의 모든 것을 알아야 할까? 소통의 정설 관점에서는 맞는 말이다. 그러나 역설 관점에서는 올바른 말은 아니다. 서로에 대해 잘 안다고 믿는 것이 더 큰 오해와 갈등을 초래하기 때문이다. 이러한 아이러니는 도대체 왜 발생하는 것일까?

부부 소통의 현주소 중 가장 많은 유형이 그 이유를 말해준다. 그들 대부분은 같은 집에 살면서도 각자 다른 언어를 사용하며 살아간다. 부부 간 대화는 서로 다른 주파수로 방송되는 라디오 채널처럼 온종일 다른 목소리를 낸다. 한 사람은 감정의 주파수로 송신하는데, 다른 사람은 논리의 주파수로만 수신하니 메시지가 온전히 전달될 리 없다. 그뿐만이 아니다. 자신의 마음속 지도로 상대방을 탐험하려는 오류를 범하기도 한다.

바람직한 부부 소통의 방향은 상대방을 완전히 이해하려는 시도를 내려놓고, 오히려 '나는 당신을 충분히 알지 못한다'는 겸손한 자세에서 시작된다. 낯선 땅에 발을 디딘 여행자처럼, 호기심과 열린 마음으로 매일 상대방을 새롭게 발견하고 찾아가는 것이다.

이처럼 소통의 역설은 답을 찾는 것이 아니라, 함께 질문을 나누는 과정에 있다. 서로의 마음을 캐내는 광부가 아니라, 함께 보물을 찾아가는 탐험가가 되는 것이다. 이게 바로 진정한 소통이 아닐까?

2) 예시

너는 정말 알고 있니?

우리 사이에는 보이지 않는 바다가 있어. 파도가 밀려오고 썰물이 되는 이 감정의 바다를. 너는 그저 표면만 보고 있지. 깊은 바닷속에 숨겨진 내 마음의 산호초들, 그 화려함과 아픔을 너는 얼마나 알고 있니?

내 마음은 열쇠 없는 방처럼 문이 닫혀 있을 때가 많아. 너는 그저 창문을 통해 들여다보기만 하지. 그 방 안에 켜진 불빛이 얼마나 외로운지, 벽에 걸린 그림들이 어떤 이야기를 품고 있는지, 너는 정말 알고 있니?

가끔은 너에게 내 마음의 지도를 건네주고 싶어. 여기는 행복한 추억이 담긴 언덕이고, 저기는 상처가 흐르는 강이야. 하지만 너는 그 지도를 받아들고도 길을 잃은 듯 헤매기만 해. 내가 표시한 보물 지점에 도달하지 못하고.

우리는 다른 언어를 쓰는 사람들 같아. 내가 사랑이라고 말할 때, 너는 그저 단어만 듣지. 그 안에 숨겨진 수만 개의 감정과 기억들은 보지 못한 채. 내 눈빛에 담긴 바람을, 내 침묵 속에 흐르는 목마름을 너는 얼마나 읽을 수 있니?

하지만 가끔, 아주 가끔은 네가 내 마음의 정확한 위도와 경도를 찾아내는 순간이 있어. 내가 말하지 않아도, 내가 보여주지 않아도, 네가 그냥 알아버리는 그 순간. 그때 나는 생각해. 어쩌면 너는 내 마음을 다 알지도 모른다고.

당신과 나, 그리고 우리

박수정(가명, 48세) 씨와 이태웅(가명, 52세) 씨는 결혼 22주년을 맞았다. 하지만 그들의 관계는 차갑게 식어가고 있었다. 둘째가 대학을 가고 나면 좀 나아질 줄 알았다. 그러나 달라진 건 없었다. 눈가에 주름이 생기고, 새치가 많아졌다는 것 외에는.

어느 날, 수정 씨는 가족들 앞에서 "이제, 더 이상 헌신하고 희생하는 삶은 살고 싶지 않다. 나는 내 인생을 살기로 했다"고 선언했다. 수정 씨는 자신만의 시간을 갖기 위해 도자기 공방에 등록했다. 태웅 씨는 아내가 가정보다 취미를 우선시한다며 불만을 토로했다.

"당신은 항상 회사 일이 바쁘다면서 가족은 뒷전이었잖아요. 이제 내가 조금이라도 나를 위한 시간을 가지려는데, 그게 그렇게 불만이예요?"

태웅 씨는 침묵했다. 그는 아내의 말이 틀리지 않다는 것을 알았다. 하지만 인정하기도 어려웠다. 갈등은 계속되었다. 어느 날 수정 씨가 자신이 만든 도자기 작품을 집에 가져왔다. 그것은 다른 두 개의 형태가 하나로 어우러진 독특한 화병이었다.

"이건 우리 같아요. 다른 모양, 다른 색깔이지만 함께일 때 더 아름다워요."

수정 씨의 말에 태웅 씨는 그 화병을 오랫동안 바라보았다. 그리고 다음 주말, 그는 아내에게 깜짝 선물을 준비했다. 수정 씨가 다니는 공방에 함께 가서 커플 도자기 클래스를 신청한 것이었다.

"당신이 행복해하는 모습을 보고 싶어요. 그리고 나도 내 인생에서 조금 더 창의적인 부분을 찾고 싶어요."

태웅 씨의 말에 수정 씨는 놀랐지만 기뻤다. 그날 이후, 그들은 서로의 공간을 존중하면서도 함께하는 시간을 갖기로 했다. 태웅 씨는 일주일에 하루는 일찍 퇴근해 저녁 식사를 준비했고, 수정 씨는 주말 아침을 남편과 함께하는 산책 시간으로 정했다.

수정 씨가 어느 날 말했다.

"나는 내 인생을 산다는 것이, 결국은 우리의 인생을 더 풍요롭게 만드는 거였어요."

이에 태웅 씨가 답했다.

"당신과 나, 그리고 우리의 이 모든 것이 다 소중하다는 걸 이제야 제대로 이해하게 됐어요."

3) 소통의 역설 솔루션

(1) 자기 고백적 소통

"당신을 이해한다고 말했지만, 내 입장만 강조했을지 몰라. 당신 이야기를 더 들어볼게."

이 말은 자신의 안경을 잠시 벗고, 상대방의 안경을 써보는 것과 같다. 자신의 한계를 인정하는 것이 오히려 더 깊은 이해의 문을 여는 열쇠가 된다. 우리는 자신만의 안경을 통해서만 세상을 본다. 그것을 잠시 내려놓는 용기가 필요하다. 자신이 불완전함을 인정하면, 상대방을 더 선명하게 볼 수 있다.

매일 상대방에게 "오늘 내가 당신의 마음을 이해하지 못했던 순간이 있었을까?"라고 물어보자. 상대방의 답변을 그대로 받아들이며 "그랬구나, 미안해"라고 인정하는 연습을 하면 자기 고백적 소통이 자연스러워진다.

(2) 궁금증 기반 접근

상대방의 비난을 기회로 삼아 "당신이 그렇게 느낀 이유가 궁금해. 어떤 점에서 내가 몰랐다고 느꼈는지 이야기해줘"라며 대화를 이어간다. 이 말은 갈등의 순간을 더 깊은 이해의 기회로 전환시킨다. 비난의 화살을 받았을 때는 방패를 들기보다, 그 화살의 방향을 따라가 상대방의 아픔을 발견하는 여정으로 삼아야 한다. 화살을 던진 이유를 알고 함께 들여다볼 때 진정한 치유가 시작된다.

상대방이 화났을 때는 "내가 왜?"라고 방어적으로 묻는 대신 "그렇게 느낀 이유를 구체적으로 말해줄래?"라고 질문하라. 답변을 들을 때는 고개를 끄덕이며 눈을 맞추고, 중간에 끊지 않는 것이 중요하다.

(3) 모른다는 것 인정하기

"나는 당신을 완전히 이해할 수 없을지도 몰라"라는 태도로 대화를 시작하면 상대방의 마음을 더욱 깊이 이해할 수 있는 여지가 생긴다. 이는 미지의 숲을 탐험하는 자세와 같다. 자신이 모든 것을 안다고 자만하지 말고, 새로운 발견에 마음을 열어두어야 한다. 우리의 마음은 끊임없이 변하는 강물과 같아서, 어제의 지도로는 오늘의 흐름을 파악할 수 없다. 매일 새롭게 그 강을 건너는 겸손함이 필요하다.

"당신에 대해 내가 얼마나 알고 있다고 생각해?"라고 물어보자. 상대방의 답변과 자신의 생각 사이에 차이를 발견하면, 그것은 새로운 이해의 출발점이 된다. 이해의 빈 공간을 채우는 대화를 시작해 보자.

(4) 열린 개방형 질문과 경청

서로의 경험과 감정을 이야기할 때, 결론을 내리지 않고 열린 질문을 던지며 경청하는 것이 중요하다. 예를 들어, "요즘 가장 힘든 일이 무엇인가요?"라는 질문을 던지면 상대의 내면을 탐구할 수 있다. 이는 단단한 땅을 파서 샘물을 찾는 것과 같다. 표면적인 대화가 아닌 마음의 깊은 층까지 도달하는 여정인 것이다.

대화할 때 '그래서?', '그런데?', '어떻게?'와 같은 단어로 질문을 시작해 보자. 상대방이 답한 후 10초간 침묵하며 더 말할 기회를 주고, 이야기가 끝난 후에는 다시 한 번 열린 질문을 던져보자.

(5) 서로의 기대 명확히 하기

기념일 같은 중요한 순간에는 상대가 원하는 것을 물어봐야 한다. 이는 항해할 때 목적지를 함께 확인하는 것과 같다. 서로 다른 방향을 향해 노를 젓는 오류를 줄일 수 있다. 많은 부부들이 이심전심을 기대하지만, 이는 정확한 해도海圖도 없이 항해하는 것과 같다. "당신에게 이 날은 어떤 의미인가요?"라는 간단한 질문이 수많은 실망과 오해를 예방할 수 있다. 기대의 지도를 함께 그리는 과정이 결국 실망의 함정을 피하는 지름길이다.

중요한 행사 전에 "이번 행사에 대해 어떤 기대가 있어?", "혹시 갖고 싶은 것 있어?"라고 명확히 물어보자. 답변을 메모하고, 실행 가능한 것과 불가능한 것을 솔직히 나누자. 기대치 조정이 실망을 줄이는 첫걸음임을 기억하자.

(6) 주기적인 체크인

매월 서로에게 지금 우리가 행복한지, 부족한 점은 없는지 묻는 시간을 가진다. 이는 건물의 균열을 조기에 발견하여 대형 사고를 막는 정기 점검과 같다. 감정의 온도계를 정기적으로 확인하지 않으면, 어느새 관계는 영하로 떨어진다. 정원을 가꾸듯 관계도 정기적으로 돌보는 시간이 필요하다. 잡초가 자라기 시작할 때 제거하는 것이, 정원이 황폐해진 후 복구하는 것보다 훨씬 쉽고 비용도 적게 든다.

매달 첫째 주 토요일 아침을 '관계 점검의 날'로 정하고, 1~10점 척도로 관계 만족도를 서로 공유한다. 7점 이하라면 "어떻게 해야 점수가 올라갈까?"라고 물어보고, 개선점을 함께 찾아보자.

(7) 감정적인 표현 주의하기

상대가 어떻게 받아들일지 고민한 뒤 조심스럽게 말을 선택한다. 이는 정원사가 섬세하게 가지를 다듬는 것과 같다. 무심코 던진 말 한마디가 상대방의 마음에 깊은 상처를 남길 수 있기 때문이다. 말은 한번 입에서 떠나면 화살과 같아서 다시 거둘 수 없다. 그래서 활을 당기기 전에 과녁을 신중히 살펴야 한다. 감정의 폭풍 속에서 던진 말들은 종종 태풍처럼 관계를 휩쓸고 지나간다. 바람이 잔잔할 때 말하는 지혜가 필요하다.

감정이 격해질 때는 '타임아웃'을 선언하고 30분간 대화를 중단한다. 그 시간 동안 3번 깊게 호흡하며 '이 말이 5년 후에도 기억될까?'라고 자문해 보자. 진정된 후에는 "내 말이 상처를 줄까 걱정돼"라고 솔직하게 말하고 시작해 보자.

(8) 상대방의 감정 인정하기

"그런 의도는 아니었지만, 상처받았다면 미안해"라며 상대의 감정을 인정한다. 이는 서로의 감정이라는 악기를 조율하는 과정과 같다. 둘의 화음은 상대방의 감정을 무시하지 않고 존중할 때 만들어진다. 감정은 논리로 재단할 수 있는 것이 아니다.

누군가의 감정을 부정하는 것은 빗속에 있는 사람에게 "비가 오지 않아"라고 말하는 것과 같다. 그 사람은 이미 젖어 있고, 그 경험은 실재하는데 말이다. 이런 경우에는 상대방의 감정적 우산을 빼앗는 대신, 함께 비를 맞거나 피할 수 있는 공간을 만드는 것이 중요하다.

상대방이 감정을 표현할 때 "그럴 리 없어"라는 말 대신 "네가 그렇게 느꼈다니 의외야. 더 자세히 말해줄래?"라고 말해보자. 감정을 부정하지 않고 인정하는 것만으로도 상대방은 마음이 열릴 것이다.

(9) 상처를 최소화하는 소통 훈련

갈등 상황에서 "왜 그런 말을 했어?"라는 비난 대신, "그 말을 들었을 때 이런 기분이 들었어"라는 방식으로 자신의 감정을 공유한다. 이는 날카로운 화살 대신 부드럽게 메시지를 전달하는 것으로, 상대에게 방어벽을 쌓게 하는 것이 아니라, 마음의 다리를 놓는 접근법이다.

상대방에게 창끝을 들이미는 대신 자신의 방패 뒤에서 말하는 법을 배우면, 대화는 전쟁터가 아닌 평화 협상장이 된다. '너는'으로 시작하는 문장은 상대에게 공격용 미사일처럼 느껴지지만, '나는'으로 시작하는 문장은 자신의 영토 안에서 보내는 평화의 비둘기 같은 느낌을 준다. 갈등 상황에서는 '나-메시지' 공식을 활용하자. "당신이 ○○(행동)할 때, 나는 □□(감정)을 느껴. 왜냐하면 ◇◇때문이야. 앞으로는 △△해 주면 좋겠어"라는 구조로 대화하면 비난 없이 문제 해결에 집중할 수 있다.

4) 연구 및 교훈

(1) 연구

고트만연구소The GottmanInstitute의 '장기 부부 연구'에 따르면, 성공적인 결혼 생활을 유지하는 부부들은 서로를 완전히 이해하려고 노력하기보다 지속적으로 호기심을 유지하며 '사랑의 지도Love Maps'를 꾸준히 업데이트한다고 한다. 이 연구는 40년 이상 1,000쌍 이상의 부부를 추적 관찰했으며, 소통 패턴으로 이혼 가능성을 90% 이상의 정확도로 예측할 수 있다고 밝혔다.

특히 이 연구소는 비난, 방어, 경멸, 담쌓기라는 네 가지 유해한 소통 패턴을 피하는 것이 결혼 만족도와 지속성에 크게 기여한다는 것을 발견했다. 또 한 가지 흥미로운 발견은 행복한 부부들은 부정적인 상호작용 하나당 최소 다섯 개의 긍정적인 상호작용을 한다는 것이었다. 이 5:1의 비율은 관계의 감정 은행 계좌에 충분한 긍정적 잔고를 유지하는 것이 중요함을 알려준다.

또한 2023년 서울대학교 가족학과의 '한국 부부 소통 패턴 연구'에 따르면, 갈등 상황에서 직접적인 대면보다 '냉각기'를 갖고 감정이 가라앉은 후 대화를 재개하는 부부들의 갈등 해결 만족도가 67% 더 높았다고 한다. 이 연구는 5년간 350쌍의 한국 부부를 대상으로 했으며, 소통의 역설적 접근법이 문화적 맥락에서도 효과적임을 증명했다.

특히 주 1회 이상 '무비판적 경청 시간'을 갖는 부부의 결혼 만족도는 그렇지 않은 부부보다 평균 43% 높게 나타났다. 또한 연구 결과, '잘 싸우는 부부'가 '전혀 싸우지 않는 부부'보다 장기적인 관계 만족도가 높았는데, 이는 갈등 자체가 아니라 갈등을 다루는 방식이 관계의 질을 결정함을 시사한다.

(2) 교훈

"진정한 소통은 알고 있다고 착각하지 않고, 끊임없이 질문하는 용기에서 시작된다."

'나는 당신을 다 안다'는 착각은 관계의 성장을 막는 가장 큰 장벽이 다. 진정한 친밀감은 서로의 미지의 영역을 인정하고, 그것을 함께 탐험하려는 겸손한 호기심에서 비롯된다. 이는 익숙한 도시 속에서 매일 새로운 골목길을 발견하는 즐거움과 같다. 따라서 가장 친밀한 관계일수록 상대방에 대한 가정과 추측을 내려놓고, 마치 처음 만난 것처럼 호기심 어린 질문을 던져야 한다.

이처럼 상대방에게 새로운 질문을 던지고, 답을 찾아가는 것은 평생의 동반자와 함께하는 진정한 여정이 된다. 이는 낡은 지도로 새로운 땅을 탐험하는 것이 아니라, 함께 지도를 그려가는 공동 작업이다. 때로는 길을 잃고, 예상치 못한 폭풍우를 만나기도 하지만, 그 모든 과정에서 두 사람은 관계라는 캔버스에 함께 그림을 그려가며 둘만의 독특한 예술 작품을 만들어 낸다.

결혼이란 두 영혼이 서로를 완전히 알 수 없다는 겸손함 속에서 평생 서로를 발견해 가는 여정이다. 불완전한 이해 속에서도 서로를 존중하고 사랑하는 법을 배우는 과정인 것이다. 두 그루의 나무가 서로의 뿌리를 존중하며 함께 자라는 것처럼, 부부는 서로의 독립된 내면세계를 인정하면서도 함께 성장해 나가는 존재인 것이다.

그러니 서로를 다 안다는 착각에서 벗어나 매일 새롭게 만나는 설렘을 찾아보자. 당신의 배우자는 아직 발견하지 못한 보물로 가득 찬 미지의 대륙과 같다. 오늘 당신이 알고 있다고 생각하는 것은 그저 해안선에 불과할지 모른다. 이 여행에 필요한 것은 판단이 아닌 호기심, 비난이 아닌 질문, 고정관념이 아닌 겸손함이다.

오늘 저녁, 배우자에게 "당신에 대해 내가 아직 모르는 것이 무엇일까?"라고 물어보며 새로운 여정을 시작해 보는 건 어떨까? 그 질문 하나가 닫혀 있던 마음의 문을 열고, 더 깊은 사랑의 바다로 당신을 인도할지도 모른다. 이 탐험에서 가장 큰 발견은 결국 당신 자신일지도 모른다. 상대방과 자신을 매일 새롭게 발견하는 여정이야말로 평생의 동반자와 함께 나누는 가장 아름다운 모험이 아닐까.

될 놈은 돼,
그냥 놔둬도

　인생이란 여정에서 부모와 자녀의 관계는 같은 숲에서 자라는 두 그루의 나무와 같다. 뿌리는 얽혀 있지만, 가지는 저마다의 하늘을 향해 뻗어나간다. 때로는 서로의 그림자를 드리우고, 때로는 햇빛을 나눠 받으며 성장한다.

　부모의 마음은 끝없는 우물과도 같아서 자녀를 향한 걱정과 사랑으로 가득 차 있다. 그 우물에서 퍼올린 물로 자녀라는 나무를 키우려 하지만, 때로는 그 물이 자녀에게는 홍수가 되기도 한다. 바로 이때가 소통의 다리가 무너지고, 불통의 강이 흐르게 되는 순간이다.

　자녀의 미래를 바라볼 때, 흥미롭게도 두 가지 유형이 눈에 띈다. 첫 번째는 마치 야생화처럼 '그냥 놔둬도 제 길을 찾아가는 유형'이다. 이들에게 필요한 것은 과도한 물이 아닌, 적절한 거리에서의 따스한 햇살이다. 이 유형의 자녀들과는 어떻게 소통해야 할까?

1)현상

　오늘날의 가정에서는 두 개의 별이 충돌하는 듯한 폭발적 갈등이 일상이 되고 있다. 특히 사춘기 자녀를 둔 가정에서는 더욱 그렇다. 한편에서는 내일을 위한 준비를 외치고, 다른 한편에서는 오늘의 자유를 갈망한다. 이 충돌의 중심에는 소통의 단절이라는 블랙홀이 자리하고 있다.

　부모는 자녀의 밝은 미래를 위해 길을 닦아주려 하지만, 그 길이 자녀에게는 감옥의 담장처럼 느껴진다. 그런 경우, "공부해라", "미래를 생각해라"라는 말들은 가정에서 태풍의 눈처럼 소용돌이치며 모든 대화를 집어삼킨다. 이러한 잔소리는 반발을, 반발은 분노를, 분노는 단절을 낳는다. 그렇다 보면 부모와 자녀는 같은 지붕 아래에서 다른 행성에 사는 존재가 된다.

　그런데 가장 역설적인 현상은, 이 모든 갈등의 시작이 사랑과 염려라는 점이다. 약이 과하면 독이 되듯, 지나친 관심이 오히려 자녀의 성장을 방해하는 장애물로 변질되는 것이다. 이 모든 상황 속에서 우리는 오래된 속담 하나를 다시 떠올리게 된다. "될 놈은 돼, 그냥 놔 둬도."

2)예시

원인 모를 불안함

　김미영(가명, 48세) 씨는 아침마다 같은 의식을 치른다. 고등학생 아들의 방문을 두드리고, 다시 두드리고, 또 두드린다. 마침내 문이 열리면 날카로운 눈빛이 그녀를 맞이한다.

"엄마, 제발 그만해. 내가 알아서 할게."

그 말을 들으면 미영 씨의 가슴에는 찬바람이 분다. 아들의 말은 칼날처럼 그녀의 마음을 벤다. 그러나 그 상처보다 더 아픈 것은 아들과의 거리감이다. 한때는 그녀의 품에서 잠들던 아이가 이제는 철옹성 같은 벽을 쌓고 있다.

미영 씨는 아들이 무한한 가능성을 가졌다는 것을 안다. 그의 예리한 통찰력, 뛰어난 문제 해결 능력, 세상을 바라보는 독특한 시각을 믿는다. 그러나 그 재능이 공부라는 틀 안에 갇혀 있지 않다는 것이 그녀를 불안하게 만든다.

아들의 방을 나오며, 미영은 몇 년 전 우연히 들었던 노래 가사를 떠올린다. "놓아주는 것도 사랑이야." 그 순간, 그녀의 마음에 작은 빛이 스민다. 아마도 진정한 사랑은 통제가 아닌, 신뢰에서 시작되는 것일지도 모른다.

아들 키우는 게 이렇게 힘들 줄이야

캐나다에서 두 자녀를 키우는 임서연(가명, 46세) 씨. 딸은 북극성처럼 뚜렷한 방향을 가진 아이지만, 아들은 폭풍우 속의 나침반처럼 방향을 잃고 흔들리는 듯하다. 아들은 공부보다 친구들과의 시간, 게임, 운동에 더 많은 에너지를 쏟는다. 임 씨가 게임 시간을 제한하려 할 때마다, 그것은 불에 기름을 붓는 상황이 된다.

"제발 나 좀 내버려 둬. 내 인생 내가 알아서 할 테니."

이 말은 단순한 반항이 아니라, 자신의 영역을 지키려는 본능적인 몸부림이다. 아들의 눈에는 분노와 함께 깊은 상처가 비친다. 그것은 새끼 독수리가 둥지를 벗어나 날개를 펴려는 순간, 어미 독수리가 다시 끌어내리려는 상황과 같다. 독수리는 날기 위해 태어났지만, 때 이른 비행은 추락의 위험을 내포하고 있다.

임 씨와 아들의 충돌은 때로는 물리적 힘겨루기로까지 번지기도 한다. 게임 컨트롤러를 빼앗으려는 엄마와 그것을 지키려는 아들. 그 순간, 둘 사이에 흐르는 것은 분노만이 아니다. 서로를 이해하지 못하는 안타까움, 소통하고 싶지만 방법을 모르는 절망감이 그들 사이를 가른다.

그러고 나면 그녀는 홀로 술잔을 기울인다. 격렬했던 감정이 잦아들면, 남는 것은 깊은 고독과 자문이다. '아들 키우기가 이렇게 힘이 드는 줄 미처 몰랐다.' 임 씨는 고향에 있는 오랜 친구와의 전화 통화에서 예상치 못한 위로를 받는다. "내 아들도 그랬어. 넌 믿지 못할 거야." 그 한마디가 임 씨의 마음에 작은 희망의 씨앗을 심는다. 마치 긴 겨울 끝에 보이는 첫 새싹처럼.

3)소통의 역설 솔루션

'될 놈은 된다'는 말의 진정한 의미는 '방치하라'가 아니라 '믿고 기다리라'는 것이다. 이 역설적 접근법은 자녀의 성장을 위한 세 가지 핵심 솔루션을 제시한다.

(1)적극적 거리두기

자녀와의 관계에서 가장 큰 역설은, 가까이 다가가려 할수록 더 멀어진다는 것이다. 나비를 잡으려 손을 뻗으면 날아가 버리는 것과 같다. 이때 자녀에게 필요한 것은 '침묵의 존재감'이다.

〈실천 Tip〉

· 하루에 한 번, 아무 요구 없이 자녀의 방 앞에 그들이 좋아하는 간식을 놓아두자.
· 자녀가 말을 걸어올 때만 대화하고, 그때는 온전히 경청하자.
· 잔소리나 조언이 목까지 차올라도, 깊게 숨을 들이마시고 "네가 알아서 할 수 있겠지?"라고 물어보자.

(2) 역설적 인정

자녀의 현재 모습이 아닌, 미래의 가능성을 인정하는 것이다. 이는 꽃봉오리를 보며 그 안에 숨겨진 아름다운 꽃을 상상하는 것과 같다. 놀랍게도, 이런 시선은 자녀에게 자연스레 전해진다.

〈실천 Tip〉

· 자녀가 관심 있는 분야(게임, 음악, 스포츠 등)에 대해 진지하게 물어보자.
· "넌 원래 이런 일에 재능이 있어"라고 특정 강점을 발견하여 말해주자.
· 작은 성공이나 노력도 구체적으로 칭찬을 해주되, 과장하지 말자.

(3)창조적 무관심

가장 강력한 역설 중 하나는 '무관심의 관심'이다. 어떤 일에 지나치게 관심을 보이면 자녀는 오히려 반발한다. 반면에 창조적 무관심은 자녀에게 안전한 실험 공간을 제공한다.

〈실천 Tip〉

· 자녀의 성적표나 스마트폰 사용 시간을 일부러 확인하지 않는 기간을 설정해 보자.
· "네가 알아서 결정해"라는 말을 실천하고, 그 결정을 존중하자.
· 자녀가 실수했을 때, "이번에 뭘 배웠니?"라고 물어보자. 훈계가 아닌 배움의 기회로 만들자.

이 세 가지 역설적 솔루션의 핵심은 '의식적인 비개입'이다. 이는 포기가 아니라, 더 깊은 차원의 신뢰와 존중이다. 활을 당겼다가 놓듯, 때로는 손을 놓아야 화살이 목표를 향해 날아갈 수 있다.

4)연구 및 교훈

(1)연구

2022년 스탠포드대학의 연구에 따르면, 자율성을 존중받은 청소년들은 그렇지 않은 또래보다 내적 동기부여가 43% 더 높았고, 장기적인 목표 달성률도 37% 더 높았다. 이들은 스스로 선택하고 책임지는 법을 배웠기 때문이다. 또한 2023년 하버드 교육대학원의 종단연구는 부모의 과도한 개입소위 '헬리콥터 페어런팅'이 청소년의 자기효능감을 감소시키고, 성인기 적응력을 저하시킨다는 사실을 밝혀냈다. 이 연구에서 부모의 간섭이 적절한 수준으로 유지된 가정의 자녀들은 스트레스 대처 능력과 회복탄력성이 약 28% 더 높게 나타났다.

(2) 교훈

"자녀를 믿고 놓아주는 용기가 그들을 진정으로 성장시킨다."

이는 쉽게 말하면, 새가 날 수 있도록 둥지를 떠나게 해야 한다는 것이다. 물론 그 과정에서 추락할 수도 있지만, 그 경험이 더 강한 날개를 만든다. 부모의 역할은 모든 추락을 막는 것이 아니라, 추락이 치명적이지 않도록 안전망을 제공하는 것이다. 그리고 무엇보다, 자녀가 다시 일어나 날개를 폈을 때 그 옆에서 응원하는 것이다.

강물은 바다를 향해 흐른다. 때로는 거센 소용돌이를 일으키고, 때로는 고요히 흐르지만, 결국은 목적지에 도달한다. 이와 마찬가지로, 우리 자녀들도 각자의 속도와 리듬으로 자신의 길을 찾아간다. 부모로서 우리는 그 강물을 막는 댐이 아닌, 함께 흐르는 물줄기가 되어야 한다.

그러면 어느 날 문득, 당신은 깨닫게 될 것이다. 그토록 걱정하고 염려했던 자녀가 어느새 단단한 날개를 펴고 자신만의 하늘을 날고 있음을. 그리고 그때 당신은 이해하게 될 것이다. 모든 씨앗에는 이미 거대한 나무가 될 운명이 새겨져 있다는 것을. 부모의 역할은 그저 그 씨앗이 제 시간에 꽃피울 수 있도록 기다려주는 것이었다는 사실을.

별빛이 우주의 어둠을 뚫고 지구에 도달하기까지 수백, 수천 년의 시간이 필요하듯, 자녀의 빛나는 가능성이 현실이 되기까지는 시간이 필요하다. 그 긴 여정에서 부모는 등대가 되어야 한다. 길을 강요하지 않고, 다만 빛을 비추어 자녀가 스스로 길을 찾을 수 있도록 도와주는 존재. 그것이 바로 우리가 부모로서 찾아야 할 진정한 역설적 지혜다.

결국, 가장 아름다운 꽃은 무리하게 피우려 하지 않고, 그저 계절을 믿고 기다렸을 때 피어난다. 우리 자녀들도 마찬가지다. 그들을 믿고 기다릴 때, 비로소 그 생명의 경이로운 춤은 시작된다. '될 놈은 돼, 그냥 놔둬도'는 체념이 아닌, 가장 깊은 신뢰의 선언이다. 그것은 우주의 질서와 생명의 신비에 대한 깊은 이해이자, 자녀의 내면에 이미 위대한 가능성이 잠들어 있다는 경이로운 발견이다. 그리고 그 발견은 우리에게 가장 어려운 과제를 던진다. 바로 '기다림'이라는 이름의 사랑을.

나는 너를 믿는다, 기다릴께

부모인 우리의 진짜 문제는 아이를 품에 안고 있으면서도 그 마음을 놓쳐버리고 있다는 것이다. 내일의 걱정에 발목 잡혀 오늘의 아이를 보지 못하는 것, 어쩌면 이것이야말로 이 시대 부모들의 가장 깊은 슬픔이 아닐까 싶다. 우리는 자녀의 미래라는 망원경을 들고 그들의 현재를 관찰하려 하지만, 가장 중요한 순간들은 현미경 없이는 보이지 않는다.

5년 후, 10년 후 우리 아이의 경제적 능력을 예측하며 밤잠을 설치는 부모들. 통계가 말하듯, 현재 10명 중 7명, 아니 8명의 아이들이 그냥 두어서는 안 될 상황에 놓여 있다고 한다. 하지만 진짜로 그냥 둘 수 없는 것은 아이들의 성적이나 진로가 아니라 그들의 마음, 그 투명한 감정의 창이다.

소통이란 서로 다른 행성에 사는 우리가 가느다란 빛줄기를 통해 주고받는 신호와도 같다. 때로는 메시지가 도달하기까지 수천 광년의 시간이 걸리고, 때로는 중간에 소실되거나 왜곡되기도 한다. 부모와 자녀 사이의 거리는 몇 걸음에 불과하지만, 그 사이의 틈은 우주만큼이나 넓다.

1) 현상

아이의 숨소리만 듣고도 그 속마음을 알던 때가 있었다. 하지만 언제부턴가 아이들의 그 숨소리는 한숨으로, 그 눈빛은 반항으로 변하기 시작했다.

"이게 모두 너를 위해서야."

이 말이 품고 있는 아이에 대한 뜨거운 사랑은 어쩌다 아이들에게 차가운 통제가 되어버렸을까? 부모의 기대는 아이의 어깨에 얹힌 골리앗의 갑옷과 같다. 그 무게감에 아이들은 자신만의 춤을 추지 못하고, 부모가 그려놓은 안무만을 따라하며 지쳐가고 있다.

어디 그뿐인가. "옆집 아이는…", "네 친구는…"이라는 말들로 아이의 자존감에 상처를 주고 있다. 다른 아이와 비교하며 정작 우리 아이의 잠재력을 꺾고 있는 것이다.

2) 예시

말로 준 상처

"엄마, 오늘 미술 시간에 선생님이 내 그림을 칭찬해 주셨어."

열 살 아이가 들뜬 목소리로 뛰어들어오며 말했다. 하지만 정작 나는 그 순간 다른 것에 더 관심이 있었다.

"그래? 수학 시험은 몇 점 받았어?"

순간, 아이 얼굴에서 웃음이 지워졌다. 반짝이던 눈동자가 풀리며 아이가 상처를 입었다는 것을 느꼈다. 방안으로 들어간 아이는 자신의 그림을 책상 모퉁이에 쳐박아 버렸다.

'이건 중요하지 않은 거구나.'

아, 그때 알았어야 했다. 아이의 작은 성취를 축하해 주는 것이 그 어떤 것보다 값진 투자라는 것을.

나는 너를 믿는다, 기다릴께

2019년 8월 어느 무더운 날, 남경필 전 경기도지사의 휴대폰이 울렸다. 수화기 너머로 들려온 소식은 그의 가슴을 무겁게 짓눌렀다. "아버지, 저 마약을 했어요. 경찰에 붙잡혔습니다."

순간, 남 전 지사의 머릿속은 하얘졌다. 정치인으로서의 경력, 가족의 명예보다 아들의 미래가 걱정되었다. 언론은 연일 '전직 고위 공직자의 아들 마약 스캔들'을 다루었고, SNS에는 비난이 쏟아졌다. 많은 이들이 그의 정치 경력에 타격을 줄 거라 예상했다.

'이제 어떻게 해야 할까?' 하고 고민하던 그는 '내가 할 수 있는 건 믿고 기다리는 것뿐이다'라고 결심했다.

그는 언론 앞에 선 날, 떨리는 목소리로 말했다.

"아들의 잘못은 법에 따라 처벌받아야 합니다. 하지만 아버지로서 저는 아들이 자신의 잘못을 직시하고 새 출발할 수 있다고 믿습니다. 그 과정이 얼마나 걸리든 기다리겠습니다."

재판이 진행되는 동안 남 전 지사는 매주 아들을 면회했다. "아버지가 널 믿는다는 걸 잊지 마라. 네가 다시 일어설 때까지 기다릴게"

라며 다독였다. 법원 판결이 내려진 후, 그는 아들의 재활을 위해 모든 것을 내려놓았다. 정치 활동을 줄이고, 아들의 치유에 집중했다. 마약중독 부모모임에 나가 비슷한 처지의 부모들과 경험도 공유했다.

시간이 흘러 아들은 조금씩 바뀌었다. 중독 치료를 성실히 받으며 자원봉사 활동도 시작했다. 한 번의 실수가 인생의 끝이 아님을, 누군가의 변함없는 믿음이 얼마나 큰 힘이 되는지도 깨달았다. "아버지, 기다려주셔서 감사합니다. 그 믿음이 없었다면 저는 다시 일어설 수 없었을 거예요"라는 아들의 말에 남 전 지사는 미소를 지었다.

3) 소통의 역설 솔루션

(1) 비교의 독을 사랑의 약으로

비교는 모든 관계를 오염시키는 바이러스와 같다. 하지만 역설적이게도 우리가 진정으로 비교해야 하는 것은 다른 아이가 아니라 어제의 우리 아이와 오늘의 우리 아이다. "옆집 아이는 1등을 했는데"를 "네가 어제보다 조금 더 성장했다는 게 대단해"로 바꿔보자. 그리고 아이의 성장을 기록하는 '감사 일기'를 써보자. 매일 아이의 발전을 하나씩 찾아 적다보면, 비교의 습관이 감사의 습관으로 바뀐다.

(2) 통제 대신 무한 신뢰

아이는 강하게 붙잡을수록 오히려 멀어진다. 손안에 쥔 모래알과 같다. 꽉 쥘수록 스르르 빠져나간다. "내 말대로 해야 해"를 "네가 어떻게 생각하는지 궁금해"로 바꿔보자. 그리고 하루에 한 번은 아이에게 선택권을 줘보자. "오늘 저녁 우리 뭐 먹을까?"와 같은 작은 결정으로 시작해서 점차 범위를 넓혀보라.

(3)공감의 주파수를 맞추자

감정을 막는 댐은 언젠가 무너지게 마련이다. 오히려 그 파도를 함께 타는 법을 배워야 한다. "그런 것쯤 견뎌야지"를 "많이 힘들었구나. 나도 그런 적이 있어"로 바꿔보자. 그리고 감정의 날씨 예보를 해보자. "오늘 너의 마음은 어떤 날씨야?"라고 물어보고, 폭풍우가 치면 안전한 항구가 되어주자.

(4)기다림과 인내의 시간

기다림은 단순한 시간의 흐름이 아니라 신뢰의 또 다른 이름이다. "빨리빨리!"를 "천천히 해도 돼"로 바꿔보자. 그리고 '기다림 항아리'를 만들어보자. 아이가 서둘러야 하는 상황에서 참고 기다릴 때마다 구슬을 넣고, 가득 차면 특별한 시간을 함께 보내보자.

(5)실패라는 생각의 프리즘으로 성장의 무지개 보기

실패는 인생의 끝이 아니다. 오히려 숙성의 시간이고, 성장의 모멘텀이다. 진짜 실패는 쓰러졌을 때 일어나지 않는 것이다. "또 실패했구나"를 "또 하나 배웠구나"로 바꿔보자. 그리고 실패 축하 파티를 열어보자. 실패할 때마다 작은 축하를 하고, "오늘은 무엇을 배웠을까?"라며 함께 탐구해보자.

4) 연구와 교훈

(1) 연구

심리학자인 칼 로저스는 "상대방을 있는 그대로 수용할 때, 그들은 비로소 변화하기 시작한다"고 말했다. 하버드대학에서 75년 동안 실시한 행복에 관한 연구 결과는 "행복의 가장 중요한 열쇠가 관계의 질"이라고 밝혔다. 특히 어린 시절 부모와의 관계가 평생의 행복을 좌우한다는 것을 알려주었다.

(2) 교훈

"마음은 강요로 열리지 않는다. 신뢰라는 열쇠로만 열 수 있다."

이 문장은 부모와 자녀간 관계의 본질을 담고 있다. 강요는 단기적으로는 순응을 이끌어낼지 몰라도, 장기적으로는 관계를 손상시키고 진정한 소통의 가능성을 닫아버린다. 반면, 신뢰는 아이의 내면에 있는 가장 깊은 문을 열어주는 마법의 열쇠가 된다. 아이들은 진정으로 신뢰받고 있다고 느낄 때 비로소 마음의 가장 은밀한 부분까지 부모에게 보여줄 용기를 얻는다.

"나는 너를 믿는다. 기다릴께"라는 말은 사실 부모가 자녀에게 줄 수 있는 가장 값진 선물이다. 자녀들은 우리가 만든 틀 속에 갇힌 존재가 아니다. 우리가 상상하지 못한 새로운 세계를 만들어갈 씨앗이다. 우리의 역할은 그 씨앗을 억지로 빨리 자라게 하는 것이 아니라, 그들이 자신만의 속도로 아름답게 필 수 있도록 토양을 만들어주는 일이다. 때로는 실수하고, 때로는 넘어지고, 때로는 길을 잃어도 괜찮다. 그 모든 순간들이 아이를 단단하게 만들어주기 때문이다.

그러니 완벽한 부모가 되려 하지 말자. 대신 진정성 있는 동반자가 되어주자. "나는 너를 믿는다"라는 말에는 기본적으로 기다림과 신뢰가 담겨 있다. 아이에게 기다림은 사랑의 가장 깊은 표현이 되며, 신뢰는 변화의 가장 강력한 촉매제가 된다. 우리 자녀들은 불완전하지만 그래서 더욱 찬란하고, 예측할 수 없지만 그래서 더욱 경이롭다. 그들을 믿고 기다리는 것은 단순한 인내가 아니라 사랑의 가장 순수한 형태다.

오늘, 우리 아이의 눈을 바라보자. 그 속에는 우주가 담겨 있다. 그 우주가 스스로 빛나도록 해주는 것이야말로 부모가 자녀에게 해줄 수 있는 가장 아름다운 선물이다.

가끔은 자녀가 주는 실망감과 좌절감이 마음을 후비며 깊은 상처를 내기도 한다. '내가 이렇게 잘해주었는데, 왜?'라는 원망이 밀려올 때도 있다. 하지만 명심하자. 아이의 반항이나 거부는 대부분 성장통이지, 부모에 대한 거부가 아니다. 당신이 쌓아온 사랑과 노력은 한 순간도 헛되지 않았다. 지금 당장 보이지 않아도, 그 씨앗은 언젠가 반드시 싹을 틔운다.

상처받은 당신의 마음도 치유가 필요하다. 가끔은 친구와 맛있는 커피 한 잔으로, 가끔은 좋아하는 음악으로, 가끔은 단순히 혼자만의 시간으로 당신 자신을 돌보자. 부모가 무조건 희생해야 한다는 믿음에서 벗어나, 나 자신도 소중히 여기는 것이야말로 진정한 성숙이다. 행복한 부모만이 아이에게 행복을 전해줄 수 있다는 것을 잊지 말자.

비움과 채움, 내려놓기의 역설

사람의 마음은 폭풍 속에 휩싸여 혼란스러울 때가 있다. 때로는 뜨겁게 사랑했던 마음을 지우려 할수록 그 불길이 더 맹렬히 타오르기도 하고, 숨기려 할수록 상처가 더 깊어지기도 한다. 하지만 그럴 때는 비워야 한다. 진정한 비움은 텅 빈 공허함이 아니다. 자연의 순리다. 댐에 물이 가득 차면 자연스럽게 넘쳐흐르는 것과 같과 같다.

소통의 역설도 마찬가지다. 말을 많이 한다고 해서 이해의 폭과 깊이가 달라지는 것은 아니다. 잘 들으려 노력한다고 해서 진정한 소통이 이루어지는 것도 아니다. 이 모순 속에서 우리는 어떻게 해야 얽히고설킨 소통의 실타래를 풀어갈 수 있을까?

1) 현상: 몸부림칠수록 더 깊이 빠져드는 감정의 늪

마음은 달빛 아래 일렁이는 은빛 바다와 같다. 잡으려 손을 뻗어보지만 공허한 파도 소리만 들려올 뿐이다. 그저 가만히 바라볼 때 오히려 그 은은한 아름다움이 드러난다. '절대 그 사람 생각하지 말아야지!'라고 다짐할수록, 그 사람은 그림자처럼 더 집요하게 따라붙는다. 화이트 베어 실험의 결과처럼.

슬픔은 매듭처럼 복잡하다. 풀려고 할수록 더 얼키고설킨다. 잠시 내려놓았을 때, 오히려 보이지 않던 실마리가 보인다. 친구의 변신에 '신경 안 써!'라고 되뇔수록, 그 마음은 스스로를 사로잡는다. 그 마음은 눈사태처럼 무너져 내리는 마음을 감추는 허약한 가면일 뿐이다.

인간의 감정은 여름철 홍수처럼 범람하는 강물이다. 댐으로 막으려 해도 막을 수 없다. 막으려 할수록 물줄기는 더 거세지고, 결국 터져버린다. 사랑하는 사람과의 대화도 마찬가지다. 말하고 싶은 것을 삼키면 삼킬수록 그 말들은 내면을 잠식해 간다.

소통의 역설은 더욱 선명하다. 이해를 간절히 원할수록 오해의 벽은 더 높아진다. 완벽한 표현을 추구할수록 진심은 더 멀어진다. 관계라는 줄다리기에서는 강하게 당길수록 균형이 더 쉽게 무너진다.

충분히 채우지 못한 상태에서 비움을 되뇐다는 것은 말이 안 된다. 그 몸부림이 오히려 더 깊은 집착의 늪으로 끌고 갈 뿐이다. 이때 진정 필요한 것은 넘치지 않을 만큼의 채움이다. 무조건 비우는 것을 생각하는 것은 결코 자연스러운 흐름이 아니다.

2) 예시

이소영(가명, 45세) 씨는 식탁 건너편에 앉은 열여섯 살 딸의 꼭 다문 입술을 바라봤다. 표정은 얼음장처럼 차갑고, 눈빛은 단단한 벽을 세운 듯했다. 어제 밤 그들이 나눈 격렬한 다툼의 잔상이 주방 주변을 여전히 맴돌고 있었다.

"네가 그런 친구들과 어울리는 건 걱정돼서 그래"라는 소영 씨의 말은 따뜻한 의도에서 시작되었다. 하지만 딸의 귀에는 지나친 간섭으로 들렸다. 그 순간부터 대화는 복잡한 실타래처럼 꼬여 버렸다.

그 짧은 순간에 소영 씨는 깨달았다. 자신의 손이 부서질 듯 컵을 꽉 쥐고 있음을. 불현 듯 '딸과의 관계도 이렇게 붙잡고 있는 것은 아닐까?'라는 생각도 들었다.

"난 네가 정말 이해되지 않아"라며 침묵을 깨고 소영 씨가 마침내 입을 열었다. 그러나 그 말은 더 큰 침묵을 낳았다. 딸은 아예 입을 닫아 버렸다. 이렇듯 이해하려 노력할수록 딸은 더욱 멀어져 갔다.

그 순간, 그녀는 깨달았다. 딸을 완벽하게 이해하려는 노력이 오히려 둘 사이의 거리를 멀어지게 하고 있음을. 딸에 대한 완벽한 이해를 포기하는 순간, 역설적으로 더 가까워질 수 있다는 진실을.

"현지야! 네가 지금 어떤 감정인지 엄마가 완전히 이해하지 못할 수도 있어. 하지만 괜찮아. 네 곁에 있을게."

소영 씨의 말에 비로소 딸의 얼굴이 조금 풀렸다. 완벽하게 이해하려 몸부림치지 않자, 오히려 이해의 문이 열린 것이다.

3)소통의 역설 솔루션

(1)통제가 아닌 흐름을 신뢰하라

강물이 바위를 만나면 자연스럽게 길을 찾듯, 소통도 억지로 방향을 정해서는 안 된다. 정원사가 억지로 꽃을 피우게 할 수 없듯, 대화도 강제로 원하는 방향으로 끌고 갈 수 없다. 바람이 부는 대로 돛을 조정하는 뱃사람처럼, 대화의 자연스러운 흐름에 몸을 맡겨야 한다. 소통은 통제하려는 순간 손가락 사이로 빠져나가는 모래알이다. 내려놓기의 역설은 흐름을 신뢰할 때 오히려 더 깊은 곳에 도달한다는 것이다.

그러기 위해서는 대화를 할 때 '3초 규칙'을 실천하면 좋다. 상대의 말이 끝나면 최소 3초간 침묵하고, 숨을 들이마신 후 대답한다. 이 짧은 여백이 상대의 말을 더 깊이 이해하게 한다. 상대의 말을 가로막으려 하지 말고, 그 흐름을 타고 함께 여행하라.

(2) 승부의 덫에서 벗어나라

대화는 전쟁터도 시장터도 아니다. 상대를 이겨야 하는 서바이벌 게임도 아니다. 이기고 지는 승부의 프레임에 갇힐 때, 우리는 상대의 말을 분석하게 된다. 대화에 능숙한 사람은 사냥꾼이 아닌 정원사다. 그들은 상대의 말을 죽이는 대신, 잘 살리도록 판을 깔기 때문이다. 내려놓기의 역설은 승리를 포기할 때 오히려 서로 윈윈한다는 것이다.

그러기 위해서는 '반영적 경청'의 말투를 익힐 필요가 있다. "당신의 말을 들어보니, 이런 느낌이신것 같아요"라고 상대방의 감정을 비추는 거울이 되는 것이다. 논쟁의 칼 대신, 공감의 포옹으로 다가가는 것이다.

(3)완벽한 이해를 포기하라

안개 낀 산길을 오를 때는 모든 것을 볼 수 없다. 소통에서도 모든 것을 완벽히 이해하려는 욕심을 내려놓아야 한다. 어린아이들을 빼고 밤하늘의 별을 세는 이는 없다. 그러니 상대의 모든 생각과 감정을 100% 파악하려 애쓰지 마라. 오해의 틈새로 흘러드는 빛이 때로는 더 큰 깨달음을 준다. 비움의 역설은 완벽한 이해를 포기할 때 오히려 더 깊은 연결이 시작된다는 것이다.

"내가 모든 것을 이해할 수는 없다"를 좌우명으로 삼아보자. 오해가 생길 때마다 이 말을 마음속으로 세 번 반복하자. 완벽주의라는 짐을 내려놓으면, 당신은 역설적으로 더 자유롭게 소통할 수 있다.

4)연구와 교훈

(1)연구

하버드 의대 허버트 벤슨 교수의 '역설적 의도 치료법' 연구는 이 역설의 과학적 증거가 된다. 이 연구에서는 불면증 환자에게 "절대 잠들지 마세요. 오히려 깨어 있으려 노력하세요"라고 조언했더니, 환자들이 역설적으로 더 빨리 잠들었다고 한다.

존 가트먼 박사의 '부부 소통 연구'에서는 더 흥미로운 것이 발견되었다. 40년간 1,000쌍 이상의 부부를 관찰한 결과, 모든 갈등을 해결하려는 부부보다 서로의 차이를 인정하고 '해결할 수 없는 문제'가 있음을 받아들인 부부의 관계가 더 지속적이었다.

마이클 톰슨의 '역설적 소통 이론' 연구에서는 직장 내 갈등 상황에서 상대방의 비난에 변명하거나 방어하지 않고 오히려 "그렇게 느끼셨군요, 더 말씀해 주시겠어요?"라고 했을 때, 갈등 해결 성공률이 78% 증가했다. 방어벽을 쌓는 대신 다리를 놓았을 때, 소통의 물꼬가 트인 것이다.

(2)교훈

"비우려 애쓰지 말고, 채움을 통해 자연스러운 흐름을 따르라."

소통을 할 때는 이해하려 발버둥치지 말고, 때로는 오해를 허용해야 한다. 완벽한 대화를 강요하지 말고, 불완전한 소통을 받아들여야 한다. 말 사이의 여백, 침묵의 공간에도 메시지가 담겨 있다. 그리고 무엇보다 소통은 기술이 아닌 태도임을 기억해야 한다. 무슨 말을 하느냐보다 어떤 마음, 어떤 태도로 듣느냐가 더 중요한 것이다.

잠시 눈을 감고 상상해 보자. 우리 삶도, 관계도, 소통도 너무 단단히 붙잡으려 할 때 오히려 놓치게 되고, 내려놓았을 때 비로소 찾게 된다. 완벽한 이해를 강요할 때는 오해의 벽만 높아지고, 불완전함을 인정할 때 비로소 진짜 연결이 시작된다. 인생의 역설이 아닐 수 없다. 그러니 채우려 하지 말고 비워라, 그러면 넘치게 채워질 것이다. 잡으려 하지 말고 놓아라, 그러면 온전히 얻게 될 것이다. 통제하려 하지 말고 흐름에 맡겨라, 그러면 진정한 자유를 경험하게 될 것이다.

이는 당신의 상처 입은 마음, 그 아픔의 무게를 한 번에 내려놓으라는 것이 아니다. 그저 오늘, 이 순간 한 걸음만 뻗어보라는 거다.

완벽하게 이해하지 않아도 괜찮다고, 모든 관계가 깊지 않아도 괜찮다고, 모든 대화가 의미 있지 않아도 괜찮다고 스스로를 다독이라는 것이다. 치유는 상처를 없애는 것이 아니다. 그 상처와 함께 춤추는 법을 배우는 것이다. 소통도 마찬가지다. 완벽한 대화란 없다. 다만 불완전한 말들 사이에서 서로의 마음으로 가는 다리를 발견하는 것이 있을 뿐이다.

"07"
후회는 선택의 그림자

　인생은 무수히 많은 갈림길로 이루어진 미로와 같다. 우리는 매일, 매 순간 크고 작은 선택을 하며 살아간다. 어떤 선택은 파도처럼 잔잔하게 지나가지만, 또 어떤 선택은 폭풍우처럼 삶의 항로를 완전히 바꿔놓기도 한다. 후회라는 그림자는 대부분 이러한 선택의 순간에서 나타난다.

　후회의 99%는 '하지 않은 것'과 '한 것'이라는 두 갈래 선택에서 비롯된다. 인간관계도 마찬가지다. 어떤 선택은 관계를 더 깊고 단단하게 만들지만, 어떤 선택은 관계의 끈을 영원히 끊어버리기도 한다. 관계 속 소통의 여정에서 마주하게 되는 후회의 99% 역시 두 갈래 선택에서 비롯된다. '했어야 했는데 말하지 않은 것'과 '하지 말았어야 했는데 말한 것'에서 만들어진다.

1)현상

우리 주변에는 잘못된 선택으로 인해 후회를 짊어지고 사는 사람들이 많다. 선택이 가져온 후회는 등에 짊어진 보이지 않는 삶의 배낭과 같다. 시간이 지날수록 점점 무거워지기도 하고, 때로는 갑자기 가벼워지기도 한다.

하지만 대부분의 사람들은 이 배낭을 내려놓는 법을 깨닫지 못한 채, 과거의 선택을 되돌리려는 불가능한 시도에 귀중한 현재를 소모한다. 후회의 감정은 마치 시간의 감옥과 같아서, 우리를 과거에 묶어두고 미래로 나아가지 못하게 한다. 특히 소통과 관계에서의 선택으로 인한 후회를 안고 살아가는 사람들이 의외로 많다.

그들의 후회는 제대로 닫히지 않은 문처럼 계속해서 삐걱거리며 소리를 낸다. 시간이 지나도 완전히 사라지지 않고, 불현듯 떠오르는 기억의 조각들로 마음속을 헤집어 놓는다. 문제는 소통과 관계에서의 선택은 자신뿐만 아니라 상대방의 삶에도 지대한 영향을 미친다는 것이다. 그렇다 보니 그 후회의 총량이 두 배 이상의 무게로 느껴진다.

2)예시

서른여덟 살의 윤서영(가명, 42세) 씨는 창밖으로 내리는 봄비를 바라보며 손가락에 낀 결혼 반지를 빙글빙글 돌렸다. 열두 번째 결혼 기념일을 맞은 그녀의 휴대폰 화면에는 남편의 축하 메시지가 떠 있었다. 하지만 그녀는 답장을 하지 않았다.

"이혼하자." 한 달 전, 그녀가 남편에게 내뱉은 말이었다. 그리고 지금, 그녀는 집을 나와 원룸에서 홀로 살고 있었다.

서영 씨의 결혼생활은 안정된 직장을 가진 남편, 좋은 학군의 아파트, 건강하게 자라는 아이 등 겉으로 보기에는 완벽했다. 하지만 그녀의 마음속에는 늘 채워지지 않는 공허함이 있었다. '내가 정말 사랑해서 결혼한 걸까?' 이 질문은 12년 동안 그녀를 괴롭혔다.

며칠 후, 서영 씨는 남편의 직장 근처 카페에 앉아 있었다. 남편 태준 씨가 들어오는 모습이 보였다. 예전보다 수척해 보였다.

"와줘서 고마워."

태준 씨가 고개를 끄덕였다.

그들은 가만히 서로를 응시했다. 열두 해 동안 쌓아온 삶이 이렇게 무너질 수도 있다는 생각에 서영 씨는 가슴이 아팠다.

"내가 AI 상담을 한 번 받아봤어."

태준 씨가 먼저 입을 열었다.

"AI 상담?"

"응. 요즘 인기 있잖아. 24시간 심리상담을 해주는 앱. 사람한테는 말하기 어려운 것들도 AI한테는 말할 수 있더라고."

서영 씨는 놀랐다. 감정 표현에 서툴던 남편이 상담을 받았다니.

"AI가 뭐래?"

"내가 후회하는 것은 결혼이 아니라, 네게 솔직하지 못했던 시간들이라고. 그리고 이게 중요한데, 우리가 서로에게 기대하는 것이 무엇인지 제대로 대화해본 적이 없다고."

그러더니 태준 씨가 주머니에서 종이 한 장을 꺼내 내놨다.

"AI의 조언으로 내가 쓴 편지야. 읽어볼래?"

서영 씨는 떨리는 손으로 그 편지를 펼쳤다.

> 서영에게,
>
> 우리는 12년 동안 함께했지만, 정작 서로의 마음은 들여다보지 못했던 것 같아. 나는 늘 네가 행복하길 바랐지만, 어떻게 해야 네가 행복할지 물어보지 않았어. 내 방식대로 사랑한다고 생각했어. 이혼을 이야기한 날, 처음으로 너의 진짜 감정을 마주했어. 그리고 깨달았지. 우리가 진짜 실패한 것은 결혼 자체가 아니라 소통이었다는 걸.
>
> AI는 놀랍게도 이런 말을 해줬어. '인공지능인 내가 사랑에 대해 배우는 것은 아이러니하지만, 인간관계의 핵심은 결국 진정성 있는 소통'이라고. 기술이 발달한 세상에서, 우리는 오히려 가장 기본적인 관계의 기술을 잊고 살았던 게 아닐까?
>
> 나는 네가 원한다면 이혼을 받아들일 준비가 되어 있어. 하지만 그전에, 진짜 솔직하게 대화를 시작해 보면 어떨까? 12년 전 우리가 서로에게 반했던 그 순간으로 돌아가서, 다시 한번 서로를 알아가는 시간을.

그날 이후, 서영 씨와 태준 씨는 매주 토요일 저녁을 '솔직한 대화의 시간'으로 정했다. 처음에는 어색했지만, 그들은 점차 서로의 내면을 이해하기 시작했다.

3) 소통의 역설 솔루션

역설적으로, 후회에서 벗어나는 길 역시 선택에 있다. 후회는 과거의 선택을 현재의 정보와 관점으로 평가할 때 발생하는 착시 현상이다. 당시에는 최선이라고 생각했던 결정이, 새로운 정보가 주어진 현재에서는 잘못된 것처럼 보이는 것이다. 이러한 후회의 늪에서 빠져나오기 위해서는 7가지 접근이 필요하다.

첫 번째, '선택적 망각'과 '선택적 수용'이라는 두 가지 도구가 필요하다. 바꿀 수 없는 과거의 선택은 과감히 잊고, 그 선택이 가져다 준 교훈과 성장을 기꺼이 받아들이는 것이다. 물 흐르듯 자연스럽게 받아들이면, 후회라는 무거운 바위도 시간이라는 강물에 의해 결국 부드러운 조약돌로 변해간다.

두 번째, 같은 실수를 다른 관계 상황에서는 반복하지 않는 것이다. 선택에 대한 후회를 해소하는 가장 효과적인 접근 방법이다. 과거에 표현하지 못했던 감정이나 생각들을 현재의 상황에서는 솔직하게 대화를 나누는 선택, 과거에 너무 쉽게 포기했던 관계가 있다면 현재의 관계는 더 끈기 있게 지켜 나가는 선택이 필요하다.

세 번째, '상처의 전이'가 아닌 '교훈의 전이'가 필요하다. 후회의 그늘에서 벗어나려면 상처는 남겨두고 지혜만 가져와, 새로운 관계의 정원에 심어야 한다. 그러면 시간이 지남에 따라 '교훈의 전이 DNA'를 물려받은 후회의 씨앗은 지혜의 나무로 자라난다.

네 번째, '완벽을 추구하기보다 적합함을 찾는 선택'이 필요하다. 심리학자인 허버트 사이먼이 말한 '만족화Satisficing'의 원칙처럼, 모든 관계에서 이상적인 완벽함을 추구하면 불필요한 후회가 생길 수밖에 없다. 대신 '충분히 좋은' 상태를 목표로 하는 것이 현명하다.

다섯 번째, '결정 전 미래의 후회 시뮬레이션'을 활용하라. 중요한 선택을 앞두고 '10년 후의 나'가 되어 현재의 선택을 바라보는 시뮬레이션을 해보는 것이다. '이 선택을 했을 때 혹은 하지 않았을 때,

10년 후 내가 어떤 후회를 할 것인가?'라는 질문을 던져보면, 단기적 감정이 아닌 장기적 가치에 기반한 선택이 가능해진다.

여섯 번째, '관계의 균형점과 비대칭성을 인정하는 선택'이 중요하다. 모든 관계는 완벽한 대칭이 아닌, 각자의 능력과 상황에 맞게 균형점을 찾아가는 과정이다. 상대방과 나 사이의 차이와 비대칭성을 인정하고 받아들일 때, 비현실적 기대에서 오는 후회를 줄일 수 있다.

일곱 번째, '직관과 이성의 조화로운 통합'이 필요하다. 선택은 순수한 이성이나 논리, 감정만으로는 불완전하다. 세 가지를 조화롭게 통합할 때 후회를 최소화할 수 있다. 심장의 소리직관와 머리의 분석 이성과 논리이 하나의 목소리로 말할 때, 그 선택은 온전히 자신의 것이 되어 미래의 후회를 줄인다.

이 7가지 솔루션은 관계와 소통에서의 후회 총량을 최소화하고, 더 현명한 선택을 할 수 있는 역설적 해결책이 된다.

4)연구 및 교훈

(1)연구

최근 미국 하버드대학교 연구팀은 65세 이상 노인 2,000명을 대상으로 '인생에서 가장 큰 후회'에 관한 조사를 실시했다. 연구 결과, 응답자의 76%가 '하지 않은 것'에 대한 후회가 '한 것'에 대한 후회보다 더 크다고 답했다. 또한 응답자의 63%는 관계와 관련된 선택에서 가장 큰 후회를 느낀다고 답했다.

코넬대학교의 심리학자들은 최근 5년간 이별한 커플 1,500쌍을 대상으로 '관계에서의 후회'에 관한 연구를 진행했다. 연구 결과, 응답자의 82%가 '말하지 않은 것'에 대한 후회가 '말한 것'에 대한 후회보다 더 크다고 응답했다. 또한 응답자의 67%는 '가족들과 더 많은 시간을 함께 보내지 않은 것'을 가장 큰 후회로 꼽았다.

특히 주목할 점은 관계에서의 후회는 시간이 지나도 감소하지 않는 경향이 있으며, 특히 관계가 끝난 방식이 자신의 가치관과 일치하지 않을 때 후회가 더 깊어진다는 것이었다. 정성적 분석에서는 "마지막 기회에 용기를 내 솔직했더라면", "더 도전했더라면", "그렇게 쉽게 포기하지 않았더라면"이라는 미완의 가능성에 대한 아쉬움이 가장 많이 언급되었다.

(2)교훈

"관계에서 가장 큰 후회는 시도하지 않은 진심이다."

우리는 과거에 있었던 관계의 후회에 갇히기보다, 그 교훈을 디딤돌 삼아 더 성숙한 관계로 나아가야 한다. 지금 이 순간, 당신의 작은 용기와 진실된 표현이 미래의 후회를 한 땀 한 땀 지워나갈 수 있다. 관계와 소통에서의 후회는 선택에서 오지만, 치유 역시 새로운 관계와 소통법의 선택에서 시작된다.

인생은 선택의 연속이며, 후회는 그 선택의 그림자다. 하지만 모든 그림자가 그렇듯, 후회 역시 빛이 있기에 존재한다. 그 빛은 바로 우리가 다시 선택할 수 있다는 것이다. "잘못된 선택보다 더 무서운 것은 선택하지 않는 것이다"라는 교훈을 기억하자.

우리는 후회의 파도에 휩쓸리는 대신, 그 파도를 타고 더 넓은 바다로 나아갈 수 있다. 지금 이 순간, 당신의 선택이 미래의 당신에게 주는 가장 아름다운 선물이 될 수 있다. 후회는 선택에서 오지만, 치유 역시 새로운 선택에서 시작된다.

기적을 부르는
소통의 역설 씨앗 심기

말은 양날의 검이다. 가장 깊은 상처를 만들기도 하고, 가장 단단한 벽을 무너뜨리기도 한다. 우리는 매일 말의 홍수 속에서 살아간다. 하지만 정작 그 물살의 깊이와 힘을 제대로 인식하지 못하고 있다. 소통은 깊은 이해에서 비롯된다. 이해는 오해의 계곡을 건너야만 발견할 수 있는 신대륙이다. 그곳은 소통의 법칙들이 뒤집히는 역설의 세계다. 지금 이 순간, 그곳에 내 인생의 기적을 이뤄줄 소통의 역설이라는 씨앗을 심자. 그리고 그 작은 씨앗들이 어떻게 관계의 숲으로 자라나는지 관찰해 보자.

1) 현상

우리는 그 어느 때보다 많은 말들을 쏟아내고 있다. 하지만 영혼의 목마름은 날로 심해지고 있다. 매일매일 SNS를 통해 울려퍼지는 수

백만 개의 메시지 중에서 진정한 대화를 찾기란 사막에서 물을 찾는 것만큼이나 어렵다. 우리는 광대한 정보의 바다에서 지식의 한 방울조차 제대로 마시지 못하는 역설 속에 살고 있다.

소통의 역설은 우리 삶 곳곳에 은밀하게 자리 잡고 있다. 그것은 정원의 잡초처럼 보이지만, 자세히 들여다보면 실은 희귀한 약초인 경우가 많다.

침묵의 고요함은 말의 폭포수보다 때로는 더 큰 울림을 준다. 자식을 먼저 보낸 친구에게 건네는 짧은 포옹, 아이의 손을 잡아주는 따뜻한 손길, 눈빛만으로 느껴지는 사랑의 메시지는 천 마디 말보다 더 강력하다. 침묵은 때로는 가장 선명한 소통의 언어가 된다. 웅변가의 화려한 언변은 귓가를 스쳐가지만, 침묵은 우리 심장에 영원히 새겨진다.

취약함의 힘은 가장 역설적인 현상 중 하나다. 자신의 약점과 두려움, 실패를 솔직하게 드러낼 때, 오히려 더 강력한 교감이 만들어진다. 우리는 완벽해 보이는 사람보다 오히려 상처와 실패를 인정하는 사람에게 더 깊은 신뢰를 느낀다.

의도적 오해의 창조성은 소통의 미학에서 가장 간과되는 측면이다. 때로는 완벽하게 이해되지 않는 것이 새로운 가능성의 문을 연다. 시인의 모호한 은유가 천 가지 해석을 낳고, 화가의 추상적 표현이 무한한 감상을 이끌어내듯, 소통의 틈새에서는 창의성이 피어난다.

거리두기의 친밀함은 역설 중의 역설이다. 너무 가까이 있으면 보이지 않던 것들이, 오히려 한 걸음 떨어져 바라보면 더 선명하게 드러난다. 이처럼 사랑하는 이에게 적절한 공간과 시간을 주는 것이 때로는 가장 큰 애정 표현이 된다.

2) 예시

말의 홍수 속 메마름

회의실에서 벌어지는 3시간짜리 회의의 대부분은 말의 홍수 속 메마름의 전형적인 사례다. 경영진은 끊임없이 '시너지', '혁신', '패러다임 전환'과 같은 화려한 용어를 쏟아내지만, 실무자들의 눈에는 무력감만 짙어질 뿐이다. 그렇다 보니 회의가 끝난 후 모두가 지친 얼굴로 돌아가면서 "도대체 무슨 결론이 난 거야?"라며 서로에게 묻는 아이러니한 상황이 전개된다. 수백 개의 단어가 왔다갔다했지만, 단 하나도 마음에 와닿지 않은 것이다.

부부 상담소에서 만난 15년 차 한 부부의 사연은 더욱 통렬하다. "우리는 매일 대화해요. 아침에 일어나서 저녁에 잠들 때까지." 그러나 상담사가 "서로에게 마지막으로 '사랑해'라고 말한 것이 언제인가요?"라고 묻자, 두 사람 모두 기억하지 못했다. 그들은 날씨, 아이들의 학교생활, 장보기 목록, 세금 납부에 대해 끊임없이 이야기했지만, 정작 가슴속 말은 한 마디도 나누지 않았던 것이다.

침묵의 경이로움

암 병동에서 만난 간호사와 말기 환자 사이의 침묵은 깊은 교감의 순간이었다. 밤 근무 중이던 간호사는 통증으로 잠들지 못하는 환자의 손을 그저 잡아주었을 뿐이었다. 두 사람 사이에 오간 말은 없었지만, 그 15분간의 침묵은 환자의 일기장에 "오늘 나는 혼자가 아니라는 것을 알았다"라는 문장으로 남았다. 때로는 "괜찮아질 거예요"라는 공허한 위로보다 함께하는 침묵이 더 큰 위안이 된다.

오케스트라 지휘자가 마지막 곡을 끝내고 관객들을 향해 돌아섰을 때, 예상했던 박수 갈채 대신 5초간의 완벽한 침묵이 이어졌다. 그 짧은 순간, 음악이 남긴 감동이 너무 커서 누구도 그것을 박수로 깨뜨리고 싶지 않았던 것이다. 그 침묵은 어떤 환호성보다도 더 열렬한 찬사였다. 그 뒤 터져나온 기립 박수는 침묵의 깊이를 증명하는 증거였다.

취약함의 힘

세계적인 CEO가 전 직원 앞에서 자신의 최대 실패 사례를 공유한 순간, 회사의 문화는 완전히 달라졌다. "나는 이 결정으로 회사에 3천만 달러의 손실을 가져왔습니다. 이것은 전적으로 내 판단 착오였습니다." 그의 솔직한 고백 이후, 직원들 사이에서는 실수를 두려워하지 않는 혁신의 문화가 싹트기 시작했다. 그의 취약함이 조직 전체에 새로운 강인함을 심어준 것이다.

대학 강단에 선 교수가 "이 질문에 대한 답을 저도 모릅니다. 함께 찾아보겠습니다"라고 말하자 학생들의 참여도가 극적으로 높아졌다. 완벽한 지식의 전달자가 아닌, 함께 탐구하는 동반자를 자처한 교수의 모습에 학생들은 더 깊은 신뢰와 존경을 느꼈다. 그의 지적 취약성이 교실 전체에 지적 호기심이라는 불꽃을 지폈던 것이다.

의도적 오해의 창조성

광고 회의에서 디자이너의 실수로 잘못 해석된 브리핑이 오히려 혁신적인 캠페인을 탄생시켰다. 클라이언트의 "우리는 시장에서 가장 안정적인 제품을 원합니다"라는 요구를 디자이너는 '가장 지루한 제품'으로 오해했다. 이에 반발하여 '지루함을 재미있게 만드는' 과감한 컨셉트를 제안했다. 결과적으로 이 '창조적 오해'에서 탄생한 캠페인은 광고업계의 상을 휩쓸었다.

한 음악가 부부의 작곡 과정에서 있었던 일이다. 남편이 아내의 멜로디를 완전히 다르게 해석하여 연주하자 처음에는 둘 사이에 갈등이 일어났다. 그러나 두 버전을 함께 연주해보니 예상치 못한 하모니가 탄생했다. 그들의 '오해'가 만든 이 독특한 곡은 결국 그들의 대표곡이 되었다. 이후 그들은 의도적으로 서로의 해석을 '오해'하는 창작 방식을 계속 활용하고 있다.

거리두기의 친밀함

30년 결혼 생활을 행복하게 유지한 부부의 비결은 역설적이게도 '따로 쓰는 서재'에 있었다. 그들은 매일 2시간씩 완전히 독립된 공간에서 각자의 취미와 사색에 몰두했다. "우리는 서로를 그리워할 시간이 필요했어요. 늘 함께 있으면 서로의 소중함을 잊게 되거든요." 그들이 다시 만나는 저녁 시간은 마치 새로운 데이트처럼 설렘으로 가득했다.

국제적인 구호 단체에서 일하는 부부는 종종 몇 달씩 서로 다른 대륙에서 임무를 수행했다. 주변 사람들은 그들의 관계를 걱정했지만, 오히려 그들의 사랑은 먼 거리를 통해 더욱 단단해졌다. "떨어져 있을 때 우리는 서로에 대해 더 깊이 생각하게 됩니다. 그리고 재회의 순간, 그 기쁨은 말로 표현할 수 없죠." 물리적 거리가 감정적 친밀함의 불씨를 더 활활 타오르게 만든 역설이었다.

3)소통의 역설 솔루션

소통의 역설을 씨앗으로 심어 관계의 기적을 수확할 수 있는 다섯 가지 방법을 제시한다. 이 방법들은 상식에 역행하지만, 그렇기에 더욱 강력한 변화를 가져올 수 있다.

첫째, '침묵의 정원'을 가꾼다. 하루에 단 15분이라도 의도적인 침묵의 시간을 통해 깊은 소통의 토양을 만드는 것이다. 가족 식사 시간에 5분간 말없이 음식과 서로의 존재감만 느끼기, 연인과 함께 별을 바라보며 말없이 손만 잡고 있기, 동료와의 회의 시작 전 1분간 침묵으로 마음을 가다듬기 등이 그것이다. 이러한 침묵의 틈새에서 더 진실된 말과 경청이 자라날 수 있다. "말하기 위해 침묵하라"는 역설의 지혜다.

둘째, '취약성의 씨앗'을 뿌린다. 완벽함의 가면을 벗고 자신의 약점, 두려움, 실패를 기꺼이 나누는 용기를 발휘하는 것이다. "나는 이것을 잘 모릅니다", "이 부분에서 도움이 필요합니다", "당신의 의견이 나보다 더 좋을 수 있습니다"라고 말할 수 있는 용기는 관계에 진정성이라는 꽃을 피운다. 상처를 드러내면, 오히려 그 상처는 연결의 다리가 된다.

셋째, '창조적 오해의 대지'를 경작한다. 가끔은 의도적으로 완벽한 이해를 포기하고, 해석의 여지를 남기는 소통을 시도하는 것이다. 모든 것을 명확하게 설명하기보다는 상대방의 상상력과 창의성을 자극할 수 있는 여백을 남기는 것이다. "이것이 내가 생각한 의미지만, 당신은 어떻게 해석하나요?"라고 물으며 다양한 관점의 씨앗이 자랄 수 있는 토양을 제공하는 것이다.

넷째, '거리두기의 리듬'을 존중한다. 관계에서 가까움과 멈춤이 심장의 수축과 이완처럼 자연스러운 리듬을 가지고 있음을 인정하는 것이다. 완벽한 합일을 추구하기보다 각자의 독립적인 공간과 시간을 존중하면 오히려 더 건강한 연결을 이룰 수 있다. "함께 있기 위해 때로는 떨어져 있어야 한다"는 역설을 실천하는 것이다.

다섯째, '역질문의 거울'을 든다. 상대방의 질문에 즉각 답하는 대신, 때로는 그 질문을 거울처럼 반사하여 되돌려주는 지혜를 발휘하는 것이다. "당신은 어떻게 생각하십니까?"라는 질문에 "당신은 어떻게 생각하십니까?"라고 되묻는 것이 대표적이다. 이러한 역질문은 상대방이 스스로 답을 찾아가는 여정을 도와 더 깊은 대화의 문을 연다. 답을 주는 것보다 때로는 좋은 질문을 되돌려주는 것이 더 강력한 소통이 된다.

4) 연구 및 교훈

(1) 연구

2023년 하버드대학의 인간관계연구소가 발표한 '역설적 소통의 효과' 연구는 5년간 3,000쌍의 관계(부부, 동료, 친구)를 추적 관찰한 프로젝트였다. 이 연구는 전통적인 소통 방식과 역설적 소통 방식의 장기적 효과를 비교했다. 놀랍게도 '의도적 침묵'을 정기적으로 실천한 커플이 그렇지 않은 커플보다 5년 후 관계 만족도가 64% 더 높았다.

특히 주목할 만한 점은, 일주일에 단 30분의 '공유된 침묵 시간(함께 있되 대화하지 않는 시간)'이 일주일에 5시간의 일상적 대화보다 친밀감 형성에 더 효과적이었다는 것이다. 이에 대해 연구자들은

"침묵은 진정한 연결을 위한 필수적인 배경음악"이라고 결론지었다.

2024년 스탠포드 비즈니스 스쿨의 '취약성과 리더십' 연구팀은 120개 기업, 500명의 리더를 대상으로 취약성 표현이 조직 성과에 미치는 영향을 조사했다. 자신의 실수와 불확실성을 팀원들과 정기적으로 공유한 리더들이 이끈 팀은 그렇지 않은 팀보다 창의적 문제 해결 능력이 87% 더 높았고, 팀원들의 이직률이 41% 더 낮았다.

더 흥미로운 발견은 '취약성의 전염성'이다. 리더가 자신의 약점을 공유하기 시작한 후 6개월 내에, 팀원들 사이에서도 실수를 인정하고 도움을 요청하는 행동이 178% 증가했다. 이는 조직의 학습 문화 형성에 결정적인 영향을 미쳤다. 연구자들은 "강함을 보여주려는 리더보다 취약함을 드러내는 리더가 더 강한 팀을 만든다"고 결론지었다.

(2) 교훈

"가장 효과적인 소통은 역설의 씨앗을 심는 용기에서 시작된다."

우리가 진정으로 연결되기 위해서는 때때로 직관에 반하는 길을 택해야 한다. 침묵이 말보다, 취약함이 강인함보다, 거리두기가 밀착보다 더 깊은 연결을 만들어내는 경우가 있다. 이러한 역설을 이해하고 받아들일 때, 우리는 새로운 차원의 소통을 경험할 수 있다.

소통의 역설은 삶의 모든 영역에서 숨겨진 보물처럼 존재한다. 그동안 당연하다고 여겨온 소통의 법칙들을 뒤집어 보자. 그 틈새에서 관계의 기적이 싹트기 시작한다. 침묵의 깊이, 취약함의 힘, 오해의 창조성, 거리두기의 친밀함은 모두 과거의 논리에 역행한다. 하지만 실제로는 더 깊은 연결의 문을 여는 열쇠가 된다.

최신 연구 결과들이 보여주듯, 이런 역설적 소통 방식은 단순한 이론이 아닌 검증된 지혜다. 일상에서 용기를 내어 이 씨앗들을 심으면, 우리는 놀라운 변화를 목격하게 된다. 말이 아닌 침묵으로, 완벽함이 아닌 취약함으로, 가까움이 아닌 거리감으로 오히려 더 깊이 연결되는 경험을 하게 된다.

지금 이 순간, 우리 모두 용기를 내서 소통의 역설이라는 씨앗을 심어보자. 그리고 그 씨앗이 자라나 우리 삶의 관계들을 어떻게 풍요롭게 변화시키는지 함께 지켜보자. 소통의 역설을 품은 당신의 말 한마디가, 오늘 누군가의 인생에 기적의 씨앗이 될 수 있다.